U0131683

土生说字

经商之道

李土生 著

中央文献出版社

目　录

公司

最好的老板都是脚踏实地，并被员工公认为最好的打工仔。

公 gōng

甲骨文　 金文　 小篆

　　"公"，会意字，从八，从厶。甲骨文的"公"字上为"八"，下为形似"口"的器皿形。"八"为"分"的初文，本义为将物分开。"公"的甲骨文会意为将器皿中的东西平均分开。

　　《说文·八部》："公，平分也。""公"的本义为公正、平凡、无私。"公"的金文从八，从口。"八"为大数，意为众、多，同时，"八"的字形又为由下至上而聚拢；"口"也指人口、牲口等。"八""口"为"公"，会意众人一起为公。故"公"为公众、公共。又会意按照人口多寡来平均分配，故"公"为公正、公平。今体"公"从八，从厶。"八"可理解为表示相背的意思；"厶"古同"私"，指私人的、自己的。"八""厶"相合为"公"，表示与私相背，即公正无私。"八""厶"为"公"，"八"为大数，意为将无数个私人聚拢为"公"，即公众、公民、公共。无数个体（"私"）公认或承认的道理，为公理。在中国的传统理念中，八和八的倍数被认为代表着智慧与吉祥。"八"表示数量，如八方、八节、八卦、八极、八风等。

　　"公"由"八""厶"组成，说明"公"由"私"组成，"皮之不存，毛将焉附"。"公"作为主体不存在，私人利益也很难保障，"公"可引申为共、共同。《广韵·东韵》："公，共也。"如《诗·小雅·大田》："雨我公田，遂及我私。"雨下到共有的田地里，我个人的田地也会得到润泽。

　　"公共"有共有、共用、共守之意，如公共设施、公共道德、公共环境、公共卫生、公共秩序等等。公共事物涉及每个人的利益，人人都应参与其中，共同遵守，自觉维护。公私之间孰轻孰重、孰前孰后，必须正确对待。

"公"指公家，由国家的意思演变而来。远古时期，基于血缘关系的氏族作为社会基本单位，内部高度亲和，利益相关，荣辱与共，春秋时已达数百之多，类似于现在的国家。我们把具有国籍，并根据该国法律规定享有权利和承担义务的人，称为"公民"；国家铸造的货币叫"公币"；国家公有土地叫"公壤"；国家的法令叫"公法"；由国家或集体所支付的费用叫"公费"。以上所述的"公"都有"国家"之意。后引申为国际的，如公海，公约，公历，公元，公尺。

"公"为旧时对男子的尊称。《公羊传》："五等之首曰公，其余大国称侯，小国称伯、子、男。"诸侯的爵位分为五等，公为第一等；其次为侯、伯、子、男。可见，"公"表示的是第一等的爵位。到后来变成古代朝廷最高官位的通称。《汉书·百官公卿表》："太师、太傅、太保，是为三公。"汉代以丞相、太尉、御史大夫为三公。

属于公众的事情，大家有权力知道。"公"引申出公布、公开之意。成语"公诸同好"指将自己的东西向有共同爱好的人公开。"隐私"是时下最流行的一个词语，所谓的隐私就是指不愿告人或不愿公开的个人的私事，而最需要保护个人隐私的恰恰是那些公众人物。"公"虽与"私"相对，但很多时候，"公"更要尊重"私"，才能使"私"更加拥护"公"。"公"上之"八"，似一把大伞，保护着"私"，这寓意着，只要遵守公共条约、履行公共义务，每个公民应有的私人利益也将受到保护。

司 ^{sī}

甲骨文　金文　小篆

"司"，会意字。

"司"的甲骨文字形是一个人张着口大声地呼叫，为了能使声音更响亮地传于远方，就将手在嘴边包拢起来。故以"勹"会意。"司"以此表示发号施令。《说文·司部》："臣司事于外者。从反后。""司"字是"后"字向左反转过来的形状。"后"可泛指首领、君王。因为古代称有职事之臣为"司"，古代君王面南发号施令，臣子面北而听之，故"司"字从反"后"。发布命令的人只有一个，故从"一"、"口"。

《广雅》："司，主也。"《诗·郑风·羔裘》："彼其之子，邦之司直。""邦之司直"指主管国家进谏君王之事。"藩司"指主管一省的财赋和人事；"臬司"指主管一省的司法。"司南"是我国古代用磁石做成的用于辨别方向的仪器，为现在指南针的始祖。"各司其职"说的是各自做好自己分内的事情。"司"也有主持、操作、经营的意思，如"司钻"是钻机的操纵者，"司机"是车辆驾驶员，"司药"为医院药房里按处方配发药品的人，"司仪"指举行典礼或召开大会时报告会议程序的人。"牝鸡司晨"意思是母鸡报晓，比喻妇女掌权当政。《尚书·牧誓》："牝鸡无晨。牝鸡之晨，惟家之索。"《新唐书·后妃传上·太宗长孙皇后》："与帝言，或及天下事，辞曰：'牝鸡司晨，家之穷也，可乎？'""大司命"是主管人之生死的寿命之神。西汉司马迁《史记·天官书》："北魁戴匡六星，曰文昌宫：一曰上将，二曰次将，三曰贵相，四曰司命……"《楚辞·九歌》中有《大司命》，又有《少司命》。清代王夫之《楚辞通释》："大司命通司人之生死，而少司命则司人子嗣之有无，皆楚俗为之名而祀之。"

在现代，专门从事与法律相关的事务为"司法"，如"司法解释"、"司法条文"、"司法机关"、"司法行为"等。司法机关有广义与狭义之分，广义指行使国家审判权、检察权以及管理司法行政工作的机关，包括法院、检察院和司法行政机关；狭义的司法机关专指行使国家审判权的机关即法院。"司法独立"是指司法权只能由国家的司法机关统一行使，其他任何组织和个人都无权行使此项权力。司法机关行使司法权只能服从法律，不受行政机关、社会团体和个人的干涉。

"司"由主管、职掌的意思引申，作为名词，用于表示官吏的名称。古代的许多官名都由"司"字组成，如司户、司仪、司农、司员等。"有司"是古代对官吏的泛称；"司马"是古代中央政府中掌管军政和军赋的长官；"司空"是古代中央政府中掌管工程的长官；"司徒"指分管国家土地和教化百姓的官员。东汉称太尉（大司马）、司徒、司空为三司，唐以御史大夫、中书、门下为三司。五代、北宋称盐铁、户部、度支为三司，其长官称三司使。金以户部之劝农、盐铁、度支为三司。明代将各省之都指挥使司、布政使司、按察使司合称三司。清末各省之布政使司、按察使司、提学使司合称三司。后有将官名作为姓氏的，所以就有了司马、司徒、司空等复姓。"司"也是现在中央和国家机关的一级行政部门，如"外交部礼宾司"。在军队中，军事指挥机构被称为"司令部"，负责军事工作的高级指挥员为"司令员"。

成语"司空见惯"出自唐代孟棨《本事诗·情感》。唐朝诗人刘禹锡做和州刺使时，李绅做司空。李绅仰慕大诗人刘禹锡的声名，便邀请他到家中做客，设宴款待。酒酣之际，让一个美丽的歌伎唱歌助兴。刘禹锡于席上即兴作诗："倭鬌梳头宫样妆，春风一曲《杜韦娘》。司空见惯浑闲事，断尽江南刺史肠。"歌女梳着宫中流行的发鬓，一曲《杜韦娘》让人如沐浴在春风里。李司空见惯了这样的场景，听惯了这样的歌声，觉得很是平常，而对我来说，却是肝肠寸断。后来人们用"司空见惯"表示看惯了就不觉得奇怪了。

工 厂

工厂是诞生商业文化和商业哲学的温床。

工 gōng

甲骨文　　金文　　小篆

"工"，象形字。

"工"的甲骨文像工具形。《说文》："工，巧饰也。象人有规矩也。"徐锴注曰："为巧必遵规矩、法度，然后为工。"清代段玉裁注："凡善其事曰工。"杨树达在《积微居小学述林》提出："许君谓工象人有规榘，说颇难通，以巧饰训工，殆非朔义。以愚观之，工盖器物之名也。知者：《工部》巨下云：'规巨也，从工，象手持之。'按：工为器物，故人能以手持之，若工第为巧饰，安能手持乎……以字形考之，工象曲尺之形，盖即曲尺也。"他认为"工"是一种古人用手拿着的器物名，从字形看，是指古代的曲尺。

因为规矩的应用范围极广，对匠人而言几乎手头必备，所以用来泛称各种工具，进而指称使用工具的人，有工艺专长的匠人，即工匠、工人。《论语·卫灵公》："工欲善行事，必先利其器。"工匠要把活儿干好，必须先有好的工具。从字形上看，"工"字上下两横象征天、地，工人是世间巧物的创造者，巧思的实现者，巧力的应用者，他们的智慧和双手成为人类文明发展的源头，故以"丨"上顶天、下立地造之。

"工"可作为工人、工业的简称。工人不占有生产资料，在工厂或企业中靠出卖劳动力为生。工业指采掘自然物质资源和对工农业生产的原材料进行加工或再加工的生产部门。

工人必须工作，所以"工"有工作、劳动之意。"勤工俭学"指利用学习以外的时间参加劳动，获取报酬。"上工"指开始工作。"工"又有工程之意，"施工"指按设计要求进行工程建筑，"竣工"指工程完成。

段玉裁认为，只有精于某方面的人才能称为"工"，所以"工"又有精巧、细致之意。唐代韩愈《劝学解》："子云相如，同工异曲。"扬雄和司马相如的作品虽然文风和内容不同，但都有非常高超的艺术技巧。"工"还引申为擅长、善于。《韩非子·五蠹》："工文学者非所用，用之则乱法。"韩非子认为，不应当任用精通文献经典的人，他们会扰乱法治。"工诗善画"指擅长于作诗绘画；"工于心计"指擅长利用他人的心理以实现个人的私利。

要具备专而精的能力，必须下足工夫，故"工"又指工夫，指做事所费的时间和精力。"工夫茶"，不同于"功夫茶"。中国茶道形成于盛唐，据唐代陆羽《茶经》详载，整个茶艺过程包括选茶、炙茶、碾末、取火、选水、煮茶、酌茶、传饮八个程序，真是不厌其烦，怪不得叫"工夫茶"。台湾、福建等地居民多习此道。工夫茶是闲暇人的享受，所以"工夫"又指闲坐空谈时间。

"化工"与"画工"是明代李贽提出的评论文学作品艺术境界的概念。他认为《拜月亭》、《西厢记》是"化工"，《琵琶行》则为"画工"。所谓"化工"即自然造化，天然而成，是真实的描摹表现。"画工"则是"穷功极工，不遗余力"，只重人工智巧，在法则上做功夫，失去了真性情的表现。他说："画工虽功，已落二义矣。"

厂 【廠厰】
chǎng

金文　　小篆

"厂"，繁体为"廠"，异体为"厰"。汉字简化前，"厂"与"廠"、"厰"的意义并不相同。"厂"为象形字。

"厂"的甲骨文是山石崖岩的象形，意为山崖，人类常依傍而居，故《说文·厂部》云："厂，山石之厓岩，人可居。""厂"今只作为"廠"的简化字使用，其本义多包含在以"厂"为偏旁的汉字中。"廠"与"厰"均为形声字，分别从广、厂，敞声。"广"为依山崖建造的房屋，"厂"为可建屋之山崖，二者又均像建筑物有顶无壁之形；"敞"为敞开、宽敞。上有屋顶，下无墙壁，四周开张，空间宽敞的房屋即为"廠"，是没有墙壁的简易房屋，也指牲口棚。"廠"又指工厂、厂房，是许多人聚集在一起从事生产或加工以及其他特定活动的场所。这样的场所多内里宽敞，更有不设墙壁者，故以"廠"会意。

简化的"厂"只取"廠"之顶，故"厂"也表示有顶无壁或只有一面墙壁的建筑。如唐朝孟浩然《夏日南亭怀辛大》："散发乘夕凉，开轩卧闲厂。"夏夜里散开头发乘凉，打开门户闲卧在厂屋内。没有墙壁或只有一面墙壁的建筑有利于通风散气，古代养牲畜的地方往往建成这种样式，因此"厂"也引申指马屋、牲口棚。贾思勰在《齐民要术·养羊》中写道："架北墙为厂。"这里所指的就是只有一面北墙的牲口圈。没了墙壁的遮挡，"厂"是宽敞的，因此，"厂"也可理解为开阔的场地。韩偓《南安寓止》："此地三年偶寄家，枳篱茅厂共桑麻。"意思是：寓居这个地方已经有三年了，偶尔向家人寄信，听说枳形成的绿篱和长满茅草的场子里都已经种上了各种农作物。由宽敞、开阔的意思引申，"厂"又特指专门开辟出来、可供许多人聚集在一起进行生产劳动的场地。

《明史·食货志》："后添设饶州通判专管御器厂烧造。是时营建最繁，近京及苏州皆有砖厂。"意思是：后来添设了饶州通判一职，专门负责管理皇家御用器皿制造的厂子，当时各项营建工作都在紧张进行中，京城附近以及苏州等地都有砖厂。在旧时中国的四川，人们对盐商称为"厂商"，这里的"厂"特指盐场。

"厂"又可指特殊的专门机构。明朝时，朝廷设立了直接由皇帝统属的特务机构，称之为"厂"。有"东厂"和"西厂"之分，其首领多由宦官兼任。东、西厂与具有相似性质的"锦衣卫"并称"厂卫"，专门负责监视朝廷上下大小官员以及普通百姓的一言一行、一举一动，上自官府，下至民间，到处都有他们的踪迹。厂卫往往自谋私利，肆意诬陷良民，横行霸道，在历史上可谓是臭名昭著。

现在，"厂"一般指专门进行某种生产活动的场所，如工厂、水泥厂、纺织厂等。工厂都有配套的厂房和设备，厂房必须具备足够的空间，依其生产性质，或露天或室内。同时，工厂的生产活动还必须加以科学的组织和管理，才能提高生产效率。随着市场经济的不断发展，中国大部分国有工厂实行了股份制改造，建立了现代企业制度，很多原来的"厂"也被更名为"公司"，只有部分小型的企业还依旧冠名为"厂"。"厂"字在中国社会经济的发展过程中逐渐成为一种经济制度的标志。从"厂"到"公司"冠名的变化，表明了一个新的经济时代的到来。这其中的意义只有经历了这一深刻变革的中国人自己才能真正品味出来。

货物

货好不怕远，店好不怕贬。

货 【貨】
huò

貨 (货) 小篆

"货"，繁体为"貨"。形声字，从贝，化声。

"货"字上"化"下"贝"。"化"为性质的变化，形态的改变，内容的转换；"贝"为贝壳，是古时流通的货币。"化""贝"为"货"，意指钱、物之间可互相转化，"货"可转变成"钱"，"钱"可转变成"货"。《说文·贝部》："货，财也。"本义是财物。"货"是买进和卖出的东西，故而引申指商品，如货物、货源、货主、货位、货栈等。

"货"为财物。《周礼·太宰》："商贾阜通货贿。"注云："金玉曰货，布帛曰贿。"在古时的商业贸易中，金玉是为货，布帛则为贿。后来这种区分逐渐淡化，"货"逐渐成为金钱、珠玉、布帛的总称。《诗·卫风·氓》："氓之蚩蚩，抱布贸丝。"那个男子笑嘻嘻，抱着麻布来换丝。先民常以己之有换所无，此诗句中的"布"为己之财物，"丝"为彼之财物，均为货。贾思勰《齐民要术·序》："民可百年无货，不可一朝有饥。"百姓可以一百年没有金银珠宝，却不能一日饿着肚子。中国先民自古就善于农耕，只要田中产粮，便可自给自足，生生不息。

随着社会的发展，剩余产品逐渐出现，人们有了以所有换所无的交换要求。起初是物与物的交换，即上文中所说的"抱布贸丝"。这种交换有其局限性，且用来交换的物品不易保存、运输和携带，于是出现了货币。货币的出现，使钱与物的交换替代了古老的物物交换，此时，与钱进行交换的物称为"货"，即商品，而与物交换的钱亦称为"货"，是货币。

"货"为商品。《易·系辞下》："日中为市，致天下之民，聚天下之货，交易而退，各得其所。"正午之时开市，招来天下的百姓，聚集天下的商品，钱物互换以后，人人都得到了想要的东西。战国时，阳翟巨商吕不韦在邯郸经商时，遇到了在赵国做人质的秦国公子异人，说道："此奇货可居。"《战国策》记载了吕不韦与其父就这段故事的问答：耕田之利几倍？曰：十倍。珠玉之利几倍？曰：百倍。立主定国之利几倍？曰：无数。在见到秦公子异人时，作为商人的吕不韦便把他看成是一件可以获利的商品，并用商人的心计盘算着这件"货"其利几何，是以有了上面的问答。后吕不韦扶持公子异人成为秦国国君，自居国相。

"货"有货币之意。货币是固定充当一般等价物的特殊商品。原始社会末期，随着社会分工和商品交换的发展，人们自发地从普通商品中分离出一般等价物，作为商品交易的媒介。历史上，贝壳、布帛、牲畜、兽皮、金属都曾充当一般等价物，最后逐渐固定为贵重而稀有的黄金和白银。

货币有五种职能：价值尺度、流通手段、贮藏手段、支付手段和世界货币。前两种为基本职能。先民最早用龟甲、贝壳作为货币。到春秋战国时，各种形式的货币层出不穷。秦始皇统一中国后，曾统一币制。西汉元狩五年（公元前118年），朝廷统一规定所有钱币的重量为五铢（旧制一两为二十四铢）。

《汉书·叙传下》："货自龟贝，至此五铢。"最早的货币是龟甲贝壳，如今是五铢钱。宋朝初年，四川地区使用的铁钱，体积大，面值小，携带和使用非常不便。聪明的商人发明了一种纸币，可以兑现和流通，称为"交子"，后由富商发行。这种纸币常因发行人破产等原因不能兑现。宋仁宗天圣元年（1023年），"交子"改由政府发行，每次发行都有一定的限额，并以铁钱作准备金，这是我国最早的纸币。纸币成本低廉，易于携带，又能防止贵金属的流失，是现代社会使用最广的货币。随着科技的发展，如今还出现了更为方便快捷的电子货币。

货是用来买卖交易的，从而引申有卖出和买进的意思。《南史·高爽传》："守羊无食，何不货羊籴米？"意思是守着羊却饿着肚子，何不把羊卖了买米来吃呢？俗语有"习得文武艺，货与帝王家"，是指用一身的文武艺来报效国家。这里的"货"也为卖的意思。《莘航纪谈》："公恐其货酒不治药，亲为治之。"说的是先生担心他只顾买酒却耽误了制药，于是亲自动手来帮他。这里的"货"为买。

无论是财物之"货"、商品之"货"还是货币之"货"，有时都会被用来贿赂他人，故"货"又为贿赂。《字汇·贝部》："货，赂也。"《韩非子·亡征》："官职可以重求，爵禄可以货得者，可亡也。"官职可以用权势来求得，爵禄可以贿赂而得到，这样的国家一定会灭亡。

物 ^{wù}

物 小篆

"物"，形声字，从牛，勿声。

"牛"是人类传统的田力与祭祀用牲；"勿"为杂色旗，引申指杂色；"牛""勿"为"物"，则表示杂色牛。另外，甲骨文"勿"像旗帜之形。"牛"代表有生命之物，"勿"代表无生命之物，则"物"字可包容一切，泛指世间万物。《说文·牛部》："物，万物也。牛为大物，天地之数起于牵牛，故从牛。"牲畜的毛色多与其品种有关，故"物"亦引申指牲畜的种类、品级，遂有物色之说。

《诗·小雅·无羊》中有："三十维物，尔牲则具。"毛传曰："异毛色者三十也。"用三十条杂色牛来祭祀，规模不算小。"物色"一词，原指牲畜的毛色，现在多用来指按照一定的标准去访求。南朝宋范晔《后汉书·严光传》中有："乃令以物色访之。"再如"物色人才"，其中的"物"是相、察看。

"物"表示万物。《列子·黄帝》中有："凡有貌象声色者，皆物也。"这就把物的范围无限推广扩大了，只要是有形状相貌声色的都可称之为物。《荀子·正名》中也有："物也者，大共名也。""物"可指事物，也有专指外物、环境的，西汉司马迁《史记·乐书》："人心动，物使之然也。"张守节解释为："物者，外境也。"《荀子·劝学》中阐述了一种很聪明的学习行事的方法，曰："君子生非异也，善假于物也。"君子也是平常之人，没有什么特异功能，但他们能做到常人做不到的事情，就是因为他们善于驾驭外界环境。

"物"为东西、事物。"庞然大物"极言某物的巨大。唐代杜甫《春夜喜雨》："随风潜入夜，润物细无声。"春雨如丝如缕，趁着夜色悄悄滋润自然万物，十分细腻温柔。南朝徐陵《玉台新咏·古诗为焦仲卿妻作》中则有："物物各自异。""物物"就是各种东西，各种事物的总称。货币出现之前，社会上流行物物交换。物物交换也要讲究公平合理，但若碰上泼皮无赖，也就无理可讲了。有一个人在面馆吃饭，要了一碗炸酱面。店家把面端上之后，他感到不满意，要求换成云吞面。云吞面上来后，仍不满意，又要换牛肉面。店家无奈，只好换成牛肉面。那人三下两下吃光了牛肉面，拍拍屁股就要走人。店家拦住他要钱，他竟然说："牛肉面是我拿云吞面换的呀！"店家只好要云吞面的钱，他又说："云吞面是我拿炸酱面换的呀！"店家追问："那总该付炸酱面的钱吧？"那人更加理直气壮道："那炸酱面我也没吃啊！"店家头脑正转不过弯来，他又补上一句："何况，物物交换，何须付钱！"硬是赖掉了一碗面钱。

"物"为景物，物华则指大自然中美好之景，或物中精品、精华和极品。杜甫《曲江陪郑南史饮》："自知白发非春事，且尽芳尊恋物华。"表现了人近暮秋，对美好景色的留恋之情。只怕是：经年过后物犹在，赏物之人知是谁？唐代王勃《滕王阁诗》："闲云潭影日悠悠，物换星移几度秋。"物换星移也作"星移物换"，见于丘处机的《水龙吟·春兴》词："任寒来暑往，星移物换，得高眠昼。"其中的"物"都是以景物的变换代指时间推移，岁月流逝，与"物是人非"意同。三国魏曹丕《与吴质书》："节同时异，物是人非，我劳如何。"

万事万物，人为主宰。所以"物"字也指自己以外的人，以及跟自己相对的事物。比如财物、待人接物等。唐代魏征于贞观十三年所上《十渐不克终疏》里直言指出了唐太宗诗歌方面的过失，被誉为"千古金鉴"，其中有一句曰："损己以利物。"意思是损害自己的利益以保全他人、众人的利益。后来李世民气愤尴尬之后将此鉴刻于屏风之上，时刻警醒自己，并重用魏征，于是有了后来光耀史册的"贞观之治"。

　　"物"之于人还有亡故、去世的意思。东汉班固《汉书·李广苏建传》："前以降及物故。"颜师古注释说："物故谓死也，言其同于鬼物而故也。"《庄子·齐物论》："周与蝴蝶则必有分矣，此之谓物化。"这里的"物化"是死亡的意思，另一层意思是变化，见《汉书·扬雄传》："于是事变物化，目骇耳回。"

　　"物"也是一个哲学名词。在中国古典哲学中，尤其是道家的理论中，"物"与"道"相对。《老子·六十二章》提出"道者万物之奥"，说万事万物生息发展的奥妙全部可以包含在"道"中。孟子则将"物"和"我"相对，提出"万物皆备于我矣。"认为精神凌驾于物质之上。《管子·内业》中也有："万物以生，万物以成，命之曰道。"认为物是于精神之前而自然存在着的。荀子又说："天地合而万物生。"他认为物的产生与精神没有必然因果关系。总而言之，"物"在中国古代是一个哲学范畴。同时，"物"与"心"是相对的，心理学家们所谓的"心外无物"就明确地体现了这一点。

质量

质量是品牌的基础，质量是信誉的前提，质量是发展的根基。

质 【質】
zhì

質 小篆

"质"，繁体为"質"。形声字，从贝，斦（zhì）声。

"斦"的本义为两物相当；"貝"为古代通行的一种货币，在这里意为金钱、财富。"斦""貝"为"質"，可理解为两种不同的物体价值相当，可以互相抵消、抵押。《说文·贝部》："質，以物相赘也。"（按：以钱受物曰赘，以物受钱曰质。）"質"的本义为抵押。"斦"由本义引申指砧板，是用来捶、砸或切东西的时候垫在底下的器具，经得起反复地敲打、捶击；"貝"是货币、金钱，实实在在、没有虚假。"質"从斦，从贝，强调了物体本身所具有的实实在在、不可改变的特性，是独立于意识之外的客观事物、内容，是天然未经改变的本体，故"質"又为本质、实质，引申为禀赋。"質"是"斦"下以"貝"做底，表示经得起推敲和考验的优质品才具有高价值。"斦"又为两"斤"组合，强调了在质量上要斤斤计较，严格把关，切实做到货真价实、物有所值。

"质"的本义是抵押。以质换、典押物品从中赚取差价为生的铺户称为"当铺"。当铺在约定的期限内保管典当者的物品。典当者在期限内可以用钱赎物，但如果过期不赎，则物品属当铺所有。当铺与典当者之间凭当票取物、兑钱时，会有一番询问、验证。《广雅》："質，问也。""质"为问、诘问。柳宗元《骂尸虫文》："余既处卑，不得质之于帝。"我地位卑微，欲向上面质问而不得。《礼记·曲礼上》："夫人之讳，虽质君之前，臣不讳也。"人名的忌讳，就算在天子面前对验，臣子也不能提及。常用词"对质"之"质"包含了诘问与验证两层意思。"质"为物质，是独立于人的意识之外的客观存在。《礼记·礼运》："故圣人作则，必以天地为本……五行为质……""五行"是木、火、土、金、水。古人认为五行是构成世界万物的五种物质，世上任何事情、任何物体都可以用五行来解释，是万事万物之本源。

"质"为禀性。《淮南子·说林》："石生而坚，兰生而芳，少自其质，长而愈明。"石头生来坚硬，兰草生来芳香，小时候就有着这样的禀性，长大了会更加明显。这里是以石头与兰草比喻人的美好品质。

"质"为质量。"质"上的两把斧头（所）表示对产品生产要严格把关，有质才有量，质过硬，才会得到好的价格（贝）。"斤斤"是两把剖析的斧头。一方面要求厂家和经销商在生产和销售过程中严格把关，确保质量；另一方面，要求消费者强化质量意识，通过电视、报刊等媒体多关注国家规定的产品质量标准，学会用法律手段解决质量纠纷，维护自身消费权益。

量   liáng liàng

金文   小篆

"量"，会意字，从日，从一，从里。

"日"为时间，"里"为空间，"一"横贯其中，权衡称测，划定时空。"量"为用一定标准的工具测定时间的长短、距离的远近、物体的轻重，如用斗量米，用尺量布等。表此义项时读"liáng"。《说文·重部》："量，称轻重也。"本义指称量物体的轻重。"量"，做名词，指测量物体多少的器物，读作"liàng"。

"量"为测量，是用尺、容器或其他工具来测定事物的长短、轻重、多少或其他性质。《诗人玉屑·命意·说愁意》："请量东海水，看取浅深愁。"请量一下东海的水有多深，就知道我的愁苦有多深了。《能改斋漫录》引《符子》中的一则故事："或献百二十年豕于燕昭王，王养之十五年，令衡官桥而量之，折十桥，豕不量。命水官浮舟而量之，其重千钧。"有人献给燕昭王一头活了120年的猪，燕昭王又把它养了15年，令衡官（掌管称量物体的官员）用大秤称量，因猪太重，折断了10根秤杆还没有量出轻重。又命水官用浮舟的方法来称量，称出那头猪重有千钧（古代30斤为1钧）。

"量"也读"liàng"，是名词，指测量物体体积多少的器物，古代用陶或木材制成。《书·舜典》："协时月正日，同律度量衡。"用月、正、日使时序协调有序，用度、量、衡使物体有公认的指称测量标准。传说黄帝设五量，为权衡、升斛、尺丈、里步、十百。权衡是称轻重的工具，升斛是量容积的工具，尺丈是测长短的工具，里步是丈量土地的工具，十百是表示军队人数的单位。其中，只有升斛是标准的测量物体多少的"量（liàng）"，而使用这些标准进行称测，后世统称为"量（liáng）"。有量必有数，量用数来表示，数以量来体现。量词放在数词的后面，共同表示事物的数量，如"一本书"中的"一"是数词，而"本"则是量词。

计量工具中的升斛用来计算物体容积，所以"量"也指容量、容受事物的限度，如酒量、饭量等。一个人若禀性宽容、能容人之过则是有气量、雅量，是宽宏大量，而"宰相肚里能撑船"大概是最宽厚的气量了。

古人常用升、斗、斛等器皿量取粮食，因为没有具体规定的斤两要求，所以具体是冒尖还是平口，全由量取者决定。由此"量"引申为酌量、酌情，是根据眼前形势或感情好恶对待事情。用药应酌量增减，饮食要酌量而取，量力而行是根据自己的能力行事，量入为出是根据收入的数量来决定支出的限度。米麦是细小散乱之物，拘之于升斗，则可计算出多少。虽然不十分精准，但也有相应的法度和准则，所以才能测算出米麦的多少。故"量"又为法度、准则。《管子·牧民》："上无量，则民乃妄。"国家没有法度，百姓的言行就会混乱。"量"还可表示估量、计算，也为思量、打量。段玉裁《说文解字注》："此训量为称轻重者，有多少斯有轻重，视其多少可辜榷其重轻也。"《说文》中所谓的"称轻重"是以物之多少来视其轻重，即目测物体多少，从而估量物体的轻重。古诗《孔雀东南飞》中，焦仲卿受母亲逼迫，休了妻子刘兰芝，两人感情依旧，互誓不再嫁娶。刘兰芝回娘家后，先后有官员来说媒，后刘兰芝争不过暴躁的大哥，只得违心答应别人的婚事。当两人再次见面时，刘兰芝对焦仲卿叹道："自君别我后，人事不可量。"分别之后发生的事情，我们预料不到啊。这里的"量"是估量、揣度、预料的意思。量的对象不是物品，而是更为难测的人事。如"商量"是商议估测事物的发展，"思量"是在心中忖度、估量。当某个人的才能超群，将来的发展会超出预测的时候，就说他"前途不可限量"。而当对某事表示揣度的时候也用"量"，如"量他也不敢这么做。"

效益　真正的成就和口碑不是靠广告做出来的，而是用拼搏生命谱写的。

效 【劾傚】
xiào

甲骨文　　金文　　小篆

"效"，异体为"傚"、"劾"。形声字，从攴，交声。

"交"像一人两腿交叉盘腿而坐；"攴"像手持棍棒鞭策形，表示鞭策敦促、催人努力奋进。"效"为鞭策敦促他人努力奋进，或是自我鞭策。古人教育孩子首先是让他们模仿先贤，故"效"为摹仿。《说文·攴部》："效，象也。"本义为模仿、仿效，引申为相互勉力，上行下效。"傚"由"佼""攴"组成："佼"为美好；"攴"为致力、鞭策，表示严格要求，可引申为向善、向美、向上效力，时刻以效仿的榜样鞭策自己，激励自己，才能做出更多的贡献。所以摹仿或仿效的对象应当是优秀的人物或有益的事情。

《诗·小雅·鹿鸣》："君子是则是效。"有德之人以宾客及其美德为效法的榜样。有一个故事叫"东施效颦"：越国美女西施患有心口疼的毛病。病犯时手捂胸口，双眉皱起，流露出一种娇媚柔弱的女性美，惹人怜爱。丑女东施也学着西施的样子，手捂胸口紧皱着眉头，但矫揉造作，所以被众人取笑。可见，盲目模仿别人，其结果往往适得其反。

异体字"劾"由"交""力"组成："交"为交出，交付；"力"为力量。"劾"是把力量交出、贡献力量，所以"效"有效力、效劳、效忠、效命的意思。《史记》中有"异日韩王纳地效玺"的句子，意思是韩王择日割让出土地，并呈献出国君的印章，表示臣服。这里的"效"字即是献出的意思。

"效"也表示授予的意思。《左传·昭公二十六年》："宣王有志，而后效官。"效官"是授予官职。仿效也好，献出、授予也好，必然会有其结果。"效"为功效、成效、药效、时效、疗效等。

《庄子·列御寇》："彼将任我以事而效我以功。"你将把事情交给我去做，而用功劳来考查我。这个"效"则是考查、考核之意。"效"还可表示明白、经验等意。《方言》："效，明也。"经验固然重要，但做事也要根据实际情况才能达到最好的效果。

益 yì

益 甲骨文　　益 金文　　益 小篆

"益"，会意字，小篆从水，从皿。

"皿"为器皿。"水"在"皿"上，会意水漫出器皿。清代王筠《说文释例》卷四："益之水在皿上，则增益之意，即兼有氾溢之意。""益"的本义为水漫出器皿，引申为水涨。《吕氏春秋》有"潍水暴益"的记载，就是说潍水暴涨，淹没了四周的地面。由于与水有关，后来在"益"的左边加了一个"水"构成"溢"字来表达此意。

"益"字上面是"水"，水的流动是有规律的。《老子》："上善若水。"人们要想做好一件事，必须要符合事物本身的规律。养生益寿当然也要顺应天地自然规律。隋代杨上善《黄帝内经太素》："上古之人，其知道者，法于阴阳，和于术数，食饮有节，起居有常，不妄作劳，故能形与神俱，而尽终其天年，度百岁乃去。"水性是柔和的，但又"驰骋天下以至刚"，为人处世要温文尔雅，谦虚谨慎，正所谓"谦受益"，但遇见自己利益受到无理侵犯的时候，就该以水淹九州之势据理力争。

"益"字下面的"皿"是一种容器，无论多么大的容器，它的容量都是有限的，因而"皿"限定了"益"的范围。禅宗有一个典故，某人向一位高僧请教佛法，高僧给他倒满一杯水，他再问时，高僧继续给他倒水，水溢出来了，这个人就开悟了。一个人固有的观念太多了，就容不下新的东西；只有抛开固有的观念，才能接受新的思想，正如空出杯子才能倒进水一样。在为人处世中也要把握好度，要明白"过犹不及"的道理。

《说文》："益，饶也。""饶"是饱的意思，表示满足。水已经溢出来了，说明器皿已经盛满水了，因此"益"引申为富足、富饶的意思。《吕氏春秋·贵当》："其家必日益。"意为一天比一天富裕。

向器皿里注水，随着水的增加，水位不断上升，直到注满整个器皿，如果再增加注水量的话，水就会溢出来了，"益"由此引申为增加的意思。它和表示减少的"损"相对立。"朝益暮习"指白天学习新知识，晚上就温习，形容学习用功。其中"益"指增加。《管子·弟子职》："朝益暮习。"《易·杂卦》："损益，盛衰之始也。""损益"合成为一个词来形容一件事物好与坏的两个方面。"斟酌损益"就是衡量得失的意思。《云笈七签》："举世之人，皆愿长生不死，延年益寿。""延年益寿"指延长岁数。长生不死是不可能的，延年益寿可以做到。只要饮食起居符合养生规律，再进行适度的导引运动，以祈达到延年益寿。

增加就是越来越多，因而"益"可引申为副词，是更加、渐渐的意思。《韩非子·喻老》："君之疾在肌肤。不治将益深。"说的是扁鹊发现蔡桓公的病症在肌肤，如果不及时治疗就会更加严重。成语"精益求精"是力求更加精工美好的意思。"道高益安，势高益危"指道德越高尚，为人处事好，就越安全；权势越大，更容易滥用权力，刚愎自用，就越危险。《史记·日者列传》："道高易安，势高益危。居赫赫之势，失身且有日矣。"

"益"有富足和增加的意思，这两种都是好的现象，因此"益"还可引申为好处、利益的意思，和"害"相对。昆虫分为益虫和害虫，是根据他们对人类的好与坏来划分的。"满招损，谦受益"指自满会招致损失，谦虚可以得到益处。《尚书·大禹谟》："满招损，谦受益，时乃天道。""集思广益"指集中群众的智慧，广泛吸收有益的意见。三国蜀诸葛亮《教与军师长史参军掾属》："夫参署者，集众思，广忠益也。""获益匪浅"是得到非常大的好处的意思；"良师益友"指对自己有教益的老师和朋友。近朱者赤，近墨者黑，与良师益友为伴自会获益匪浅。

市场

无知不会有收入，智慧不会生烦恼。

市 shì

兮 金文　尚 小篆

"市"，会意字，金文字形为上"之"下"兮"。

"之"为去、往，表示人来人往；"兮"为文言小篆助词，相当于"啊"、"呀"。"之""兮"为"市"：一说明人多，二说明讨价还价嘈杂之声不绝。"市"为集中进行商品交易的场所。从字形上看，"市"又像店铺门前张扬的招幌：市上之"亠"像悬挑条幅的横木，市下之"巾"像迎风飞摆的丝布条幅。到处张悬招幌的地方为集市，这样的店肆多集中于人口较密的城镇，故"市"又为集镇、城市或街市。"市"从巿，是"匝"的本字，为遍、满之意，意为人多。"市"上之"丶"为利。"天下熙熙，皆为利来；天下攘攘，皆为利往"，市中往来之人，均为此一点利。

上古时期，人们从事的劳动非常单一，种田的一直种田，狩猎的一直狩猎。为得到其他生活用品，他们把多余的劳动成果拿到人多的地方，以交换自己缺少的东西，久而久之，形成了大家都认同的"市"；后来货币出现，便体现为钱物交换的买卖。《说文·门部》："市，买卖之所也。""市"是买者和卖者所去的地方。陆游《溪行》："买鱼寻近市，觅火就邻船。"到附近的市场买鱼，到邻近的船只寻觅灯火。

唐代政府规定：非州县之所不得随便设置市场，但正式的州县之市并不能满足农民的需要，于是在乡村出现了许多定期集市，称为"草市"，与州县之"官市"相应。草者，非正式、非常设、草创未完之意。东晋时期就有关于草市的记载。各地对于草市的称呼也不同，北方一般称"集"，两广、福建等地称"墟"，四川、贵州等地称"场"，江西等地称"圩"。

草市逐渐演变为长期的买卖，成为了定期的乡村市集，后转化而成为市集，进而成为市镇、城市。词语有市井、街市等等。黄宗羲《柳敬亭传》在讲述柳敬亭十五岁时犯了死罪后逃往他乡时写道："之盱眙市中为人说书，已能倾动其市人。"说的是柳敬亭到江苏盱眙的市镇上说书，此时其书艺已能使市镇之人动容了。

"市"后来逐渐发展成与乡村相对的行政区域，为许多国家所通用，是工矿、交通、贸易和文化教育事业比较发达、人口比较集中的行政区域。在中国，作为行政区域的市，有直辖市、地级市和县级市之分。

市中所进行的活动是买卖，由此"市"引申为买卖交易。《尔雅·释言》："贸、买，市也。"卖东西、买东西，都称为市。宋代张俞《蚕妇》："昨日入城市，归来泪满襟。"这里的"市"是卖东西。《战国策·齐策》记载了冯谖为孟尝君经营三条退路的故事：孟尝君让冯谖去薛地收债。冯谖问道："责毕收，以何市而反？"即收完债后，买些什么回来呢？孟尝君说：你看我家缺什么就买什么吧。冯谖到了薛地，当着欠债的人把债券烧掉，并假称这是孟尝君所赏赐的，人们都齐声欢呼。冯谖回来见孟尝君，孟尝君奇怪他回来如此之快，便问他"以何市而反？"即你买了什么东西回来了？冯谖说："窃为君市义。"即我为您买来了义。这里的"市"是买的意思，作动词。

凡是买卖的商品都有一定的价格，"市"又有价格之意。如行市指证券或商品的现时的出价、发价或价格。"市"也是我国已被停止使用的度量衡制单位。如衡量长度的单位为市尺，1市尺合1/3米；度量容积的单位为市升，1市升等于1升；度量重量的单位为市斤，1市斤相当于0.5公斤（500克）。市斤、市两、市尺等曾经是我国经济活动中最为常用的度量单位。

场 【場塲】
cháng chǎng

塲 小篆

"场"，繁体为"場"，异体为"塲"。形声字，从土，易声。

"土"为田地、土地；"昜"古同"阳"，意为太阳、晴天。"土""昜"相合为"場"，意指阳光照射的开阔地。"場"是对农作物进行第一次加工的主要场所，读为"cháng"。在农业社会里，"場"是只有在晴天才可使用的土地，故从"昜"。

异体字"塲"上增"人"，强调了"塲"是人劳动的场所。"場"是为农作物加工而设的平阔土地，引申为能适应某种需要的较大的地方，如会场、广场等，读为"chǎng"。简化字"场"来自"場"的草书写法。

最早的"场"是为祭祀神灵而专门开辟出来的开阔平地。《说文·土部》："场，祭神道也。"段玉裁注："也，《广韵》作处。"《汉书·郊祀志》："牺牲坛场。"注："平地为场。""场"创造之初，是与神灵祭祀有关，人们在开阔的场地中与先祖、神灵对话交流。"场"发展到后来才泛指场地、开阔的平地。在先秦文学中，人们也惯把兔子栖息的地方称为"窟"，把鹿栖息的地方称为"场"。《诗·豳风·东山》："町疃鹿场，熠耀宵行。"房前屋后鹿出没，萤火虫儿闪闪亮。

"场"发"cháng"音，为平坦的空地，多用来收打庄稼，翻晒粮食，碾轧谷物。庄稼收割完毕就要运到特定的场地去晒干、脱粒等，这个特定的场地就称为"场"，在场上的一系列劳作称为"打场"。《聊斋志异·狼三则》："顾野有麦场，场主积薪其中。""麦场"即晒麦子的地方。又如"禾场"、"摊场"、"晒场"。在方言中，人们称赶市集为"赶场"，也许就是因为集市场地比较广阔，而在集市上忙碌的人们正如打场的农人一样身影匆匆。古代边境贸易集中地称为榷场。"场"读"cháng"时，也用为量词，表示事情的经过，如"一场及时雨"、"空欢喜一场"。

"场"发"chǎng"音，指众人会聚进行某桩事情的处所，如"会场"是开会的地方；"市场"、"商场"是进行贸易往来的地方；"操场"是进行体育活动的场所等。在处所里进行的表演或比赛的全过程为全场，开幕式代表着开场，闭幕式代表着终场，人们口语中说上场、下场等均与舞台表演有关。戏剧作品中故事情节的段落或表演的一个片段称为场次、分场。事情发生的地点通称为现场。"粉墨登场"原指演员化妆上台演戏，也指坏人经过一番打扮，登上政治舞台。"矮人观场"比喻只知道附和别人，自己没有主见，也比喻见识不广。清代王士祯《香祖笔记》卷十："予观宋景文近体，无一字无来历，而对仗精确，非读万卷者不能，迥非南渡以后所及。今人耳食，誉者毁者，皆矮人观场，未之或知也。""逢场作戏"原指旧时走江湖的艺人遇到适合的场合就表演，后指遇到机会，偶尔凑凑热闹。宋代释道原《景德传灯录》卷六："竿木随身，逢场作戏。""打圆场"指调解纠纷，从中说和，使几方面都能接受，从而使僵局缓和下来。清代李宝嘉《官场现形记》第十一回："亏得和尚打圆场，好容易才把那女人劝下的，所以同了他来。""当场出彩"比喻当着众人的面败露秘密或显出丑态。旧戏表演杀伤时，用红色水涂沫，装作流血的样子，叫作出彩。明代凌濛初《二刻拍案惊奇》卷三十："吾夫妇目下当受此杖，不如私下请牌头来，完了这业绩，省得当场出彩。"

"场"引申作量词，指段落、一出，用于有场次或有场地的文娱体育活动，如"看一场电影"、"一场比赛"、"一场雪"等。甚或生病也说"生了一场病"，是说处在生病的那个特定的时期。"一场春梦"比喻过去的一切转眼成空，也比喻不切实际的想法落了空。五代张泌《寄人》："倚柱寻思倍惆怅，一场春梦不分明。"

"场"的显著特征是有人聚集，故也可以把所从事的某一工作、某一领域称为"场"，如"名利场"、"是非场"等不一定要确切说是在哪一处所，而是某种活动的范围，与别的领域有明显的不同。"风月场"指男女情爱的场所。清代曾朴《孽海花》第十六回："几句若远若近的话儿，加克虽然是风月场中的魔儿，也弄得没了话儿。"

物理学中物质相互作用的范围也称为"场"，它是物质存在的一种基本形式，具有能量、动量和质量。可以按其相互作用的性质区分为各种类型，如电子场、电磁场等。也可指分布在空间区域内的物理量或数学函数，如温度场、速度场等。

需求

需求就是市场的脉搏，不会脉诊自然不会成功。

需 xū

甲骨文　金文　小篆

"需"，会意字，从雨，从而。"需"的甲骨文从人，从水滴，像人沐浴之状。

金文演变为上"雨"下"人"，是以人立在雨下，会意遇雨不行。《说文》解"需"为"遇雨不进"，即遇到雨，无法前进，而停下等待。故而"需"的本义指遇雨而停在原地等待。

今体"需"从雨，从而。"雨"为雨水、雨露，用以润泽万物；"而"的甲骨文像草木繁盛的根须。故"需"字表示的意思是草木的根部需要雨水的滋润。由此，"需"有需要、需求等意。

"而"用做代词指你、你的。大地山川要有雨水的润泽、人要有雨水的沐浴、鸟兽牲畜要有雨水的滋养、草木禾稼要有雨水的灌溉、江河湖海要有雨水的充盈，天下万物离不开雨水。"雨"是万物不可缺少的物质，"需"有必需、急需等意。

"需"为等待。《后汉书·张衡传》："虽老氏曲全，进道若退，然行亦以需。"虽然老子的学说是委曲求全，以退为进，然而真要施行起来还需待以时日。

"需"是六十四卦之一，卦形为下乾上坎，乾象征天，坎为水，是水气上达于天，形成云气，将要降落。《易·需》："需，有孚。象曰：'云上于天，需。'"这里的"需"指雨水将要降下。世间万物由阴阳生，阴需要阳，阳也需要阴，阴阳平衡，方能生生不息。《新论·荐贤》："国之需贤，譬车之恃轮，犹舟之倚楫也。"国家需要贤德的人，就像车子依赖轮子，船儿倚仗船桨。

"需"为给用、需要。人的需要有两个基本方面：一是物质方面的需要，二是精神方面的需要。物质需要得到满足后，就会产生精神方面的需要，如文化、艺术、宗教等。然而人生活在社会中，并不是任何需要都能得到满足。心理学家将人的需要分为由低到高五个层次：第一是生理需要，指人的衣、食、住、行等方面的生存要求，这是最基本、最重要的需要；第二是安全需要，指免遭危险和威胁；第三是社交需要，指人的归属感；第四是自尊需要，指自尊心、荣誉感等；第五是自我实现需要，指成就欲，个人的抱负得到满足。人的需要由低到高逐级上升，只有较低层次的需要得到满足，较高层次的需要才会成为追求的主要目标。

人的需求促进了商业的产生与繁荣。最原始的以物换物的交易就是起源于需要，把自己多余的或暂时不用的东西与别人交换，换回自己所需要的东西。交易的需要使货币产生，使得商业越来越繁荣，推动了社会的繁荣和发展。

"需"自古以来就关乎国计民生。没有需要，就没有社会的进步。但是，需求总量如果大于生产总量，就会导致资源、能源、资金紧缺，物价上涨或通货膨胀，引发社会动荡不安；而若生产总量大于需求总量，又会出现供大于求的现象，造成经济萎缩、萧条。所以只有不断平衡供需关系，防止不足和过剩，才能确保经济健康持续的发展。

求 qiú

金文

"求"，象形字。

金文"求"像皮衣之形，是"裘"的本字。"求"又有寻求、追求等意，今"求"字中包含有"水"、"木"、"术"三字："水"是人体之必需；"木"为树木，提供人安身之所；"术"为技术，是人类创造财富和文明的手段。此三者均是人所追求之物，故相合而有求取之意。"求"又可看作从"一"，从"丶"，从"水"。"求"即由一滴水组成。人体的70％为水。水是人类和其他动植物生存所不可缺少的，一滴水可以挽回一个生命，故而以一滴水比喻人之所求。

人穿衣服是为了耐寒，尤其是皮衣穿起来非常暖和，抗寒效果相当好，由此，"求"引申为需要的意思。"需求"指的就是人需要的东西。在经济学上，把握市场的供求关系是非常关键的。"供"是指市场上可以提供给消费者的东西。"求"指的是消费者实际需要的东西。供求关系的平衡是一种商品能否赢利的关键。"供不应求"和"供大于求"都是不正常的。

皮衣是人需要的东西，所以人就会想办法得到它。由此，"求"引申为追求、谋求、寻求，也就是设法得到的意思。《玉篇》："求，索也。""索"就是追求探索的意思。《诗经·王风》："知我者谓我心忧，不知我者谓我何求。"意思是了解我的人，知道我内心的忧虑；不了解我的人，认为我有什么东西要索求。《孟子·告子上》："求则得之，舍则失之。"意思是追求它的话，就能得到它；舍弃它的话，就会失去它。战国屈原《离骚》："路漫漫其修远兮，吾将上下而求索。"成语"求全责备"指过分地追求完美无缺。"求仁得仁"指追求仁德就得到仁德，比喻如愿以偿。"精益求精"意思是好了还求更好。《论语·学而》："《诗》云：'如切如磋，如琢如磨。'其斯之谓与？"宋代朱熹注："言治骨角者，既切之而复磋之；治玉石者，既琢之而复磨之，治之已精，而益求其精也。"

人需要某种东西，凭自己的努力又追求不到，这时候他就有可能去向有这件东西的人索要。由此，"求"引申为恳请、乞求的意思。《增韵》："求，乞也。"《战国策·赵策》："求救于齐。"意思是向齐国乞求救援。《战国策·齐策》："有求于我也。"意思是对我有所乞求。"求见"是客套话，指请求谒见上级或长辈。"求饶"指乞求对方饶恕。成语"求亲靠友"指生活困难，求亲友帮助。"求医问药"指乞求医治病症。

"求"为寻找。"发屋求狸"指拆除房屋以求捕得狸猫，比喻因小失大。《淮南子·说山训》："坏塘以取龟，发屋而求狸，掘室而求鼠，割唇而治龋，桀跖之徒，君子不与。""刻舟求剑"比喻拘泥成例，不知道跟着情势的变化而改变看法或办法。《吕氏春秋·察今》："楚人有涉江者，其剑自舟中坠于水，遽契其舟曰：'是吾剑之所从坠。'舟止，从其所契者入水求之。舟已行矣，而剑不行，求剑若此，不亦惑乎？""求"由寻找引申为探求。"积本求原"指从根本上探求。明代王守仁《与王纯甫书》："后世之学琐屑支离，正所谓采摘汲引，其间亦宁无小补，然终非积本求原之学，句句是，字字合。""求"还引申为祈求。"景公求雨"原指齐景公祈求龙王降雨的迷信活动，后用来比喻统治者体恤民情，顺应民意。《晏子春秋·内篇谏上》："于是景公出野暴露。三日，天果大雨，民尽得种时。""求"又有贪求意。"不忮不求"指不妒忌，不贪得无厌。"忮"是嫉妒；"求"是贪求。《诗·邶风·雄雉》："百尔君子，不知德行。不忮不求，何用不臧。"

"求"也特指对异性的追求。《诗·国风》中有："求之不得，寤寐思服，悠哉悠哉，辗转反侧。"一个男子爱上了一个姑娘，去追求她却达不到目的，心中非常苦闷，以致于难以成眠。"求之不得"作为成语表示想要求取的东西偏偏得不到。西汉时的司马相如追求卓文君，为卓文君弹奏了琴曲《凤求凰》，其中有句云："凤兮凤兮归故乡，遨游四海兮求其凰。"

人们要追求真理，不要去追求一些庸俗的东西。人的欲望不要太强烈，一点水足矣。正所谓"弱水三千只取一瓢饮"。人在危急的时候，不得不去求助于别人，对于求助于我的人，要尽自己的力量给予帮助。

佛经中有"二求"，见《成实论》。一是得求，指诸众生欲得诸乐，随意求取，虽经险难，不以为苦，如海吞流，心无厌足，是名得求。二是命求，指诸众生取乐生爱，不能如实观察乐是苦因，反求长命，受此诸乐，是名命求。佛经中又有"四求不得"，出自《大乘庄严经论》。"求"是推求。菩萨以四种求诸法皆不可得，不可得即是空，故名求不得。一是名求不得，二是物求不得，三是自性求不得，四是差别求不得。

供给

林中不卖薪，湖上不鬻鱼，是不变的法则。

供

gōng gòng

供 小篆

"供"，形声字，从人，共声。

"供"从人，说明"供"是人的一种行为；"共"的篆文为两只手捧东西奉送的样子，是古代祭祀时人们双手向神灵或祖先奉献祭品的动作，引申有共同、共有之意。"人""共"为"供"，表示供奉祖先或神灵，祈求福禄，是古人共同的精神需求。如供奉、供品、上供等，读作"gòng"。

"共"为总共、共计、共同等。"供"从人，表示多人共同参与、合计、谋划一件事。故"供"又指被审问时述说事实，如供认、招供、供状。"人""共"为"供"也意为人所共有，人所共用，是准备好某种条件给需要的人应用，即供应、供求、供销、提供等，此义项读为"gōng"。《说文·人部》："供，供给。""供"字的核心是解决少与多的矛盾。供过于求固然不好，供不应求也非上善。

"供"为供给、供应。《三国演义》中有著名的"官渡之战"。曹操和袁绍对峙，曹操粮草殆尽，已经显出败象，但此时袁绍的谋士来投靠，透露了袁绍在乌巢囤积有万余车粮草辎重的情况。曹操于是出奇兵偷袭乌巢，一把火烧掉了袁绍的粮草，从而取得了最后的胜利。物资的供给左右了战争的局势。

"供"为摆设、陈设。《说文·人部》："供，设也。""设"即陈设。《后汉书·班固传》："乃盛礼乐供帐，置乎云龙之庭。"在龙庭中，把用于礼乐的帷帐陈设摆列好。"供帐"是陈设帷帐等用具，作为宴会、旅行休息之用。

"供"为奉献、祭献。《广雅》："供，进也。"这里的"进"为进奉、奉献之意。《玉篇》："供，祭也。"说"供"是祭祀时所献。刘禹锡《听旧宫中乐人穆氏唱歌》："休唱贞元供奉曲，当时朝士已无多。""供奉曲"是当时宫廷内演奏的曲子，因奉献于皇帝，故称"供奉"。

"供"又可引申为担任、从事。陆游《浣花女》："江头女儿双髻丫，常随阿母供桑麻。"江边人家的小女儿结着两个发髻，经常随着母亲采桑绩麻。

经济上的"供求关系"，是指供给和需求、生产与消费之间的联系。供给和需求是推动经济增长的两个主要力量。供过于求，将导致商品价格下降；供不应求，会造成商品价格上涨。简言之，民有求，商有利；民不求，商无利；供求平衡，民商两益。供求总处于此消彼长的动态变化之中，并在市场规律和国家宏观调控政策的共同作用下保持相对平衡，从而保证经济的持续、健康、全面发展。"供"为"人""共"。供给与需求的平衡稳定，需要全社会人的共同努力，任何恶意的干扰都可能造成他人甚至国家经济的巨大损失。

给 【給】
gěi jǐ

小篆

"给"，繁体为"給"。形声字，从糸，合声。

"给"的本义为丰足、富裕。《说文·糸部》："給，相足也。""糸"为细蚕丝，可用来泛指包括衣物在内的丝织品，引申指千丝万缕的联系，意为给予与之相互有联系或相关联的人；"合"为"人"、"一"、"口"，即一个人有饭吃（口）。"糸"、"人"、"一"、"口"可理解为：有衣穿，有饭吃，达到温饱。"合"又从亼，从口。"亼"为三面聚合之形，意为集、多；"口"为口粮、粮食。"给"从糸，从亼，从口，表示衣食聚齐，富足有余裕。"给"在表示补给、给养、自给自足的意思时读作"jǐ"。"给"

是在自己丰足的基础上，使每个人都衣食无缺，因此，交付、送与为"给"，如给予、送给、献给，此义项读作"gěi"。"给"从糸，表示给予的东西一定要与被给之人有所关系；"给"从合，意为付出与赠予要符合对方的要求和需求。给人方便会促进友好的关系，也可以缓解敌对的情绪。

"给"为丰足。《孟子·梁惠王下》："春省耕而补不足，秋省敛而助不给。"春天视察耕种，补足农具和种子，秋天视察收割，补助劳力和口粮。成语"目不暇给"，是指事物纷繁，眼睛没有富余的空闲，看不过来。使丰足就是供应，所以"给"引申为供应，供给。《玉篇》："给，供也。"

《史记·高祖本纪》："镇国家，抚百姓，给馈饷，不绝粮道，吾不如萧何。"成语"自给自足"指依靠自己的劳作，供应自己的需求。两宋时候南方的经济比较发达，国家的财赋主要依赖于江浙一带供给，所以当时有"国家根本，仰给东南"的说法。"给"引申为交付、给予、赐予。范宁《启断众公受假故事》："诸内外官五月给田假，九月给绶衣假。"内外官员五月份给予他们田假，九月又赐予他们绶衣假。"给"为交付、送与。《后汉书·章帝纪》："其悉以赋贫民，给与粮种，务尽地力，勿令游手。"应该全部赐给贫民，给他们种子，好好利用土地，不使他们无事可做。《战国策》里有著名的"冯谖客孟尝君"的故事。冯谖是孟尝君的门客，有一天他弹着自己的宝剑唱道："长铗归来兮！无以为家。"孟尝君就"使人给其食用，无使乏"，给冯谖家里送去了家用。后来冯谖成为孟尝君手下最得力的谋士。

经济学上的"供给"，指按一定规格供应或作为伴随物而配给。社会经济运行受需求与供给双方的制约。理论上"供给"应满足"需求"，实现供需均衡，而现实中经济却根本不可能如此运行。因此，社会总供给与总需求之间的矛盾和不均衡，成为经济活动中的永恒话题。

公平　　公而后正，平而后清。

公　gōng

ﾚﾞ　甲骨文　　台　金文　　ﾕ　小篆

"公"，会意字，从八，从厶。甲骨文的"公"字上为"八"，下为形似"口"的器皿形。"八"为"分"的初文，本义为将物分开。"公"的甲骨文会意为将器皿中的东西平均分开。

《说文·八部》："公，平分也。""公"的本义为公正、平凡、无私。"公"的金文从八，从口。"八"为大数，意为众、多，同时，"八"的字形又为由下至上而聚拢；"口"也指人口、牲口等。"八""口"为"公"，会意众人一起为公。故"公"为公众、公共。又会意按照人口多寡来平均分配，故"公"为公正、公平。今体"公"从八，从厶。"八"可理解为表示相背的意思；"厶"古同"私"，指私人的、自己的。"八""厶"相合为"公"，表示与私相背，即公正无私。"八""厶"为"公"，"八"为大数，意为将无数个私人聚拢为"公"，即公众、公民、公共。无数个体（"私"）公认或承认的道理，为公理。在中国的传统理念中，八和八的倍数被认为代表着智慧与吉祥。"八"表示数量，如八方、八节、八卦、八极、八风等。

"公"由"八""厶"组成，说明"公"由"私"组成，"皮之不存，毛将焉附"。"公"作为主体不存在，私人利益也很难保障，"公"可引申为共、共同。《广韵·东韵》："公，共也。"如《诗·小雅·大田》："雨我公田，遂及我私。"雨下到共有的田地里，我个人的田地也会得到润泽。

"公共"有共有、共用、共守之意，如公共设施、公共道德、公共环境、公共卫生、公共秩序等等。公共事物涉及每个人的利益，人人都应参与其中，共同遵守，自觉维护。公私之间孰轻孰重、孰前孰后，必须正确对待。

"公"指公家，由国家的意思演变而来。远古时期，基于血缘关系的氏族作为社会基本单位，内部高度亲和，利益相关，荣辱与共，春秋时已达数百之多，类似于现在的国家。我们把具有国籍，并根据该国法律规定享有权利和承担义务的人，称为"公民"；国家铸造的货币叫"公币"；国家公有土地叫"公壤"；国家的法令叫"公法"；由国家或集体所支付的费用叫"公费"。以上所述的"公"都有"国家"之意。后引申为国际的，如公海，公约，公历，公元，公尺。

"公"为旧时对男子的尊称。《公羊传》："五等之首曰公，其余大国称侯，小国称伯、子、男。"诸侯的爵位分为五等，公为第一等；其次为侯、伯、子、男。可见，"公"表示的是第一等的爵位。到后来变成古代朝廷最高官位的通称。《汉书·百官公卿表》："太师、太傅、太保，是为三公。"汉代以丞相、太尉、御史大夫为三公。

属于公众的事情，大家有权力知道。"公"引申出公布、公开之意。成语"公诸同好"指将自己的东西向有共同爱好的人公开。"隐私"是时下最流行的一个词语，所谓的隐私就是指不愿告人或不愿公开的个人的私事，而最需要保护个人隐私的恰恰是那些公众人物。"公"虽与"私"相对，但很多时候，"公"更要尊重"私"，才能使"私"更加拥护"公"。"公"上之"八"，似一把大伞，保护着"私"，这寓意着，只要遵守公共条约、履行公共义务，每个公民应有的私人利益也将受到保护。

平 píng

乎 金文　丂 小篆

"平"，指事字。

"平"的小篆字形从于，从八。"于"是气受阻碍而能越过之意；"八"的本义为分开。"于""八"为"平"，意为气越过而能分散，表明语气自然平和舒顺。《说文·亏部》："平，语平舒也。"本义为语气平和舒顺。"平"字描述的是气（丨）穿过阻碍（一）向四周（八）自由发散。气体顺畅发散而不壅塞，平和安详，从容自在。"平"以"丨"均分上下左右，不偏不倚；没有高低起伏、大小多少、是非好坏；表示稳稳当当、平平安安、平平淡淡；不偏颇、不过激、不倾斜；四平八稳、平衡适中、不亏不过。"平"是"秤"的本字，为衡量轻重的器具，以求公平。

《诗·小雅·伐木》："神之听之，终和且平。"用心去听，声音既和谐又平实。自由发散之气不疾不利，不滞不涩，不闷不堵，不愠不火，温和而平正，这就是所谓的心平气和。心平气和是养生之道所追求的最佳心境。

心平气和，语气就不会局促。许慎认为"平"是语气的平舒，段玉裁在注疏中解释为："引申为凡安舒之属。"所有与安舒有关的都可以用"平"来表示。如人内在的思想、心境或外在的表情等安静、安宁的状态。心情平和就不会有大的起伏，神色平和也不会亢奋或低沉，因此"平"进一步引申，可以表示平坦、不倾斜的状态，比如平地、平原。《毛传》："土治曰平，水治曰清。"土地经过整治就变得平坦，水流经过治理就变得清澈。由语气平和到心境、神色平缓，再到田畴的平坦，"平"的意义进一步引申，就是"平"的最高境界——四方无战事，百姓多富足，太平盛世，歌舞升平。"平天下"是使天下均平，都含有寻求平均、平等的意味，这也是从秤持平、保持平衡的本义引申出来的。在此基础上，"平"有消除、消弭的意思。如李白《子夜吴歌》："何日平胡虏，良人罢远征。"

古代朝廷议事，百官朝拜，皇帝会赐"平身"，有些功勋卓著或年高德劭的大臣甚至会被赐座，以示能够和帝王平起平坐。在皇权时代，这是一种殊荣。

"平"也有水平之意。水性柔顺，去高就低，始终持平，水平之上，毫无凸现之物，也是不突出、很普通的样子。另外，"平"也是处事公允的表现。《商君书·靳令》："法平则吏无奸。"法律公正，官员就没有作奸犯科的机会。

人非圣贤，大家都是平凡人、平常人，在个人得失以及物质生活的追求方面，应该保持一颗平常之心，不攀比、不嫉妒、不妄求。否则所谓的

"不平"就是"心魔"，就是自己制造的障碍，自作自受。反过来，正因为人非圣贤，所以要追求圣贤的境界。韩愈说："大凡物不得其平则鸣。"岩石有穴，厉风侵凌而天籁奏鸣；江海无声，日月牵移而潮汐鼓荡。人处逆境，雄心摧折，难免会形诸外，也会有所抗争。倘若于困逆之中，能把"不平"作为催生振作的声声战鼓，则"不平"或许就会成为打开新天地的突破口。《史记》说："文王拘而演《周易》；仲尼厄而作《春秋》；屈原放逐，乃赋《离骚》；左丘失明厥有《国语》；孙子膑脚，《兵法》修列；不韦迁蜀，世传《吕览》；韩非囚秦，《说难》、《孤愤》；《诗》三百篇，大抵圣贤发愤之所作也。"文王等人，以及深受腐刑之屈辱、发奋创作"史家之绝唱，无韵之离骚"之《史记》的司马迁，都是世间的杰出之士，他们遭遇"不平"的困厄却振作有为，那是因为他们能以超常的智慧、毅力和心境将"不平"化作为激扬蹈厉的大纛和奋发的号角。

情绪波动直接影响人的身心健康。传统中医学把导致疾病的原因分为外感和内伤两大类，其中把"喜、怒、忧、思、悲、恐、惊"这些情感活动称之为"七情"，并列为内伤中的致病原因之首。《黄帝内经》："怒伤肝，喜伤心，思伤脾，悲伤肺，恐伤肾。"不正常的情绪常常会引发脏腑的各种疾病。因此，在生活中要做到心平气和，才会有利于身心健康。心气平和就是保持体内平衡，心顺气畅。心平气和可平衡阴阳，调和六脉，祛病延年。要做到心平气和，须戒浮躁之心，遇事要善于克制，自我排遣，淡化小恩小怨，处理好人际关系。要做到心平气和，须要从每一细微处做起，一毫之恶莫做，一毫之善常行。为人处事，心中常存正大光明的意念，浩然正气自然就会常存心中。

竞争

别人出错，没人给你加分；盼别人出错，自己先被淘汰。

竞 【競】
jìng

耕 甲骨文　　競 金文　　競 小篆

"竞"，繁体为"競"。会意字，从二竞。

甲骨文"競"像二人竞逐之形，意为角逐、比赛。《说文·誩部》："競，……一曰逐也。"繁体"競"可视为由"竝"与二"兄"组成："竝"为并列、并排；"兄"为兄弟，是年纪相仿之人。"競"的字形体现出角逐之人体力、能力、年龄等条件相仿、并列争进的情形。简体"竞"为上"立"下"兄"，强调了竞争要光明磊落，胜不骄，败不馁，像男子汉一样顶天立地。

"竞"的本意为角逐、比赛。"不竞南风"原指楚军战不能胜。后比喻竞赛的对手力量不强。"不竞"指乐音微弱；"南风"指南方的音乐。《左传·襄公十八年》："不害，吾骤歌北风，又歌南风。南风不竞，多死声，楚必无功。""千岩竞秀"指重山叠岭的风景好像互相比美，形容山景秀丽。南朝宋刘义庆《世说新语·言语》："千岩竞秀，万壑争流，草木蒙笼其上，若云兴霞蔚。""竞技"指比赛技艺，多指体育比赛。田径比赛中有一个项目叫竞走，参赛选手走时两脚不得同时离地，脚着地时膝关节不得弯曲，速度最快的取胜。"竞渡"指划船比赛或渡过江湖等水面的游泳比赛。"竞选"指候选人在选举前进行种种活动争取当选。成语"群芳竞艳"指各种各样的花互相争着显示艳丽。"竞争"指为了己方的利益而跟人争胜。生活中处处充满了竞争。成语"物竞天择"指万物在优胜劣汰的竞争中，通过变异、遗传和自然选择而发展的过程。能够适应自然规律的才能在竞争中立于不败之地，适应不了的就会被淘汰。从经济学角度来看，各种商品在市场上都存在着竞争。能够摸清市场规律，顺应潮流，才能在激烈的竞争中脱颖而出。"奔竞"指奔走竞争。"奔竞之士"形容一味追名逐利的人。晋代干宝《晋纪·总论》："悠悠风尘，皆奔竞之士；列官千百，无让贤之举。""钻营奔竞"指争名逐利，到处找门路。清代李宝嘉《官场现形记》第十二回："他的功名大都从钻营奔竞而来。""职竞"语出《诗·小雅·十月之交》："下民之孽，匪降自天，噂沓背憎，职竞由人。"后以"职竞"用为专事竞逐之意。"浮竞"指争名夺利。《晋书·贾谧传》："贵游豪戚及浮竞之徒，莫不尽礼事之。"

有时候人在言语上进行争斗，由此"竞"引申为争辩的意思。《颜氏家训》："有山东学士与关中太史竞历。"意思是山东学士与关中太史争辩历法方面的问题。争斗中，双方不甘落后，使出看家本领，场面是很强劲的，由此，"竞"引申为强劲的意思。《左传·僖公七年》中有："心则不竞。"意思是心力不强劲。"竞朗"指刚正爽利。"竞爽"指精明强干。人在争斗当中，为了避免出现失误而落败，一定是非常谨慎的，由此，"竞"引申为谨慎的意思。

争 【爭】
zhēng

小篆

"争"，繁体为"爭"。会意字，从爪，从又，从亅。

"争"的甲骨文像上下两只手共争一物之形。《说文》："爭，彼此竞引物也。""争"的本义为争夺。篆文"爪"与"又"都是手的象形，"亅"代表物体："爭"字以两手共夺一物会争夺之意。小篆改从"亅"为"厂"，"厂"是所争之物被拉长或扭曲的象形，表示"爭"是双方同时用力，且作用于同一事物的行为、动作。"爭"又为争执、争论、争辩等，是围绕一个主题进行辩论，力图证明自己的观点，属口舌之争。

简化字"争"从刀，从手，从亅："刀"为兵器，又为生活中的常用工具。"争"是手拿兵器进行争夺的战争，是手拿工具争取利益的争夺，亦是以自己的能力谋求生存的竞争。

"爭"字上下两只"手"，表示争夺要用双手争，要尽全力争才能到手。"爭"字上下两只手还表示：争夺、争抢是双方甚至多方的事情；争要有两手、多手准备，制定多种方案，手段多样，达到进退攻防应付自如；争的结果也是多样的，可能赢，可能输，也可能和，要争就要做好最坏的打算，而用最好的方案应对；争必先利其爪、强其手，也就是说，与人争必先具备一定的能力和手段。国与国之间利益争夺也一样，不仅要把军队训练得能征善战，攻无不克，还要有谋略，有手段，掌握争夺的方法。

"争"是力求获得，是互不相让，是争先恐后，是争分夺秒。白居易《钱塘湖春行》中有"几处早莺争暖树"，一个"争"字让人感受到春光的难得与宝贵。刘基《卖柑者言》："人争鬻之。"谓人们争先恐后地购买柑桔。

"争"的对象不只限于有形之物，也可以是对权利、地位等无形之物的争夺，此则是争霸、争雄、争权夺利，以争夺霸权、霸主地位、权势为其目标。古时的朝廷大臣们没有不为争权夺利而明争暗斗的。春秋战国时期，诸侯割据，战事不断，诸侯国之间竞相争霸，出现了有名的"春秋五霸"与"战国七雄"。贾谊《过秦论》："争割地而赂秦。"意思是六国争着分割土地给秦国以贿赂它。

"争"也表现在言语上，要在言语上一比高下，辩论、争论出所以然来。文天祥《指南录后序》："与贵酋处二十日，争曲直，屡当死。"作者与元军首领相处20天，争辩是非曲直，好几次差点被处死。"争鸣"比喻在学术上进行辩论。我国传统文化博大精深，诸子百家各放异彩，曾一度出现"百花齐放，百家争鸣"的局面。学术上应该提倡这种精神。然学术之争有益，意气之争有害。无谓的争执只能挑起事端，埋下隐患。

"争"为竞争。《史记·屈原贾生列传》："虽与日月争光可也。"可以和日月的光芒争辉。"争锋"指争胜、争强。《三国志·诸葛亮传》中的"不可与争锋"，意思是不能再同他争强了。在科技日新月异的现代社会，竞争无处不在，无时不有。"爭"为两手争一物，与他人竞争就是用自己的双手与他人之手进行较量，最后鹿死谁手全凭实力。要竞争，就必须不断充实，使自己具备更多的竞争资本。在时间缩短、空间延长的信息时代，只有学习多种技术、身怀多项技能的人，才能在竞争中立于不败之地。

战场上的竞争是主动权的竞争。在现代高科技战争中，争取战争的主动权是最大的课题。谁取得战争的主动权，谁先发制人，谁就能在战场上占有绝对优势。战争是大规模的争斗。"争"从两"手"，说明战争要与时俱变，做好充分的两手准备。前线火力强大、势头凶猛，后勤要源源不断地及时补给；战争的形式多种多样，要适应现代战争，就得准备多种手段，多个方案。同时，也要求将士们一专多能，在战争中既会使用常规武器，又具备信息化作战的能力。"争"中的"亅"一竖有钩，富于变化，说明作战要能进能退、能攻能守、应对自如，作战策略要灵活机动，战术不能机械教条，不能纸上谈兵。只有这样，才能在战争中纵横捭阖、所向披靡。

规模

从某种意义上看，规模是效率的农药。

规

【規槼】

guī

規（规）小篆

"规"，繁体为"規"，异体为"槼"。会意字，从夫，从见。

"规"是用于画正圆的工具，引申为规律、规则等意。"夫"是古人对成年男子的通称，常用来指大丈夫；"见"为见识、见解、见地。"规"乃大丈夫之见识，经实践所验证而符合自然之道的，就是规律、规定、法规。《说文·夫部》："规，有法度也。""规"含有法度之意。

异体"槼"从规，从木。"木"为木头、木材，又指麻木、少变通。"槼"字强调了两方面，一是最初的圆规以木为主要的制作材料，二是强调了规律、规则是相对稳定的。

使用圆规必须遵循一定的规则，才能画出令人满意的圆形，由此"规"可以引申为法度、准则。词语"规律"是指事物发展过程中的本质联系和必然趋势。对人的行为起管理作用的章程、准则叫作"规章"；明文规定或约定俗成的标准叫"规范"。规矩、法规的制定，圆规所画之圆的大小等都需要事先计划好，"规"也表示谋划、计划。如陶渊明《桃花源记》："南阳刘子骥，高尚士也，闻之，欣然规往。""规往"即计划前往。圆的大小是由圆规两脚间的距离来决定的，因此，"规"把事物限制在一个范围，这时"规"便是格局、范围的意思，如规格。

"规"又由法度、准则引申为模范、典范、风仪。扬雄《解嘲》："夫萧规曹随。"刘邦创立汉室基业后，萧何担任宰相，萧何死后，曹参继任。他沿用萧何在位时制定的法规来处理事情，不做丝毫修改，不敢越雷池一步，后"萧规曹随"比喻按照前人的成规办事。

《楚辞·离骚》："圆曰规，方曰矩。""矩"是用来画直角和方形的工具。人们常常把"规"和"矩"相提并论。如《荀子·赋》："圆者中规，方者中矩。"后以"中规中矩"表示为人、处事、制物都有根有据，符合认定常规思维，不标新立异、特立独行。"规矩"比喻为人做事的准则，进而引申指人的品行方正，谨守礼法。《孟子·离娄上》："不以规矩，不能成方员（圆）。"为人处事必须要有原则，按照原则办事才能最大限度地减少误差。

模 mó

小篆

"模"，形声字，从木，莫声。

"木"为木料、木材；"莫"相当于不，表示否定。"莫""木"为"模"，即"模"是木头做的，但又不是木头，"模"的本义指用木头制作的铸造器物的模子。又，"莫"是"暮"的本字，表示太阳将落未落、月亮还未上升之时，此时天色昏暗，无法看清树木的模样，故"模"也表示模糊。"模"有"模型"、"模版"、"模样"、"模式"等。

《说文·木部》："模，法也。"注曰："水曰法，木曰模，土曰型……"用水规范其他物体的器具称"法"，用木制作的规范器具称"模"，用土制作的规范器具称"型"。三者材质各异，功用相同。"莫"在古代通"劘"，是削切的意思。木质的模具一般都是削切而成的。

《广韵·模韵》："模，法也；形也；规也。""模"为法式、形状和规格。左思《魏都赋》："授全模于梓匠。"把所有的法式都交给木工。用模具规范生产，产品就有一个固定的标准。秦国能在短短十年之间统一六国，强大的军事力量起了重要的作用。当时，秦国的武器装备是世界上最先进的，兵器作坊已经开始标准化生产，管理严格规范。每件兵器都刻有生产者的名字，如果质量不过关，监工根据名字就可以找到生产者并给予严厉惩罚。

赵希鹄《洞天清录》："古者铸器，必先用蜡为模。"模具是一种规范器具，为生产上使用的各种模型或模板。使用模具生产出来的产品都是同一个模样，所以"模"又引申为"模仿"，即按照现成的样子做。《北史·莫含传》："后道武欲建宫室，规度平城四方数十里，将模邺、洛、长安之制，运材数百万根。"后魏王道武想要建造宫殿，规模大概有平城四方数十里大，同时模仿邺城、洛阳、长安的建筑布局，运输的木材有几百万根之多。

"模"又通"摹"。《正字通·木部》："模，通作摹。""摹"指透过覆在原件上的透明纸，按照看得见的线条描画或写字。

品牌　　与其追求名牌，不如自己成为品牌。

品　pǐn

品　甲骨文　　品　金文　　品　小篆

"品"，会意字，从三口。

"口"为人口；三"口"有众多，经常、反复之意。经常交流才知其品味，经常相处才知其人品，茗茶喝到第三杯才知其茶味；物品反复使用才知其品质。"品"为性质：表现于德行，为人品、品质、品德；表现于质量，为上品、精品、劣品；表现于行为，为品味、品尝、品评。"口"又可作为物体的量词，代指物体，为物品、商品、赠品。

"品"有三"口"，可见其与吃喝有关。如细致地辨别食物的味道为品尝、品茶、品酒。古代有"品官"，即是以到各地替皇帝品尝食物为职业的人员，"品酒师"是专门品尝新酿的酒并划分其等级的人。这里的"品"不只是单纯的吃喝，更重要的是要做出公允、客观、让人信服的评定，即"品评"。无论是品酒还是品评，都需要反复用心地体会、揣摩。"品度"指品评打量；"品择"指的是品评选择；"品头论足"又称"评头论足"，指对别人随意议论。钟嵘的《诗品》是对各类诗歌进行品评的专著。

一个人对酒、茶等饮品的喜好见地，可以反映出其品位、人品。曹雪芹在《红楼梦》中塑造了一位自称是"槛外人"的妙玉，她的品茶高论是"一杯为品，二杯即解渴，三杯便是饮驴了。"第四十一回"贾宝玉品茶栊翠庵"中，妙玉待客，用的是精心收存的五年前梅花上的雪水煮茶，茶具更是不同凡响，反衬出妙玉高傲而冰清玉洁的性情，又表现了她不食人间烟火、难以亲近的一面。今天，人们常常通过一个人穿衣、吃饭的品位，来看这个人的地位、人品。殊不知，有品位的人即使衣着朴素，也让人感到亲切；而用庸俗的外物来掩饰内心的不足或显示物质的富足，其实是最没品位的举动。"品"也为按质量区分种类。《尚书·禹贡》："厥贡惟金三品。"按质地把金属分为金、银、铜三类。运用到人身上，就有品格、品性、品德的意思。《儒林外史》中的范进中举后，丈人对其的评价来了个一百八十度的大转弯："我的这个贤婿，才学又高，品貌又好。"其中的"品"做品行解。

"品"字三"口"相叠，如金字塔之形，可引申为按品级、等级、次第排列之意。"品"是古代社会中对官阶、爵阶的一种划分形式。如清朝官员的品级，自上而下分为九品，每品又有正、从之分，即所谓九品十八级。我们熟知的大概就是"九品芝麻官"了，由于其排位最后，官职最小，所以用芝麻来形容。"上品"一般指优秀的事物，"下品"则与之相反。在古代，做官被视为一个人最好的出路，而做官的途径是获取功名，因此有"万般皆下品，惟有读书高"的人生信条。

"品牌"是商品的牌子，即商标。不同的商品，其质量和售后服务也有优劣之分，这些"品级"以品牌相区分。品牌的创立须要付出艰辛的脑力和体力劳动，它不仅是商品的牌子，还是企业的形象，体现着企业的品位。因此，企业在经营中要树立品牌理念，努力打造优质品牌，增强品牌魅力，重视品牌运作，这样才能在激烈的市场竞争中立于不败之地。

牌 pái

"牌"，形声字，从片，卑声。

"片"为一分为二的木板，是平而薄的木块；"卑"为酒器，朱骏声《说文通训定声》中释之为"圆榼也，酒器"，并言其形椭圆，有柄，可单手提携。"牌"的字形表示画有酒器形状的木块，古人以此悬于门前，表示家中有酒售卖，应是我国较早的广告招牌，"牌"为招幌、招牌之意。"卑"有卑下、低劣之意。作为招牌的木片绝大多数都是挂在外面，整日风吹日晒雨淋，如招牌、路牌等，没有好的容身之所，故云"卑"。

《广雅》:"簧牌,籍也。"意即"牌"是用来记录户籍的木板或竹片。后用来指做标志用的板。我国古代建筑中有一种门洞式的结构称为牌坊,用木、砖、石等材料建造,上面刻题文字,建在庙宇、陵墓、祠堂、衙署或园林、街道等路口,是一种纪念性的建筑物,其内容多为标榜功德,宣扬仁义、表彰贞节,如功德牌坊、贞节牌坊等等。

亭台楼阁上所题的榜匾也称为"牌"。《玉篇》:"牌,牌榜。"王建《元日早朝诗》:"六蕃倍位次,衣服各异形。举头看玉牌,不识宫殿名。"新年的早晨,各地臣僚都来皇宫朝贺,那些少数民族的藩王们穿着各自民族的服装,却不认识牌匾上宫殿的名字。词、曲之类文学形式的名称具有牌榜提示名称的作用,故亦称为"牌",即词牌、曲牌。词牌和曲牌标示着词曲歌唱时所使用的格式和旋律,不同的"牌",其字数、平仄、押韵都不相同。元代时,军队编制的基层单位也称为"牌",一牌为十人,其头目称"牌头"。

在古代,商业区和生活区并没有明确的划分,贾人以家为店,卖肉者设铺于屋内,沽酒者列肆于家中,"招牌"就成了区分铺肆与普通家居的重要标志。后来把所有刻写着标示性文字或图案的木片都称为"牌",如标示门户位置的门牌、表示身份或作为凭信的腰牌、书有神仙尊号的神牌、写有先人名讳的灵牌、科考时的行香挂牌、公文下发的行牌、登记账目或记事的水牌等。古时衙门还有"虎头牌",上写"肃静"、"回避"等字,以显示官署的威严。也有并非木质的,如打仗时抵挡刀箭的盾牌、娱乐所用的骨牌、纸牌等。

商家服务的态度好,且货真价实讲信誉,久而久之,名声远扬,这样的招牌就具有了一种超出金钱的价值,即品牌、商标。品牌是企业产品质量、服务、信誉的形象化,商标是品牌的进一步形象化。古代的品牌宣传途径少,主要凭借买家口耳相传,如今的品牌则主要是凭借广告的力量进行广泛传播。

"片"是片言只字,招牌上的字少则一二,多不过五六,打品牌的广告也是言语精短,以易记、撼人为目的。"片"又是片面、偏颇。凡广告,必着重宣传好的一面,避过不好的部分,以塑造品牌形象。而当"片"理解为影片时,则"牌"是影视广告;"片"为图片时,则"牌"是平面广告；"片"为木片，则"牌"是实物广告。这些都是品牌推广的重要手段。"卑"有谦恭之意，不论外面的广告打得多硬、说得多好，厂家都应该谦恭应对：奉消费者为上帝，做好商品服务；视竞争者为师友，虚心学习、友好竞争。

"牌"是招牌，是书有商店铺肆名称的匾额。在旧时的北京，每天开市挂招牌必说"请幌子"（这里的幌子指的是招牌），忌讳说"挂"，因为牌子挂不牢而坠地给人一种晦气的感觉。在商人眼里，招牌的有无已经成为生意或生存状态的表征。他们兢兢业业，每日殷勤待客，唯恐"砸了招牌"，而口碑好、顾客多的就叫"金字招牌"。

如今的"牌"多指商标、品牌、牌子。品牌是企业和社会公众、企业和市场之间进行信息传递的桥梁，也是企业形象的具体体现，更是企业的重要无形资产。知名的品牌是企业长期投入的结果，在市场上具有影响消费者购买的强大的无形力量，所以品牌竞争力代表了企业的核心竞争力。目前有专业机构进行品牌评估，其价值少者十余万元，多者上亿元。各企业相互兼并时，已不单单是兼并其技术、规模、资源、市场等等，还包括了品牌。因此现代企业都非常注重品牌建设。

人有人格，商有品牌。做人和做生意一样。失去品牌的商家会被市场遗弃，失去人格的人会被世人唾弃。所以，为商要树品牌，为人要积口碑。

渠道

经商不懂行，瞎子撞南墙，当今世界是渠道为王的世界。

渠【佢】
qú

小篆

"渠"，异体为"佢"。形声字，从水，榘（"矩"的异体字）省声。

"水"为水流、水路，"渠"从"水"表示与水的流动有关；"榘"为矩尺，是画直角或方形的工具，是建筑工事最重要的度量用具。"水""榘"为"渠"，表示"渠"是由人工开凿出来的水流的通道。《说文·水部》："渠，水所居。"本义为水的聚积处，也指人工开凿的壕沟、水道。"河者，天生之；渠者，人凿之。"河是天然形成的，渠是人工开凿的。"榘"又是规矩，渠是使水规规矩矩依固定路线流经的水路。异体字"佢"从人，从巨：强调了渠由人工开凿而成，且开凿水渠要花费巨大的人力、财力和精力。

"渠"中有"巨"，是说开渠是巨大的水利工程，虽然能给土地灌溉带来很大的方便，但却要消耗国家大量的财力、物力以及人力。也正是因为这个原因，战国时期的韩国想出一个派人为秦开渠的"疲秦"计划。说起来这是件很有意思的事情：当时韩国的水利工程师郑国通过精确的规划，认为秦国如果修一条大的水渠，必将受益无穷。但工程浩大，消耗惊人，秦国未必能够支撑得住。于是有人给韩王献计，令郑国前去说服秦王修建此工程，这样就可以在最大程度上消耗秦国的人力、财力、物力，使秦国上下穷敝于此，从而丧失扩张的能力了。那样一来，不仅韩国安全，天下也就太平了。韩王认为这是个不错的计策，于是派郑国出使秦国，建议秦从泾河的中山开凿渠道，沿北山向东流，注入洛河。秦王果真采纳了这个建议，工程迅即开工。就在这时，秦国的间谍得知"疲秦"计划的内幕，郑国认罪，但说："渠成亦秦之利。"如赦其性命，"为韩延数岁之命"，却可"为秦建万世之功"。口才同水利技术一样好的郑国凭借自己的三寸之舌保下了性命。水渠修成后，秦国把它命名为"郑国渠"。此渠干渠东西长 300 余里，灌溉面积达 280 万亩，使原来贫瘠的渭北平原一变而为"无凶年"的沃野。秦王朝的统一大业因此而如虎添翼。虽然工程看起来是巨大的，但秦国的国力却更强大，韩国人偷鸡不成反蚀了一把米。

其实，历史经验表明，兴修水利与经济发展有着极为密切的关系。因为有渠便有水，水是人类的生命之源。人喝水能活命，田灌溉能丰收。同时，渠的修建还可以防止水涝灾害，疏通异地运输，发展经济，这几点结合即是富国之路。尤其是春秋战国时期，几乎每一个称霸的强国，都有兴修水利工程的举动。还是秦国，在修郑国渠之前，秦孝公时就有相当规模的水利工程。秦昭襄王时建造的都江堰，使成都平原成为涝旱皆无、民无饥馑、时无荒年的天府之国。2004 年，都江堰建堰 2260 周年，这个"建万世之功"的水利工程至今仍在造福一方。

道 dào

金文　小篆

"道"，会意字，从辵，从首。

"辵"为汉字部首之一，意为行走，"道"从辵，表示与人的行为动作有关；"首"为头，为起始，与"尾"相对，"道"从首，意谓有起点而无终点。

"道"为"首"在"辵"上，是"千里之行，始于足下"之意，足下即为道的起点。《说文·辵部》："道，所行道也。""道"的本义为供行走的路，如道路、大道、小道等。"道"是通往目标的路径，"道"由此引申有方向、途径之意，如志同道合等；表示方法之意，如门道、医道等。学术或宗教的思想体系自成一体，各有其法，故称之为"道"，如道学、传道、修道等。"道"也有说、讲之意。

"道"中有"丷",有"一"。可以理解为"丷"为阴,即"";"一"为阳,即"—"。""、"—"相叠为阴阳。阴中有阳,阳中有阴,阴阳相互转化,此乃阴阳之大道。阴阳之道是宇宙的总法则。"道"中有"自",为自己、自我。阴阳之道指自己内在的规律和运行法则相互转变,左阳右阴,上阳下阴,阴阳相抱,这就是阴阳之自行之道。将"自"视作内在的静,"辶"为外在的动。"道"是内在与外在的互动,是阴与阳、静与动的交合。"道"为法则、规律,如道理、道德、道义等。而信奉大道自然的思想则称为"道家"、"道教",又如道观、道士、道姑、道行等。

万事万物皆有道。道路之"道"为有形之道;阴阳之"道"为无形之道。"道"是有形与无形的结合。

"道"中的"首"为头,为首领、首脑、首长,表示尊者、长者、前辈等。人之行事,当以长者、前辈为先,此为合道。"首"也代指思维、思想等。道途多险,行走于道,需要用头脑判断正误,辨别是非,以避祸于无形,享福于长久。

"道"的本义是指人由此达彼所行经的道路。又由本义引申为方法、途径、志向。成语"道不拾遗"、"道听途说"中的"道"就是道路的意思。"道不拾遗"语出西汉时期司马迁《史记·商君列传》:"秦人皆趋令;行之十年,秦民大说(悦),道不拾遗,山无盗贼。"指路有失物,无人拾取,后来,常以此形容民风淳厚,天下太平。"道听途说"泛指没有根据的传闻,语出《论语·阳货》:"道听而途说,德之弃也。"春秋时期,随着人类自我意识的逐渐增强,人们观察到天有天道,人有人道。寒暑更迭、日月交轮,都有固有的秩序;人的出作入息、死生轮续等也体现为一种客观的有序过程。"道"便被引申为规律、法则的意思。

做人的法则就是人之道。人之道就是道德伦理。儒家思想注重在伦理层面上阐释人之道。《论语·里仁》中说:"朝闻道,夕死可矣。"其中的"道"即为伦理意义上的道德、道义。"道"既是一种仁义的境界,又是实现仁义境界的途径。它是尧、舜、禹、汤、文、武、周公、孔、孟所传之精髓。孔子主张"志于道,据于德"。这里的"道"指理想的人格或社会图景;"德"指立身根据和行为准则。因为儒家以仁义为道德的重要内容,故也将"仁义道德"并列。儒家还讲中庸之道、君子之道。《荀子》:"先王之道,仁之隆也,比中而行之。"在人际交往中要"比中而行",礼尚往来的"失中"是不合道理的。《中庸》:"居上不骄,为下不倍。国有道,其言足以兴;国无道,其默足以容。"作为一个君子,应该是身居上位时不骄傲,身居下位时不背叛作乱。当国家政治清明有道时,便力求自己的言论主张可以帮助国家振兴;当国家政治混乱无道时,自己的沉默足以被接受。

《老子》提出了"道生一,一生二,二生三,三生万物"的命题。书中说:"道可道,非常道。"第一个和第三个"道"为化生万物的本源,第二个"道"指言说。"道"是宇宙天地产生的根源,是自然万物运行的规律。老子指出"道"是"先天地生"的"天地之母"、"万物之宗";道"负阴而抱阳","独立而不改,周行而不殆",不依人的主观意志为转移。老子还论证了天道与人道的相对独立性,提出了"人法地、地法天、天法道、道法自然"的思想。庄子的思想承于老子,他认为道"自本自根"(《庄子·大宗师》),"道兼于天","行于万物"(《庄子·天地》)。就是说,道自来如此,没有派生者,它普遍存在于万物之中,是万物之所以为此的最高法则,也是人最高的思想境界。后人习惯地将老庄的学说称为"老庄之道"。《易·传》认为,"道"是以阴阳二气消长的规律性变化为其存在的方式。指出:"一阴一阳之谓道。"又说:"形而上者谓之道,形而下者谓之器。"(《系辞上传》)意思是说,"道"是一种无形的存在。这种无形的存在分别表现为天地之道和人道。《说卦传》认为:"立天之道曰阴与阳;立地之道曰柔与刚;立人之道曰仁与义。"

从宗教意义上看,"道"为宗教教义。道教是我国固有的宗教,因以"道"为最高信仰,并视其为化生宇宙万物的本源。道教于金元时期分为"正一"和"全真"两大教派。正一道偏重于符箓,全真道偏重于丹鼎,主要区别在于修行方式上的不同。道教中人被称为"道士",奉守道教经典规戒并熟习各种斋醮祭祷仪式。全真派称男道士为"乾道",女道士为"坤道"。

"道场"是道士或和尚做法事的场所,也指所做的法事。《大唐西域记》卷八:"菩提树垣正中,有金刚座……。证圣道所,亦曰道场。"又指某些法会，如"慈悲道场"、"水陆道场"等。道教亦沿用此称，指较大的诵经礼拜仪式。

　　道教把神仙及道士栖身的地方称为"洞天福地"，其中上天有玉清、上清、太清三大仙境（三清），是道教修行的最高境界，故道观中设有三清殿，内供三清天神。道观中一般还有三官殿，内供天官（尧）、地官（舜）、水官（禹），表示天官赐福、地官赦罪、水官解厄。道教还供奉张天师、吕洞宾、王重阳、张紫阳、汉钟离、邱处机、张三丰等人，山神、土地、城隍、财神、灵官、灶王、真武帝君等神。西岳华山、北岳恒山、江西龙虎山、山东崂山、湖北武当山、江苏三茅山、北京白云观等，都是有名的道教圣地。

贸易

什么叫"交易"？交易就是彼此妥协。

贸 【貿】
mào

金文　小篆

"贸"，繁体为"貿"。形声字，从贝，卯声。

"卯"的小篆是两扇门打开的象形；"贝"为贝壳，"贸"从"贝"表示与钱财货物有关。《说文·贝部》："贸，易财也。"本义为交换财物、买卖交易。

"贸"从卯，从贝。"卯"又为十二地支第四位，指早晨五点到七点，在这里表示时间；"贝"为金钱。"贸"字由这两部分组成，说明了进行商业贸易，时间就是金钱的道理。"贸"中"贝"在"卯"下，表明了贸易通常要有一定的物质基础，而贸易的目的是为了获得更多的财富以扩充物质实力。"贸"中之"卯"寓意进行贸易，一要打开店门，广进货源，迎接八方顾客，接纳天下之财；其次要打开心门，以开放的心态，接受新事物，迎接新挑战，正视贸易活动，以经商为荣，以贸易为荣，把它看成是货物流通、强国富民的手段，并且以诚信、诚实、诚恳的心态来做买卖，以诚待客，童叟无欺；三要打开国门，放眼世界，发展国际贸易，繁荣民族经济，提升国际竞争力。

一个人无法生产自己衣食住行所需的各种物品，因此要交换财物，互通有无，于是产生了原始的贸易——以物易物。后来，随着社会生产力水平的提高，货币的产生，商业的发展，贸易形式逐渐演变为钱物交易，并延续至今。贸易从最初的人与人之间的物物交换，发展到地区与地区之间的地区贸易，再到国家与国家之间的国际贸易，其间经过了漫长的时间。

《诗·卫风·氓》："氓之蚩蚩，抱布贸丝。"那个男子笑嘻嘻，抱着麻布来换丝。《吕氏春秋·上农》："丈夫不织而衣，妇人不耕而食，男女贸功以长生。"男人不用织布就能穿上衣服，女子不用耕种就能吃上粮食，男子和女子通过相互交换劳动成果来维持生计。在古代，丝、布、帛常被用来交换其他货物，具有货币的功能。《尔雅》："贸，买也。"交换财物，一方是买一方是卖，双方相对存在，故"贸"兼有买和卖两种意思。

买卖货物是钱物易主，故"贸"引申为改变。吴质《在元城与魏公子笺》："古今一揆，先后不贸，焉知来者之不如今。"古今的准则千载如一，不会有改变，怎能知道后人不如今人呢？刘知幾《史通·因习》："夫事有贸迁，而言无变革。"事情会有变迁，而记述之言却没有变革。若想从中得到教训，古为今用，无异于刻舟求剑。

贸易使钱、物原有的从属关系错杂，买卖的货物五花八门，故"贸"引申为杂乱。徐锴《说文系传》："贸，犹乱也，交互之义。"公孙龙是战国时期名家的代表，他提出"白马非马"、"冰不寒"、"炭不热"等诡辩，能服人口却不能服人心，所以《淮南子·诠言》中说他是"粲于辞而贸名"，凭花言巧语扰乱视听。"卯"又是与"榫"相接的孔眼。榫头和卯眼要找准位置，看准大小，恰到好处才能衔接紧密。贸易也一样，商品种类五花八门，生意机会无处不在，从事贸易的关键在于把握商机，看好项目和卖点，看准对象，投其所好，供其所需——商家的"卯"要迎合、对上顾客的"榫"。如果方向错了，南辕北辙，再努力也是白搭；如果大小不适，契合不紧密，则会带来损失。

"贸"中之"卯"为时辰、时间。经商要吃得起辛苦，抓得住机会。"早起的鸟儿有虫吃。"菜贩赶早才能卖个好价钱，商场也一样，居先而价高，靠后则价贱。经商要把握商机，机会稍纵即逝，错过了适当的时机就错失了赚钱的机会。"贸"、"冒"谐音，说明不论从事何种贸易，都存在风险，从事贸易的人要有冒险意识。可以说，做生意是"钱在险中求"，生意越大，风险越大。

"贸"与"易"都是改变、交换的意思，不仅是单一的钱、物易主。在贸易过程中，贸易双方或多方之间存在着错综复杂的买卖交换关系。自古以来，贸易引起的争端屡见不鲜，个人与个人、商户与商户、地区与地区、国家与国家，因贸易引起的纷争层出不穷，轻则口舌相争，重则大动干戈。

如今，在全球化的背景下，世界各国对国际贸易的依赖越来越深，为防止因贸易引起争端，切实维护各自的贸易权益，国际社会制定了许多关于贸易的协定和规则。若出现贸易争端，贸易双方或多方可依据协定规则，在共同利益不受损的前提下，本着友好、共赢的原则共商对策，妥善解决。

易 ^{yì}

甲骨文　　金文　　小篆

"易"，会意字。

"易"的甲骨文像水杯互相倾倒之形，寓意将水交换空间，"易"是交换。《说文》认为，"易"的古文像一只蜥蜴，认为其本义是蜥蜴。蜥蜴又名变色龙，身体颜色能够随周围环境的变化而改变，具有适应环境与顺应自然规律的能力。由于蜥蜴具有这种善于变化颜色的特性，"易"引申为变化。小篆"易"从日，从月。"日"为太阳，"月"为月亮。日月运行，无时或止，两者的持续运行代表了空间上的变化；太阳起于东隅而西落桑榆，月亮朔日亏而望日盈，日升月落，昼夜交替，又代表了时间上的变化。日属阳，月属阴，阴阳相交而产生世间万物，万物本身也具有阴阳转化关系，"易"字体现了变生万物、万物生变的观点。隶变后，"易"下之"月"演变为"勿"。

日有中昃，是交换；月有盈亏，是改变；日升月落是替代。交换、替代则生变。所以"易"有交换、改变、替代的意思。万事万物瞬息万变，然而变的规律是恒定不变的，是可以掌握的，所以"易"又引申为容易。

"易"为改变。"移风易俗"、"改弦易辙"中的"易"，都是改变的意思。"易"为替代。《玉篇》："易，转也。"日月轮替旋转，故曰"转也"。

"易"为容易。清朝彭端淑《为学》："天下事有难易乎？为之，则难者亦易矣；不为，则易者亦难矣。"意为天下的事情做起来有难易的区别吗？如果肯去做，困难的事情也会变得容易了；若不去做，容易的事情也会变得困难了。平坦的道路容易行走，故"易"又引申为平坦。平坦的道路走起来让人感觉舒服，性情温和的人交往起来让人感到亲近，"易"又引申为平和。"平易"既形容文字浅显易懂，也形容人和蔼可亲，容易接近。

"易"也是《周易》、《易经》的简称。《周礼·春官·太卜》："掌三《易》之法，一曰《连山》，二曰《归藏》，三曰《周易》。"三《易》（《连山》、《归藏》、《周易》）是我国最早的卜筮用书。三部书的内容包罗万象，已经超出了卜筮的范围，今仅有《周易》存世。后人对《周易》进行过无数次的修订，汉武帝时列入五经之一，始称《易经》，又因其包藏万物、言简意赅，被称为"群经之首"。《易经》是中国最古老、最权威、最著名的一部思想经典，是中华文化的总源头，是老祖先留给后人的宝贵文化遗产。也许正是因为这些，《易经》一向被视为是神秘学问。很多人认为《易经》难懂，其实《易经》至简，不过"一阴一阳之谓道"七字。《易经》用阴阳代表的二进制的方式来构建自身体系：太极生两仪，两仪生四象，四象分八卦，八卦再相互重叠生出六十四卦，以此来囊括万事万物的运行规律。

"易"又为交易、贸易。古代商业未兴之时，交易的形式是以物换物，即以己之所有换取己之所无的行为，这就是最初的贸易。《易·系辞下》："日中为市，致天下之民，聚天下之货，交易而退，各得其所。"讲的是中午时开设市场，招引天下的百姓，聚集天下的货物，互相交换而后各自回归，每个人都得到了自己想要的。后世商业兴起，货币出现，交易形式变为钱物交换，也称为"交易"，意为买卖货物，并沿用至今。

如今，交易的形式已经多种多样。如从现金交易发展到支票交易，再发展到电子货币交易；从现货交易发展到期货交易；从现款交易发展到信用交易，再发展到租赁交易、补偿交易、易货交易等；从经销发展到代理，再发展到信托交易、经纪交易、寄售交易、许可证交易等；从批发零售的店铺交易发展到邮购交易等无店铺交易，再发展到互联网虚拟交易等。然而无论各种交易如何纷繁，但万变不离其宗，都是人与人之间关于物品或其他有价值的东西的交换。

销售

城市中豪华的商场到处都是，没有一处是销售友谊的。

销 【銷】
xiāo

锁 小篆

"销"，繁体为"銷"。形声字，从金，肖声。

"金"为金属；"肖"为"消"省字，有消化、熔化之意。故"销"可理解为金属被熔化。《说文·金部》："销，烁金也。""烁金"即以高温熔化金石。故"销"的本义为熔化金属。金石被熔化并不代表消亡，只是形态或位置上发生了变化。"金"又为金钱，而"消"又为消费，意指支出、花费，故"销"又指金钱的支出、花费，如开销、花销。"消"也为消耗，"销"也意为使货物变少或消失，这是卖出、售出的结果，因此"销"又为销货、销售。"金"为金子，常用来寓意可贵的心灵、精神等；"肖"为模仿，惟妙惟肖，销售要以诚信为本，并且要能生动详细地描述商品的真正价值所在。

"销"为销熔、销毁。《汉书·陈胜吴广列传》中记载：秦始皇统一六国后，"收天下之兵，聚之咸阳，销锋镝，铸以为金人十二，以弱天下之民"。意思是把天下所有的兵器收缴上来，聚集到咸阳，用火将兵器上的金属销毁，铸成12个铜人，以此削弱百姓的反抗力量。徐一夔《汉纪信碑》："黄金可销，白石可磨。"是说黄金可以被销熔，白石也可以被磨损。

"销"由其本义引申为耗尽，灭掉。《汉书·龚胜传》："薰以香自烧，膏以明自销。"意为薰草因为馨香沁脾而招焚烧，膏腴因为明耀黑暗而被烧耗。

"销"还可以引申为花费、开销之意。郑廷玉《冤家债主》第三折："典了庄宅，卖了田土，销乏了几多钱物。"是说庄院和宅子也给典押了，田地也给卖掉了，花费损失了很多财物。如果说销售人员是挣钱的，那么开销者则是花钱的，一挣一花，带动了经济的发展。

"销"又引申为解除、勾除、注销。魏源《筹河篇》："工员实用实销，故工大而费省。"是说一个工程实际用多少人就报明有多少花费，这样一来大的工程反而节省费用。词语"报销"本指宫中收支，按期册报到宫内，由主管账目之人解除、勾除旧账，即呈报而核销；今指将开支款项报告财务部门进行核销清账，另一层涵义为把用坏作废的东西报告主管部门勾除报销物。

"销"为销售、卖出。祁彪佳《越中园亭记·寓园》："典衣销带，不以为苦。"是说典当衣物，出售衣带，并不觉得这样的生活苦。康有为《公车上书》："凡物有比较，优劣易见，则劣者滞销，而优者必行。"世上的事物都有所比较，优劣一目了然，凡是差的必然不好销售，而好的就能畅销于世。不过，如今，"酒香不怕巷子深"的年代已经一去不复返了，各类广告铺天盖地，混淆视听，使人无所适从。同等质量的商品，销售手段不同，销售数额也会有天壤之别。在激烈的市场竞争中，在保证质量的前提下，是否拥有优秀的销售团队和高超的销售方式，直接影响到企业的生存和发展。而作为销售人员，要想取得突出的业绩，必须具备坚定的意志、诚实的本性、灵活的头脑、独到的眼光、开阔的眼界。

售 shòu

"售"，会意字，从口，从隹，或从集省。"口"是发声、说话的主要器官，"售"从"口"表示与人的话语、言谈有关；"隹"是鸟的通称。"隹""口"为"售"，意为嘴像小鸟一样不停地说，表现的是人借绵绵不休的语言以引起别人的注意并推销自己的产品。《说文新附》："售，卖出手也。"本义为把货物卖出去。

"售"从隹，从口，寓意为：售货员与顾客沟通交流，要像鸟鸣啁啾，多言善解，童叟无欺；"售"有如小鸟的食量，是零散出售，薄利多销，而非批发；销售又要像小鸟小口进食一样，不能狮子大开口，漫天要价，要严守货真价实、物有所值的信条。重商品信誉，讲服务质量。

"售"中有口，"口"意为范围：既指销售需要商铺，也指进货、销售都有一定的渠道。将"隹"视为"集"省，则意为聚集、集市，表示销售要择取人口密集的繁华地段，要在人口流动多的集市上卖。

商品出售，可谓历史悠久。当人类还处于原始社会的时候，就有了物物交换的形式。那时双方为了能达成交换目的，要花费很多的时间在口舌上，因为交换意味着价值和价格的协调。这是"售"下之"口"的另一关键作用。尤其商人，总是以追求最大利润为目的，在商品的叫价上往往要高出成本很多，甚至几倍，而顾客则希望花最少的钱买到价值最高的物品。而要解决两者之间的矛盾，就必须通过口头交流来达成最后的一致，这就是"讨价还价"。通常情况下，商人和顾客都要各自做出适当让步，交易才能实现。对于售者来说，就含有很强的技巧性，既不能让顾客失望离开，又要保证自己获得利润。

古时候，"售"既有卖的意思，又有买的意思。如在《钴鉧潭西小丘记》中，当柳宗元看到山中有一清静的处所，喜欢之余，问那位无奈之余出卖此地的主人要价多少时写道："问其价，曰：止四百。余怜而售之。"后来，随着语言的发展，"售"的词义缩小，只剩下一层"卖"的意思了。

"售"中之"口"表明了商品的出售过程中声音和语言的重要性。古代，由于商业不够发达，小商小贩常常挑一担货物走街串巷，吆喝叫卖，这是小生意人或小手艺人招徕顾客的一种重要手段，可以说是最早的广告。那一声声悠扬的叫卖声，有南腔有北调，有苍老有青春，有粗犷有细腻，有舒缓有短促，丰富多彩，此起彼伏，充满了诱惑，饱含着韵味。这叫卖声穿越时空，是卖家与买主的情感黏合剂，是风土人情的声音载体。老北京的游走商贩们就各有一套行业的叫卖之语，如出售冰糖葫芦的小贩，吆喝着："哎——大冰糖葫芦儿呵！哎——扛串儿！哎，小朋友，扛串儿，大冰糖葫芦儿呵！"冰糖葫芦的主要顾客是小朋友，所以叫"大冰糖葫芦"，小人拿着大串儿，自然是"扛串儿"了。这种颇具市井风情的叫卖，有很多是从诗词或儿歌中演变过来的。李若虹《厂甸正月竹枝词》：

"雪晴满路是泥塘，车畔呼儿走不忙。三尺动摇风欲折，葫芦一串蘸冰糖。"
儿歌则有："正月初一逛厂甸，糖葫芦，好大串。"

可见这小小吆喝，俨然是市井民俗文化的缩影。旧时以小农经济为主，商品交换的数量和品种都有限，游走于市井街巷的小商小贩，仅凭几声吆喝就足以吸引需要购买的人群。现今的社会，商品经济发达，大众的生活水平大大提高，人们的需求量和购买力日益增长。相应的，商场、商品的数量和品种也是花样繁多，令人目不暇接。商家为了竞争，单凭人声的吆喝已远远不能招徕更多的消费者。于是，形形色色的广告代替吆喝声"粉墨登场"。拿起报纸，打开电视，街头漫步，乘车旅行，都会遭到铺天盖地的广告的"轰炸"。商家除力求广告语言生动引人、精炼出色外，还在各种辅助手段上费尽心机，诸如请名人、明星做产品代言人，制作商业宣传短片，举办晚会，免费试用新产品，开办购物频道，送货上门等，就是希望通过有创意的宣传形式，另辟蹊径，使自己的产品引起更多消费者的关注。而今，广告已成为各种商业活动不可或缺的手段，并由此衍生出营销策划、广告策划等热门行业，它所涉及的内容包括市场营销学、心理学、社会学、管理学等诸多领域，有着极其广泛的活动空间。由此，"售"中之"口"也被赋予了更多的涵义。

过去的吆喝也好，今天的广告也罢，都是为了集中"人口"，即将众多消费者集中到自己的店里，以求门庭若市，生意兴隆。然而，吆喝只是经商的辅助手段，经商之道其实是在吆喝之外的。

交换

友谊需要时间的考验，爱情需要心灵的交换。

交

jiāo

 甲骨文　　金文　　小篆

　　"交"，象形字。

　　"交"是一个人两腿交叉的象形。《说文·交部》："交，交胫也。""胫"指的是小腿骨，可以理解为小腿相交的姿势，故"交"的本义为交叉、相错。

　　《战国策·秦策》："交足而待。"盘腿坐着等待。汉朝有一个交趾郡，地处五岭以南一带。相传这里的人入睡时，两足相交，因而得名。现代人坐在椅子或沙发上时经常两腿交叉，即翘"二郎腿"。

　　由人的两腿相交引申，"交"可以表示其他事物的交叉、交错。《诗·秦风·小戎》："交韔二弓。"意思是把弓一正一倒交叉地放进盛装弓箭的袋子里。《庄子·天地》："罪人交臂历指。"犯罪的人被双臂交叉反绑起来。"交错"指交叉错杂。"交并"指不同的感情、事物交织在一起。一个人在情绪激动的时候常会"悲喜交集"。

　　"交"是在两个或两个以上的人或事物之间发生的，是相互的行为。人与人之间互相交往，在物质和精神上都有相交的地方，所以"交"为结交、交往。"交流"是彼此间把自己有的东西提供给对方，相互沟通。两国之间建立友好关系，谓之"建交"。友谊坚持不下去，双方决裂关系，断绝了来往，谓之"绝交"，断交后重归于好谓之"复交"。普通老百姓之间的友情称为"布衣之交"。交往无定数，里面暗藏着分分合合的玄机，人们把彼此往来通畅称为"交通"，后用于贬义，专指勾结，如交通权贵、交通官府等。现代的"交通"一词已成为道路往来通达的意思。"交"为

交往、交易，其字形的左右对称会意双方应该平等交往，公平交易。如交友要用真挚的感情换取对方的诚心诚意，交易要用钱来交换同等价值的货物。

把事物转移给有关方面，这是两事物之间交流的过程，因而"交"又为交接、移交、交换。《小尔雅》就解释为："交，易也。"《荀子·儒效》："是言上下之交。"谓上下相交接。交割指新旧交替时结清手续，进行移交。因为交接、移交等行为需要双方共同完成，所以"交"不仅是相互的，还是共同的。

国家的对外交往为外交。外交是一种公关艺术：什么时候该说，什么时候该沉默，什么时候要说透，什么时候要旁敲侧击，在旁人看来高深莫测，充满玄机；所以搞外交的人需要严密的思维和伶俐的口才，要站在高于常人的角度看问题。外交活动是代表国家与他国进行交往，关系到民族尊严和国家利益，外交中的一言不慎、一行不察就会给国家带来负面的影响，甚至是国格的侮辱，这就要求外交人员视野广阔，知识渊博，对各国历史、文化、国情和民风等有较多了解；同时要兼顾对方利益，以双赢为目的。

换 huàn

小篆

"换"，形声字，从手，奂声。

"奂"本义指交换、换取，后加"手"，俗写作"换"，强调是人的行为，多通过手来进行。《说文·手部》："换，易也。"朱骏声《通训定声》："奂字俗作'换'。""换"的本义为交换、对换，是给人一种东西同时向对方取得另一种东西。

《晋书·阮籍传附阮孚》："尝以金貂换酒，复为所司弹劾，帝宥之。"是说阮孚平常老是拿金貂交换酒喝，后来被弹劾，晋帝宽恕了他。成语

"金貂换酒"就是出自这里，同义的成语"貂裘换酒"，出自李白的《将进酒》："五花马，千金裘，呼儿将出换美酒，与尔同销万古愁。""以字换鹅"的故事也很生动有趣。王羲之生性爱鹅，他听说山里面有一个道士鹅养得很好，就前去观看。看后他非常喜欢，一再要求买鹅。那个道士便说："如果你为我写《道德经》的话，我一定把这一群鹅全都赠送给你。"王羲之欣然答应了。写完后，他提着一笼子鹅高高兴兴地回去了。后人就用"笼鹅"来指王羲之这件事；用"换鹅"作为《道德经》的别名。

"换"引申出变化、更换之义。《墨子·备城下》："寇在城下，时换吏卒署。"唐代王勃《滕王阁序》："物换星移几度秋。"成语"物换星移"就是出自这篇文章，主要是形容时代变迁、世事变化。"换日偷天"比喻暗中改变事物的真相，以达到蒙混欺骗的目的。明代屠隆《彩毫记·宫禁生谗》："叵耐狂生诗太狂，只愁谤语外传扬，但凭换日偷天手，难免嘲风弄月殃。""移宫换羽"原指乐曲换调，后也比喻事情的内容有所变更。宋代周邦彦《意难忘·美人》："知音见说无双，解移宫换羽，未怕周郎。""抽梁换柱"比喻暗中捣鬼，以假代真。清代李汝珍《镜花缘》第九十一回："我不会说笑话，只好行个抽梁换柱小令。"俗语"换汤不换药"是指煎药的水换了，但是药方并没有改变，比喻只改变了一下名称或外貌，而内容或实质并没有改变。成语"改名换姓"与范蠡有关。越国灭了吴国，称霸天下，谋臣范蠡被封为上将军。然而，范蠡觉得勾践这个人可以同患难但不能共安乐，于是就改名换姓，乘着一叶扁舟飘浮于江湖，到了齐国就叫鸱夷子皮，到了陶地就叫朱公。日常生活中用到"换"的词语有很多，如"换洗"指换上新的，洗涤旧的；"换班"指按时轮流替换；"换代"原指旧的朝代为新的朝代所代替，现指生产新的品种取代旧的。"换防"指原在某处驻防的部队移交防守任务，由新调来的部队接替。

中国有一句俗语叫作"浪子回头金不换"，意思是说做了坏事的人改过自新是可贵的。但要做到"浪子回头金不换"不是件容易的事情，必须不断与自己的恶习做斗争；浪费的时间要追回，必须比其他人付出更大的努力；周围人不相信曾经伤害过自己的人会"重新做人"，所以必须比一般人更坚强、更有恒心、更能隐忍、更有斗志，才可能走出过去的泥潭。

"便换"是唐代的一种汇兑方式。商人至京，将钱交付各道驻京的进奏院或各军各使等机构，换取票券。商人离京去各地经商，可凭券至当地有关机构取款，谓之"便换"。《旧唐书·食货志上》："茶商等公私便换见钱，并须禁断。""换韵"亦称"转韵"，为诗韵术语。除律诗、绝句不得换韵外，古体诗尤其是长篇古体诗，换韵较自由，既不限平声韵、仄声韵，也不限于邻韵。"换贴"为婚姻礼俗，男女双方的婚事说定后，要举行一次换贴，换贴要选吉日进行，男女先遣媒人向女方议聘，男方将议订聘金和新郎的庚贴放入小匣子内，并用红布或红绫将小匣包裹，连同彩礼由媒人送到女方家。女家收下聘金、彩礼和男方的庚贴后，女方出将庚贴放入原匣内，连同回送的衣着嫁妆喜果等由媒人转交男家，这一程序叫作换贴。

买卖

图一己之私一定是一次血本无归的买卖。

买【買】
mǎi

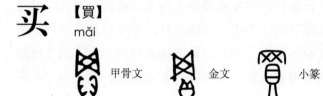

甲骨文　　　金文　　　小篆

"买"，繁体为"買"。会意字，从网，从贝。

"网"为捕捉、网罗之意，在这里意为用钱财收罗、购进所需物品；"贝"为贝壳，是古代流通的货币。《说文·貝部》："買，市也。"本义指购进、买进，与"卖"相对。"買"上面的"罒"也可看成"横目"，表示买东西时须要睁大双眼、仔细挑选、货比三家，才能买到物美价廉的商品。"買"从网，从贝，也表示用贝网罗人才，而"贝"在"网"下，则说明买通他人通常是在暗地里进行。"買"由本义引申为对人心、智慧等精神方面的收买。简化字"买"是由草书写法演化而来的。

"买"可以引申为招惹、引起。孟郊《观种树》诗，以春后种树难活比喻离别之心碎。诗中写道："心意已零落，种之仍未休。"心意已如同败树一样零落不堪，还在不停地思索，岂不是"无事自买忧"？

"买"还有博取、追逐之意。江淹《去故乡赋》："宁归骨于松柏，不买名于城市。"宁可在山间老死，也不在城市追名逐利。"买好"指有意用言语、行动讨人喜欢。"买声儿"指博取声誉。

"买"最基本的意思还是购买东西。《庄子·逍遥游》："请买其方百金。"以100金为价，请求买下这个药方。《韩非子·外储说左上》载：楚国有个人去郑国卖珍珠，他为珍珠做了一个非常漂亮的匣子：先用有香气的木兰制作，再用桂椒的香味熏蒸，最后在上面镶嵌美玉和好看的石头。这个匣子吸引了一个郑国人，"买其椟而还其珠"——郑国人买走了匣子，却把珍珠还给了楚国人。李延寿《南史·吕僧珍传》载：南朝宋人季雅罢官后，在吕僧珍住宅旁边买了一所房子。吕僧珍问房子的价钱，季雅说1100百万。房价如此高昂，吕僧珍感到奇怪，季雅说："我用一百万买这间房子，用一千万买你这样的好邻居。"这就是典故"买邻"（"买屋择邻"）的由来。

"買"字之"罒"意为买东西要睁大眼睛，识别真伪，以防假冒伪劣商品。要明白自己缺什么，缺多少，买己所需，买己所急；要反复审察、分析、对比，用最合适的价格买最适合自己的物品。"買"字之"网"意为购买物品时看准了就撒网，以免错失良机，追悔莫及。

在经济生活中，购买是资本循环的重要环节，而商品交换的结果也使货币产生了强大的力量。但是，商品交换毕竟只是经济生活的一个方面而已，不是所有的事物都能用金钱买到。

【賣】
mài

小篆

"卖"，繁体为"賣"。会意字，从士，从网，从贝。

"卖"的小篆字形从出，从买，意为把收进的货物卖出。

繁体"賣"由"士"、"罒"、"贝"组成："士"通"土"，为土特产，也代指农副产品和手工艺品等货物；"网"代指篮筐，用以盛货之器物；"贝"为货币，是商品交易的媒介，也泛指利益，"賣"从贝，表示与财物有关。"賣"表示把土特产或其他物品装在筐里去换取钱币。《说文·贝部》："賣，出物货也。"本义是以货物换钱，与"买"相对。

简化字"卖"由"十"、"冖"、"头"组成："十"可代表从四面八方进货；"冖"为卖售货物的范围；"头"为头脑。寓意卖货不能只局限于本地货物，而是要多种多样。同时，所"卖"的也不只局限于物，如卖力气、卖知识、卖人情。卖东西要熟悉周围的情况，了解消费者的需求，要把四面八方的货物聚集起来，组织流通，使货物丰富多样，并从各个方面周密考虑。"卖"又从十，从买：购买者多，需求量大，是卖家最大的希望；而多买，大量贩进物品，则是卖的前提。

此外，"士"也可看作是有识之士，是有经验、有头脑、有长远眼光的人；而"网"也可代表法网。卖东西的人要有士人之心，为人厚道，目光远大，不能只顾眼前小利；要诚信为本，买卖公平，不短斤少两，以诚待客，顾客至上，童叟无欺。

"网"也是进货的渠道、卖货的网点、宣传的网络。渠道通畅则货源充足，网点遍布则流通方便，网络广张则名声在外。买卖人一面到处散布网络，一面苦心经营自己的店面，网住回头客。卖东西还要时时警惕头上有一张法网，如果一心只想"网"下的"贝"，眼中只有这个"贝"，为取得钱财不择手段，不顾买主利益，不顾国家利益，不守法经营，则会落入法网。不仅自己入网，就连此前赚到的"贝"也会被收入网中。"賣"中有"罒"，也表示眼睛。"目"处于中间，表示眼光的好坏决定货物的品质高低和销路。卖东西要眼观六路，耳听八方，观察周围的商户在卖什么，猜度顾客想买什么，考虑在什么季节贩售什么货物能够盈利，怎样迎合主顾的口味、潮流的走向以及市场的需求。

卖东西要有资金实力作为基础，当然更是为了获得利润，所以"賣"下有"贝"。卖东西要先进货，进货要有本钱，没有"贝"就没有东西可卖。通过不断售卖赚取金钱，本钱越来越多，就可以进更多更好的货物，做更大更广的生意，名声越来越响，机会越来越多，便能更快更多地取得利益。如果卖东西赚不到钱，货物越卖越少，钱也越赚越少，最终将没钱进货、没货可卖。可见"賣"要由"贝"作为支撑和基础，卖前要有贝作本钱，卖后如赚不到钱，"卖"也不会长久。

"卖"由出卖货物引申为出卖自己的国家、亲友，是背叛。

《商君书·慎法》："君人者不察也，以战必损其将，以守必卖其城。"如果一国之主不了解所用之人，让他们征战，必会损兵折将；让他们守城，必会背叛投降。在唯利是图的小人眼中，朋友也可以卖。战国时李斯与韩非共同求学于荀子，韩非向秦王献大国之策，颇受秦王尊崇礼遇。其时李斯任秦国要职，深知韩非才高于己，担心将来危及自己的仕途，于是向秦王进言诽谤韩非，并说"不如以过法而诛之"，最终将其陷害致死。

　　由于生活所迫，人们出卖的东西花样繁多：有卖力的，如河川的纤夫、山上的挑夫、抬轿的轿夫、码头的搬运工等；有卖艺的，练就一身武艺，聊为糊口，耍一套把式，得几文钱，供一家用度；有卖唱的，妇道人家体弱无力，不识文墨，流落天涯，唱一支小曲，博几声欢笑，赚些许银钱；有卖身的，走投无路者，或投靠富家为奴为婢，或投身青楼迎来送往；有卖命的，护院走镖，刀头舐血，提着脑袋行走江湖。这些都是古时穷苦人的谋生之路。如今，社会分工越来越细，可卖的东西种类也逐渐增多，资讯、知识、产权、版权等都是"卖"的对象。

消费

买东西不要买喜欢的，而是要买实际需要的。

消 xiāo

小篆

"消"，形声字，从水，肖声。

"水"为生命之源。"肖"为小、细微。"水""肖"即没有了水，生物失去了生命的源泉，自然会消失殆尽。《说文·水部》："消，尽也。""消"本义为除去。

《孟子·滕文公下》："鸟兽之害人者消，然后人得平土而居之。"害人的鸟兽都消除了，人们才得以安稳地居住在平原上。赵岐注："水去，故鸟兽害人者消尽也。""消毒"指用化学的、物理的或是生物的方法消灭有害微生物以免感染；"消肿"指肿块的缩小，肿胀的消退。

"消"由消除引申为消失、完全不存在。《易·泰》："内君子而外小人。君子道长。小人道消也。""消"由完全不存在引申为部分没有，亦是减消、衰退的意思。宋代曾巩《再乞登对状》："心思消缩，齿发凋耗，常恐卒填沟壑，独遗恨于无也。"宋代赵与滂《登浙江楼》："昼夜潮消长，利名人往还。"潮涨潮落不分昼夜，为名为利的人们到处奔走。《红楼梦》第五回："才自清明志自高，生于末世运偏消。""冰消冻解"比喻完全消失或彻底崩溃。《朱子全书》卷四："见得大处分明，这许多小小病痛，都是冰消冻解，无有痕迹矣。""与时消息"指事物无常，随时间的推移而兴盛衰亡。"消"指消亡；"息"指孳生。《易·丰》："日中则昃，月盈则食，天地盈虚，与时消息。""黯然魂消"指心神极度沮丧，好像失去了灵魂。清代李渔《闲情偶寄·授曲》："悲者黯然魂消而不致反有喜色，欢者恰然自得而不见稍有瘁容。"

"消"由时间的消减引申为排遣、打发。三国曹植《感节赋》:"登高墉以永望,冀消日以忘忧。"登上高坡,长时间凝望,希望借欣赏远处的美景以消磨这漫漫的白昼,忘掉忧愁。宋代辛弃疾《念奴娇·登建康赏心亭》:"儿辈功名都付与,长日惟消棋局。""消遣"指寻找感兴趣的事来打发空闲。"消日"指消磨时光。北齐颜之推《颜氏家训·勉学》:"饱食醉酒,忽忽无事,以此消日,以此终年。""消磨岁月"指虚度年月。"消磨"指虚度。清代文康《儿女英雄传》第二十四回:"再说那舅太太只和姑娘这等消磨岁月,转瞬之间,早度过残岁,又到新年。"

"消"有享受、受用之义。唐代白居易《哭从弟》:"一片绿衫消不得,腰金拖紫是何人?""消"亦有禁受、经受之义。辛弃疾《摸鱼儿》:"更能消几番风雨,匆匆春又归去。"为了一个目标而花费时间、金钱或是付出情感,"消"有值得之义,亦有抵得上、配得上之义。宋代柳永《凤栖梧》:"衣带渐宽终不悔,为伊消得人憔悴。"

"消"还有消息之义。元代关汉卿《救风尘》:"两头往来。传消寄信都是我。"在中医学上,有一种病叫消渴,就是糖尿病。

费 【費】

fèi

费 金文   費 小篆

"费",繁体为"費"。形声字,从贝,弗声。

"贝"为原始货币,从"贝"的汉字多与财物有关;"弗"为否定词"不"。"弗""贝"为"费",是钱非钱,是物非物,不把钱当钱花,不把物当物用,将财物用去、挥霍掉或消耗掉,此为消费、浪费、耗费。消费、浪费、耗费之后财物就不是财物了。《说文·贝部》:"費,散财用也。"使用、消耗非钱非物的东西,也称"费",如费心、费力、费时、费神、费事等。花费为日常所必须,非钱不可得,无物可替代,此视为必须的"费用",如学费、劳务费、交通费等。

"费"也特指花费的钱财、费用。《红楼梦》第四回"葫芦僧判断葫芦案"："老爷断一千也可，五百也可，与冯家作烧埋之费。""烧埋之费"就是安葬的费用。《论语·尧曰》："君子惠而不费。"君子应当给别人很好的利益，而又使其没什么花费。现在惠而不费的意思是指给别人好处，自己又没有什么损耗。损耗是"费"的引申意义。《广雅》："费，耗也。""费时"指耗费时间；"费神"指做事情损耗神思；"费尽心机"指用尽了心思，形容千方百计地谋算。"不费吹灰之力"形容事情做起来非常容易，不损耗一点力气。"费"也指语言多余，言辞烦琐。"费辞"指多费言词、饶舌。不辞费是古代礼的准则之一，出自《礼记·曲礼上》，意思是不说多余的话。如果任意花费钱财，不计较其是否用得恰当，是否发挥了其应有的价值，此为"浪费"。浪费是对金钱和财物的挥霍糟蹋，是奢侈浮华。《管子·八观》："国侈则用费，用费则民贫。"国家奢侈了，各种用度就会浪费，这样会直接导致百姓的贫困。

中华民族历来有勤劳节俭的传统美德。古语云："一粥一饭，当思来之不易；半丝半缕，恒念物力维艰。"当然，崇尚节约并不是提倡大家都过苦日子，反对浪费并不是排斥消费。浪费后来也泛指对人力、时间和资源等使用不当或没有节制。当今，人类对自然资源的无度开发、破坏和浪费，导致了资源的极度紧缺，如果这种情况得不到制止，人类的生存环境将会遭受到毁灭性的破坏，人类自身的生存和发展也将受到严重威胁。

"消费"是指为了满足生产和生活的需求而使物质财富消耗。消费，是经济学中永恒的核心话题，是经济活动的重要内容，历来为经济学界所关注，更为国家职能部门和决策者所重视。消费促进经济的正常运转，是经济增长的最终动力和经济运行效率和效益的"测量器"；消费能及时反馈经济现状，又是引导经济运行不断改善的"指示灯"。作为消费主体的消费者，不但创造了需求，创造了财富，创造了机会，而且推动了社会和经济的发展。因此，引导百姓合理、健康、理性的消费，对保持国家经济平稳持续的发展至关重要。

创造

什么叫"危机"？危机就是危险中的机遇。

创

【創剙剏】

chuāng chuàng

丩 金文　　創 小篆

　　"创"，繁体为"創"，异体为"剙"、"剏"。金文作"丩"，会意字，从刃，从丶。

　　今"创"为形声字，从刀，仓声。"仓"是储物之所。物进仓廪即为旧物，故可将"仓"理解为陈旧之意；"刀"是一种兵器和工具，具有一定的破坏性。"仓"为封闭的、陈旧的事物，"刀"为破旧立新的手段。故"仓""刀"相合为"创"，可表示改革创新。"创"还有始造之意，读为"chuàng"。《广雅》："创，始也。"

　　"丩"的字形为双刃刀，表示刃可伤人损物，意为创伤或损伤、伤害，读作"chuāng"。《说文·刃部》："丩，伤也。"异体字"剙"、"剏"从"并"，从"丩"，或从"刃"。"剙"、"剏"的字形为利刃相合，亦是创伤之意。

　　"创痍"指创伤，也指受伤的人。东汉班固《汉书·淮南厉王刘长传》："高帝蒙霜露，沫风雨，赴矢石，野战攻城，身被创痍。"南朝宋范晔《后汉书·袁谭传》："放兵钞突，屠城杀吏，冤魂痛于幽冥，创痍被于草棘。"又比喻人民遭受的战祸、疾苦。西汉司马迁《史记·季布栾布列传》："于今创痍未瘳，呰又面谀，欲摇动天下。""创巨痛仍"指创伤深重而悲痛长久。唐代柳宗元《寿州安丰县孝门铭》："创巨痛仍，号于穹旻。""重创敌军"即是给敌人以沉重的打击。《礼记·三年问》："创巨者其日久，痛甚者其愈迟；三年者，称情而立文，所以为至痛极也。"此处是说失去亲人所受到的痛苦犹如身体受到重大创伤，必须经过三年之久才能平复。延伸开来，"创"泛指对人的肉体和心灵上所造成的伤害。《续资治通鉴·宋真宗咸平三年》："柳中流矢，裹创而战，众皆披靡。"萧柳被敌人射过来的乱箭所伤，于是拔出箭来，包裹住伤口，冲上前去继续作战。众人为他的英勇气概所鼓舞，也都奋勇向前，所向披靡。"创伤"多指用刀剑等刺破肌肤所造成的开放性外伤。"创痕"、"创疤"即受伤后留下的疤痕；"创面"是创伤的表面；"创口"则是指开放性的伤口。

　　"微创技术"是应用当代先进的电子电热光学等设备和技术，以电子镜像代替肉眼直视，以细长器械代替手术刀，力求以最小的切口路径和最少的组织损伤，完成对体内病灶的观察诊断及治疗。微创技术具有出血少、疼痛轻、恢复快、疤痕细微或无疤痕的特点。

　　"创"引申为惩罚。"哀矜惩创"意思是爱怜而又责罚。"哀"、"矜"是怜悯；"创"是惩罚。宋代苏轼《刑赏忠孝之至论》："有一不善，从而罚之，又从而哀矜惩创之。"

　　"创"从"刀"，"刀"也可以代指工具、方法、手段和途径。仓库中能够堆满货物，那不是凭空出现的，需要靠辛勤的劳动才能拥有，需要通过不懈地努力才能获得。所以一个从无到有的开端也是"创"，读作"chuàng"。"创"表示初次、开始的意思。开创、创造、首创，是一个从无到有的过程。最惊天动地的创造莫过于创世纪。我国古老神话传说中，担当这一重大任务的是一个叫盘古的神，他开天辟地，又令天地分离；他造日月星辰，又将自己的躯体骨骼化为山川河流，林木雨露。其后又有女娲抟泥而造出男人和女人，故称女娲为人类的始祖。天地人具备，才有了人类社会，有了人的创业，即开创事业。人们常说创业难，守业更难。开创事业的时候，条件艰苦，人们感到很困难。然而创业成功以后要守稳基业并使它繁荣昌盛则更为艰难。"创业守成"意为开创未有之业，守持既成之业。古人心目中最伟大的创业，乃是指创立帝业。三国蜀诸葛亮《出师表》："先帝创业未半而中道崩殂。"先帝指刘备，刘备创立帝业还没有完成，就中途撒手人寰。"草创未就"指刚开始做，尚未完成。"草创"指开始创办或创立；"就"是完成。西汉司马迁《报任少卿书》："亦欲以究天人之际，通古今之变，成一家之言。草创未就，会遭此祸，惜其不成，以就极刑而无愠色。"

人类社会中任何成果和价值都是在劳动中创造出来的。劳动创造了世界，创造了物质文明和精神文明。人类社会的进步永远离不开"创"之行为。凡是与"创"有关的往往都是独一无二的、从未有过的，所以"创"是一个充满活力与进取精神的字。初次建立为"创立"；从未有过的举动为"创举"；开始新的事业为"创业"。科学家要创造，艺术家要创作，企业要创利，国家体制改革要创新。一切新事物、新思想的出现都离不开一个"创"字。然而，没有一项创新、创举、独创是轻而易举的。"创"靠的是打破常规的创造性思维，靠的是胆量和气魄，靠的是敏锐的观察力和深邃的思考，靠的是广博的学识和刻苦的钻研。每一个创举，每一个创见，每一个创意，无不是人们智慧和心血的结晶。

造 zào

金文　　小篆

　　"造"，形声字，从辵，告声。

　　"辵"是行走、走动；"告"是通过语言与人交流、使人知晓，是告知、报告、上报。"辵""告"为"造"，本义为到、往某地去与人交流，如造适、造门、造访。"造"为因"告"而"辵"，可引申为培养、造就、创造。"造"是到某处去。"造访"通常用于拜访尊贵的人物；"夜造"指深夜前往造访；而"造府拜瞻"是古汉语中的敬辞，指到府上去拜访。人与动物最根本的区别在于人有创造能力。"造"通"作"，有制造、制作之意。中国古代神话传说中的女娲是人的创造者，她把泥和土混合在一起，仿照自己的样子捏成形，并称之为"人"，于是世界上就产生了真正意义的人，这是神话中的创造；人利用木材、泥土、沙石造了房屋，这是简单意义的创造；又通过对社会的规范和习惯的总结，把它们制作成条文的形式，使之明确化、制度化，这是更深层面的创造。人类在利用和改造自然的同时也改造了自身，人类的发展史实际就是一部创造史。

　　"造"是多方面的工作，既指创造实体形式、物质意义上的物体，亦指创造精神上的物品。如文学工作者通过把现有的或虚构的素材经过不同形式的加工，创造出各种各样反映人类美好理想和追求的诗歌、散文、小说和戏剧等文艺作品。故"造"有撰写、编著、制定、汇集之意。王充《论衡》："《新语》，陆贾所造也。"即《新语》这部书是陆贾撰写的。文字作品可以满足人类精神需要、充实人的心灵、陶冶人的情操。

　　另外，"造"在方言中指稻子等作物从播种到收割的次数，如"早造"；而"一年三造"指一年可以收获三次。"造"亦指相对两方面的人，法院里指诉讼的两方，即原告和被告。《尚书·吕刑》："两造具备。"指两边诉讼的人都到齐了。

　　"造"是个复杂的活动，它的产品不仅限于物质或精神，也可以是人类本身。父母最好的作品是孩子，老师最好的作品是学生。而造就人才自古以来便为人们所重视，尤其是现在，各个领域都需要众多的创造型人才。十年树木，百年树人。国家投入了巨大的资金，为人才培养提供了最大的便利，使之可以在国内深造、到国外留学、参加社会实践等，目的是培养可持续发展的人才。而各类人才学成之日，也是他们的报国之时。

制度

总裁是总裁人，老板是老板面孔，经理是经常有理。

制【製】
zhì

(制)小篆　　(製)小篆

"制"，繁体为"製"。会意字，从牛，从巾，从刀。

"制"的小篆从未，从刀。"未"表示枝条繁茂小篆之树，"刀"为刀具、剪刀。树木老成，而用刀修製剪树枝为"制"。《说文》："制，裁也。从刀，从未。未，物成，有滋味，可裁断。"本义为裁断之意。

繁体字"製"从衣，"衣"为衣物。"製"表示用刀具将牛皮、布巾裁剪缝合成衣物，《说文》：小篆"製，裁也。"本义为剪裁衣服。今体"制"从牛，从巾，从刀。"牛"为六畜之一，其皮柔韧，可御寒，常被制成皮绳或皮革；"巾"为缠束、包裹覆盖用的织物；"刀"有锋刃，可刮、削、切、割。用刀把牛皮上的毛刮去，再用其他的方法加工，使其既可束缚物品，又可当作衣服来穿；"制"的左侧是"牛"与"巾"相合，"牛"指代动物的皮毛，"巾"代表丝布织物：通过工具把类似于牛、巾之类的性质不同的物品合成一个整体、一样东西，这个过程称为是制作、制造。

"刀"也指刀币，是东周各国使用的一种货币：不论牛还是巾，都有固定的价格，一定的刀币可以购买与之相当的物品，这是币制，是钱币的法度。"制"为法度、法则。意义扩大后，"制"成为齐平一切人、事、物的制度，是要求成员共同遵守的规章或准则。"制"、"製"本同一词，后来有所区分，"製"用于具体的制、造，"制"用于抽象的制作，二者只是在用作制造、制作之意时相同。"制"是对衣料等进行的深入加工，如制衣、制鞋袜等。引申开来凡是按照个人意愿对事物进行加工的都可以称为

"制"，如：轧制、仿制、自制、试制、配制、提制、精制等。《淮南子·主术》："贤主之用人也，犹巧工之制木也。"贤主用人，好比灵巧的木匠以木头为原料，充分的利用、挖掘树木所蕴涵的美一样。

剪裁需要控制尺寸，由此"制"为控制、辖制。"制地"指控制土地。《孙子·虚实》："水因地而制流，兵因敌而制胜。"水流受地势控制约束，用兵之道要根据对方形势来制定相应的政策。杜甫《前出塞》九首之六："苟能制侵陵，岂在多杀伤？"如果能够制伏敌人，又岂在于过多的杀戮？正义之战、正义之师的目的不在于杀戮和血腥，暴力只是一种手段，制伏敌人才是目标。兵法有云：不战而屈人之兵为上策。

《玉篇·刀部》："制，法度也。"制衣有制衣的套路、制木有制木的规则，这些都不是随意可行的，所以"制"要遵循一定的规律、法则。人类的社会生活同样也需要在一个规则的约束下才能顺利地进行，于是就形成了不同的制度、法度。"制"中有"刀"，揭示出制度以操刀在手的暴力为后盾，具有强制性，要求人人遵守，与之对抗会招来刀剑之惩。

度 dù duó

小篆

"度"，形声字，从又，庶省声。

"庶"有众多，繁多之意，寓指数量未知；"又"为手，意指行为、方法。古时多以手、臂测量长短。段玉裁《说文解字注》："周制：寸、尺、咫、寻、常、仞，皆以人之体为法。寸法人手之寸口，咫法中妇人手长八寸，仞法伸臂一寻，皆于手取法。"寸、咫、仞等这些长度单位，都是参照人体自身的尺度来规定的。故而，"又"在此又用以表示固定不变的限值。"度"从庶省，从又，可理解为以手测量物体的长短。《玉篇·又部》："度，尺曰度。""度"意为计算长短的器具或单位，如"度量衡"。

"度"是依照计算的标准所划分的单位，如：表示天气冷暖或空气干湿程度，为温度、湿度；衡量事物达到一定的水平、程度，为知名度、高度。由此，"度"又可表示达到一定的数量，或指能够承受的容量、规模，如度量、气度、适度。对长短的测量以及所能忍受的度量，都是有一定限度的。无论测量怎样的物体，其长短总是限于"手"所量范围之内。"度"需要遵行"手"所规定的标准，因此又可表示法度、制度。《说文·又部》："度，法制也。"人们在做事时需要考虑各种限制和法制、规定，"度"又有打算、考虑之意，如"置之度外"。用一定单位长度的工具测量事物时，需要从一端到另一端逐渐进行，因此"度"表示过，由此到彼之意，如度日、度过。

"度"也可视作从广，从廿，从又。"广"为广大，广阔无边，代表无边的人生苦海；"廿"为二十，表示众多。"度"的范围广，数量多，作为佛家用语，为渡过之意，指渡人生苦海，登极乐彼岸。

"度"的本义是测量、尺度。"度量衡"指计量长短、容积、轻重标准的统称；"尺度"即指准绳，它是衡量长度的定制。测量长度都是根据其工具的标准单位来计量物体的长短，"度"由此引申为依照计算标准划分的单位。许多计量单位的名称都称为度。如测量角的大小和圆弧的单位叫角度、弧度；测量地球表面的所在位置的经度和纬度；测量电量时也要用到度这个单位。

测量能够确定事物所达到的程度，因此"度"又可表明物质的有关性质所达到的程度，用于名词、动词或形容词后。"强度"指作用力以及某个量（如电场、电流、磁化、辐射或放射性）的强弱程度；"硬度"一般为某物体坚硬的程度；"浓度"指溶液、混合剂或扩散物质中的某样成分的相对含量等。

测量物体的长短，是为了把物体规范在一定的范围之内，而法度、制度则是为了规范人们的行为。法度和计量的工具有着同样的功能。《字汇·广部》："度，法也，则也。""度轨"指法度轨范；"制度"指要求成员共同遵守的规章或准则；"法度"指法律制度，亦指行为准则。为人处世都必须掌握一个"尺度"，符合一定的"法度"，遵照一定的社会伦理标准。一般来说，伦理道德标准是在一定的社会关系当中自然形成的，人们都会自觉不自觉地遵守，当人们为人处事超出标准时，法律会强行制约人们的不道德行为。所以，法律是以伦理道德为基础的，是对不道德行为的惩罚。当然，这个惩罚也要掌握一定的"度"，要按罪责的轻重、造成影响的大小而定罪。

"度"有限度、限额之意。"无度"即指无节制、没有限度。贾谊《论积贮疏》："生之有时而用之亡度，则物力必屈。"人们的生产劳动需要一定的过程和时间，如果享受劳动果实时没有任何限度，那么财物和资源必定要变得越来越稀少。现代社会中，人们面临更多的诱惑，因此，更要注意凡事都要讲究节制和限度。"度"是有其度量的，为人需要有宽容之心，容忍、宽容他人的限度也称为"度量"。"度"做动词，有度过、越过之意。"度日如年"指过一天就像过一年似的，形容日子不好过。"虚度"指岁月空过，光阴浪掷，也可作为谦词。"度嘴"指糊口、维持生计。王之涣《凉州词》："羌笛何须怨杨柳，春风不度玉门关。"边关将士用羌笛吹奏着曲调哀怨的《折杨柳》曲子，他们哪里知道，春风是从来不能越过玉门关的啊。"度"还可做量词，指次数，如"一年一度"。杜甫《江南逢李龟年》："岐王宅里寻常见，崔九堂前几度闻。""度"也可做词缀，加在"年、季、月"后，指时间段落，如年度、季度、月度。"度"为多音字，以上意义读为"dù"，"度"还发"duó"音。古人伸展开手臂测量物体时，对自己手臂伸展的距离以及和物体之间的比例有一定的揣度和推测，故"度"有揣度、推测之意。如成语"度德量力"，指衡量自己的品德能否令人信服，估计自己的能力能否胜任工作。《诗·小雅·巧言》："他人有心，予忖度之。"别人的心机我是能够揣度的。

"度"还为测量、计算。《韩非子·外储说左上》："郑人有欲买履者，先自度其足而置之其坐。至之市而忘操之。已得履，乃曰：'吾忘持度！'返归取之。及反，市罢，遂不得履。人曰：'何不试之以足？'曰：'宁信度，无自信也。'"郑人准备买鞋，先量了自己的脚，把量尺搁在一旁。到了市场却忘记带量尺。拿着鞋子说："我忘带量尺了！"于是回家去拿，等到返回，市场已经打烊了。有人问他："为什么不用脚试鞋呢？"他说："我只信量尺，不信脚。"这就是"郑人买履"的典故，以此来讽刺那些死搬教条的做法。

"度"作为佛教用语，指僧尼道士劝人离俗出家，使之出尘俗超生死。"剃度"指给要出家的人剃去头发。《红楼梦》："有一个道士三言两语把人度了去。""度"为渡过,指从此岸世界到达彼岸世界,脱离人世苦海。"度"还有超度之意,指使死者灵魂得以脱离地狱诸苦难,不再在六道中轮回。"超度众生"指从苦海中拯救人类;"普度"指广施法力,普度众生,也指广行剃度。"度说"指超度解脱人世的生死苦难,到达仙佛境界。

合同

投机取巧蒙混一时，童叟无欺才是永不过期的合同。

合 hé

甲骨文　　金文　　小篆

"合"，会意字，从亼，从口。

"亼"的本义为扣合的器皿盖，引申有聚集之意；"口"即嘴，人各一张。"亼""口"为"合"，可理解为将口闭拢。《说文·亼部》："合，合口也。"本义为闭合、合拢，如合眼、合抱。将"口"视作一个较小的范围或区域。来自于不同地方、不同方向的事物聚集在一起为"合"，此为聚集之意。如合资、合作、合力、联合、聚合等。意料之外的聚于一点，则为巧合。"口"指出入口，是出入通过的地方，是极有限的范围。"合"也可视为"人""一""口"，意为：大家同吃一碗饭，是合作；人人发出一个声音，是合心。"人"、"一"、"口"为"合"还可理解为：少开口，不言是非为"合"；少开口，不染病菌为"合"。"合"是不违背正常、正规的道理，指一事物与另一事物相应或相符，如合法、合格、情投意合。

"合"由本义引申，表示结合、联络、聚合、合并等。《韩非子·释邪》："君臣也者，以计合者也。"战国时法家学说的代表人物韩非子认为，君臣之间其实并没有什么情义可言，完全是一种利益基础上的结合。《战国策·秦策二》："楚王不听，遂举兵伐秦。秦与齐合，韩氏从之。楚兵大败于杜陵。"楚王不听劝告，执意出兵攻打秦国。而秦国则同与楚国实力相当的齐国联络，再加上韩国的力量，在杜陵大败楚国。《论语·宪问》："桓公九合诸侯，不以兵车，管仲之力也。"管仲是战国时齐国的著名宰相。齐桓公能九次召集诸侯会盟，不费一兵一卒，这是管仲的功劳。辛弃疾《美芹十论》："自古天下离合之势，常系乎民心。""天下之势，分久必合，合久必分。"民心向背决定国家的分离或合并。

"合"引申为符合、不违背，如合法、合格等。王充《论衡·自然》："不合自然，故其义疑，未可从也。"万事万物都有其存在和发展的规律。不符合规律而做出的结论是不可信，也是不可行的。由符合之意引申，"合"又表示和睦、匹配。《诗·大雅·大明》："文王初载，天作之合。"文王即位伊始，天赐美好姻缘。后用"天作之合"形容姻缘美满。和睦的夫妻关系则被称为"琴瑟相合"。和谐的朋友关系或者合作关系则被称为"珠联璧合"。合适的盖子盖在容器口上，刚好把容器罩住。由此"合"字又可表示覆盖、笼罩。贾思勰《齐民要术·漆》："世人见漆器暂在日中，恐其炙坏，合著阴润之地，虽欲爱慎，朽败更速也。"人们看见漆器暴露在日光下，担心晒坏，但是将其用东西罩住放在阴暗湿润的地方，则会使漆器更快地坏掉。

"合"的字义虽然很多，但它最基本、最常用的意思还是符合、适合。一个"合"字里面蕴含着中国传统文化的精髓和深刻的哲理。世上万事万物都有其各自的规律和时机。合之，则成功；逆之，则失败。写诗要"合辙押韵"，按照韵辙去创作，才能朗朗上口，富有美感；造房子要"斗榫合缝"，榫头和卯眼非常适合，不露缝隙，才能看起来严丝合缝，结实坚固。对于个人而言，做人要合群，做事要合理，言行要合度，求学立业要选择适合自己的方向，男女婚嫁要挑选适合自己的对象。对于集体而言，选择志同道合的伙伴，齐心合力，通力合作，发扬团队精神，争取多赢的效果，才能使事业亨通，兴旺发达。

（同）甲骨文　（同）金文　（同）小篆

（仝）小篆　（衕）小篆

同【仝衕】
tóng　tòng

　　"同"，异体分别为"仝"、"衕"。汉字简化前，"同"、"仝"、"衕"的意义并不相同。"同"为会意字，从冂，从一，从口。

　　"冂"的本义为在郊野划出的一定范围；"一"为一样，相同，纯正不杂；"口"为发声器官，可表示言辞、语言，也代指人、事、物。"冂"、"一"、"口"为"同"，表示聚在同一范围之内。《说文》："同，合会也。"本义为聚集、会合，读作"tóng"。

　　"同"又从同，从一。"同"是指同一范围。以"一"字强调一样，没有差异。一样的兴趣为"同"，一样的志向为"同"，一样的思想为"同"，一样的血脉为"同"。"同"又可理解为在同一范围之内，众人同声相应，同气相求，众口一词，异口同声。因此，"同"有同志、同胞、同心、同意、同甘共苦、同心同德等。如此，才会有国家、社会、世界乃至全天下的大同。

　　"同"中的"冂"可看作是狭长街巷的象形。"一""口"则可视作巷中的人家，因此"同"也意为胡同，读作"tòng"，汉字简化前写作"衕"，形声字，从行，从同。"行"的像道路之形，意为街道、道路；"同"可视作"筒"的省字，意为筒状的事物。"行""筒"为"衕"，意为像筒状的街道，即胡同。

　　"同"还是古代一种爵类的酒器，是贵族豪门才能使用的。金文与石鼓文的字形更像酒器的样子：上为凹进去的槽，用于盛酒，下有高脚。"同"做名词，又是中国古代诸侯朝见天子的六礼之一。每隔12年，诸侯一齐来朝见天子叫"同"。这是夏、商、周时代的礼仪。王安石《赠贾魏公神道碑》："奠此中国，四夷来同。""同"在这里有两种含义，既表示汇

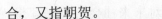

合，又指朝贺。

"同"有相同、一样的意思。《易·乾》："同声相应，同气相求。"同类的声音相互感应，同样的气息互相求合。成语"同心戮力"意为同心合力，大家的心往一处想，力往一处使；"同功一体"是说一个人的地位同他所拥有的功绩是一样的；"同仇敌忾"是指众人有相同的愤慨。

"同"由同一之意，又引申出和谐安定的意思。意见相同，行动默契，则感情和谐。小到家庭大到国家，本着求大同存小异的精神，用同一个声音说话，同一种精神支撑，就会汇集成无穷无尽的力量。如此，外则无敌国敢欺，内则和谐稳定。

"同"又引申为在一定的范围内相处、共事。如同桌，同窗，同事。成语"同床异梦"指虽然同睡一张床，却做着不同的梦，多用来比喻人虽在一起却不同心。

"同"也意为参与、主持。《孙子·谋攻》："不知三军之事，而同三军之政者，则军士惑也。"不懂得如何行军布阵，却参与军事部署的人，将士们是不大相信他的。

"同"在中国传统文化中是一个相当重要的概念。《礼记·礼运》："大道之行也，天下为公。选贤与能，讲信修睦，故人不独亲其亲，不独子其子，使老有所终，壮有所用，幼有所长，鳏寡孤独废疾者，皆有所养。男有分，女有归。货恶其弃于地也，不必藏于己；力恶其不出于身也，不必为己。是故谋闭而不兴，盗窃乱贼而不作，故外户而不闭，是谓大同。"《礼记》是儒家的经典，引文中所描述的是大同世界的社会景象。

"大同"是中国儒家所追求的理想社会模式和理想道德境界。"大同"思想的核心是"天下一家"和"天下为公"。"天下一家"即天下之人，和睦相处，犹如一家。上述引文即是古人为天下一家所做的具体描述，那就是：人人都是社会的一员，社会是每一个人的社会，每一个人都应该公平地享受社会中的各种资源。穿有衣，食有物，居有室，地位平等，无胁迫之可能，无依附之必要，无尊卑之差别。人人敬老，个个爱幼，大家彼此相亲相爱。任何人都能得到社会的关怀，任何人都主动关心社会。如此大同，社会才能获得真正的安稳，百姓才能得到真正的幸福。要实现"天下为公"的社会理想，必须要做到政治清平，社会安宁，百姓安居乐业，道不拾遗，夜不闭户。"天下为公"的思想是人们对未来社会的美好理想，是一种理想化的人与人之间淳朴、和睦的关系。

在古人所追求的理想中，"同"不是一般意义上的"同"，不是求同存异，而是真正的"同"：是无所不在的"同"，是无所不有的"同"，是无人不能的"同"，因此是"大同"。从"天人合一"、"天下大同"的思想中，足见古人的智慧和远见，足见古人的胸襟和气魄，足见古人的决心与勇气。

成本

信誉不需任何成本，却能创造无限价值。

成 chéng

 甲骨文　　戋 金文　　戌 小篆

"成"，会意字。

"成"的甲骨文形似以斧劈物，表示斩物为誓而定盟约之意。盟约的制订往往意味着事情圆满解决或有结果。《说文·戊部》："成，就也。"本义为完成、成就。

今体"成"的左边像是一个可攻可守的兵器，可看成是一个人手握兵器正在战斗，也可理解为一个人正在埋头苦干或低头阅读、思考；右边可以看成是一个"戈"字，戈是古代的兵器，主要用于进攻，此处可引申为以劳动工具创造劳动价值，或是作为及时解剖自己思想的武器，提高分析、辨别和判断的能力。"成"字示意：要成为一个成功者，应当能攻能守，能伸能屈，能进能退；应当踏踏实实，埋头苦干，勤奋劳动；应当既扎实肯干又善于思考，既能辨别是非又善于解剖自己。

"成"是一个变化的过程。由本义引申表示转变之意，如长成、变成、成为等。"春蚕到死丝方尽，蜡炬成灰泪始干"、"有情人终成眷属"、"弄假成真"、"木已成舟"、"滴水成冰"中的"成"都有成为的意思。

"成"进而可引申指事物发展到一定的形态或状况，如成形、成性、成人、蔚然成风等。也表示既定的、成形的，如成见、成规、成俗、成竹在胸等。"成"还可指达到一定数量，表示程度很深，如成年累月、成千上万等。

交战双方讲和，说明战争从此平定，所以"成"又引申为平定、讲和。《国语·越语》："遂使之行成于吴。"于是派遣使者到吴国讲和。《左传·隐

公六年》："郑伯请成于陈，陈侯不许。"郑伯向陈国求和，陈侯不同意。

顺利完成一件事，或达成心中所愿都属于成功。"成"又引申出成功之意。苏秦读书到深夜，为了保持头脑清醒，用锥子刺自己的大腿；董仲舒研究《春秋》，垂帷讲诵，三年不曾去自己的园中观赏花木。他们最终获得了成功，赢得了声望，名垂后世。成功与失败相对。《三国志·蜀志·诸葛亮传》："成败之机，在于今日。"成功与失败的机会就在今天。有人说，成功和失败是一对孪生兄弟。意思是说，成功与失败常常相伴，并且成功和失败是相对而言的。正如兄之于弟一般。所以古人讲"成"与"败"并举，借以提醒世人。如"成者为王败者寇"、"成事不足，败事有余"、"成败论英雄"、"成败得失"等。最著名的例子就是"成也萧何，败也萧何"的故事，典出《史记·淮阴侯列传》。西汉的萧何是汉高祖刘邦的重要谋臣，他对韩信的文韬武略十分赏识，于是接连三次向刘邦举荐，但都因韩信出身微贱而被拒绝。有一天晚上，萧何正打算再次奏本力荐，家院突然来报："相爷，大事不好，韩信逃走了！"萧何听罢一惊："啊！英才流失，对江山不利呀！"他赶紧催马扬鞭，在月光下一路驰奔，终于追上了韩信，并诚恳挽留。此后三年，韩信发挥其军事指挥才能，协助刘邦，战胜项羽，取得楚汉相争的胜利。这时候韩信开始恃功自傲，甚至意图谋反。萧何就出面对韩信说："叛将陈豨已经被打败了，你赶紧回朝祝贺吧！"韩信相信萧何，便入了宫。他一入宫就被捆绑起来，不经审讯，就斩首了。韩信受萧何推荐而拜为大将，又因萧何设计而掉了脑袋，其成败得失都系于一人，看似是命运的捉弄，其实更是主观因素使然。

世人皆向往成功，含有"成"字的人生格言很多，如"有志者事竟成"、"业精于勤荒于嬉，行成于思毁于随"、"失败是成功之母"等。人人渴望成功，那么成功到底是什么？是古人的一人得道，鸡犬升天，封妻荫子，光宗耀祖；还是今天的别墅宝马，鲜花掌声？成功其实包含两方面的含义：一是社会对个人价值的肯定和奖励，包括获得了金钱、地位、名声和尊重等；二是个人对自我价值的肯定，包括获得了自信，拥有了充实感和幸福感。然而在现实生活中，人们往往忽略了成功的后一种含义，而是更看重他人、甚至是整个社会对自己行为、价值的肯定，更沉醉于鲜花和掌声。

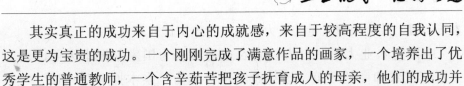

其实真正的成功来自于内心的成就感，来自于较高程度的自我认同，这是更为宝贵的成功。一个刚刚完成了满意作品的画家，一个培养出了优秀学生的普通教师，一个含辛茹苦把孩子抚育成人的母亲，他们的成功并不亚于一个叱咤风云的将军或者一个获利百万的富商。只有能够抵御五光十色的外在诱惑，在朴实的内在世界里默默耕耘的人，才能够取得真正意义上的成功。

本

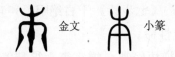

"本"，指事字，从一，在木下。

"本"从木，表示"本"与树木等植物有关；"一"为指事符号。"一"在"木"下，指明树根的位置所在。"一"为地平面，上为树身，下为树根，是树身与树根的基本分界。"本"为草木的根或靠根的茎干。《说文·木部》："本，木下曰本。"引申为根本、本源、本来及事物的根基或主体等。

根是树木的"本"，是树木吸收养料与水分的主要器官。它的下部深入大地，上部紧连树干，把吸收来的养分源源不断地输送到枝干和树叶。《国语·晋语》："伐木不自其本，必复生。"砍伐树木不从它的根伐起，到来年的春天必会复活。

木"本"为"根"，二者经常合为一个词"根本"，指抽象意义上的事物的根基或主体，是事物的根源、最重要的部分。《礼记·大学》："物有本末，事有始终。""本""末"相对，"末"即树梢，引申为事物的末端。树木都有根和梢，事物都有开始与结束。所以我们为了把事情的来龙去脉搞清，就要"溯本求源"。任何事物都有其内在的规律，也就是它的"本"。世事纷繁复杂，我们要善于透过现象看本质。处理问题时要抓住事物的根本，顺藤摸瓜，这样问题才能迎刃而解。如果做事不分主次，舍本逐末或本末倒置，就会浪费大量的人力物力，导致工作效率低下。

中国是农业大国，自古以来农业都被视为国家的根本大业，过去一直有重农抑商的政策，这种做法也被称为"崇本抑末"，因此"本"在古代有时专指农业生产。汉代贾谊《论积贮疏》："今驱民而归之农，皆著于本。"就是现在，我们也常说无农不稳，这是在强调农业的重要性，农业是社会经济发展的根本依托。

"本"由根本、根基义引申指本来、原来、原本。曹丕当了皇帝后，因嫉妒弟弟曹植的才华，又记恨弟弟与自己争帝的旧事，想借故将其除掉，于是命他在七步之内以"兄弟"为题作一首诗，否则必死。曹植于是写出著名的《七步诗》："煮豆燃豆萁，豆在釜中泣。本是同根生，相煎何太急。"手足本来同根，为何相逼甚急？《七步诗》千古绝唱，声声泣血，最终把冷酷的兄长感动，曹植得以保全性命。

"本来无一物"是中国佛教史上的禅悟经典。禅宗第六祖慧能虽不识字，但对于佛经颇有领悟，先从智远禅师学禅，又到黄梅东禅寺从弘忍受学。相传弘忍有一天要考验大众禅解的浅深，准备付以衣钵，命各人作偈呈验，神秀为众中上座，即作一偈云："身是菩提树，心如明镜台。时时勤拂拭，莫使惹尘埃。"慧能改作一偈，请人写在壁上，偈云："菩提本无树，明镜亦非台。本来无一物，何处惹尘埃！"弘忍见了，即于夜间召慧能试以禅学造诣，慧能表达他对心性本原的理解云："何期自性，本自清静；何期自性，本不生灭；何期自性，本自具足；何期自性，本无动摇；何期自性，能生万法。"弘忍就将衣钵传给了慧能。

有"本"就有依凭和参照，说话做事就不会无的放矢，古时官员呈给皇帝的文书、奏折叫作"奏章"，又叫"本奏"、"本章"，也就是陈述事件时的依据。明堂之上，讨论国家大事，事先必然要进行充分的准备，讲话也要有条有理，不能无凭无据地乱讲一通。在参照、依据的意义上，还有剧本、脚本、话本等词。表演戏剧、拍摄电影要有剧本或脚本；话本是古时说书艺人讲故事的底本。"本"还可用于组成介词结构——"本着"，用以介绍出动作、行为的凭借或依据，例如："我们要本着公平公正的原则来处理这件事。"

草木萌发于"本"，"本"有母、本之意，继而引申为商业经营活动中的本钱。商业用语中，"本"与"子"相对，"本"是本钱，"子"是利息。唐代韩愈《柳子厚墓志铭》："其俗以男女质钱，约不后时赎，子本相侔，则没为奴婢。"讲的是古代风俗习惯，用儿女做抵押向人借钱，约定假使不按时赎回，只要利息和本钱相等，就把人质没收充当奴仆或者婢女。"资本"是经营工商业的本钱，现也引申指人或事的有利条件，但都是没离开有助发展的意义。

哲学范畴中有"本我"、"自我"、"超我"的划分。本我、自我和超我是弗洛伊德对于人格结构进行分析时所提出的概念。本我是本能冲动的根源，指原始的、非人化的而完全无意识的精神层面而言。它按照快乐原则行事，急切地寻找发泄口，一味追求满足。自我处于本我和超我之间，代表理性和机智，具有防卫和中介职能，它按照现实原则来行事，充当仲裁者，监督本我的动静，给予适当满足。本我是马，自我是马车夫。马是驱动力，马车夫给马指方向。自我要驾驭本我，但马可能不听话，二者就会僵持不下，直到一方屈服。所以弗洛伊德说："本我过去在哪里，自我即应在哪里。"超我代表良心、社会准则和自我理想，是人格的高层领导，它按照至善原则行事，指导自我，限制本我，就像一位严厉的家长。只有三个"我"和睦相处，保持平衡，人才会健康发展；而如果三者的冲突持续得久了，或者冲突得比较严重，就会导致神经症的产生。

"本"可以用来指自己或自己方面的。比如我们在进行社会交往时会把自己称作"本人"，故乡称作"本里"，同宗的亲戚则称"本家"。戏曲作品中，古代官员对人往往自称"本官"；如果我们出差到外地，和当地人攀谈时，对方通常会首先问你是不是"本地人"，然后不无骄傲地告诉你，他生于"本土"，长于"本土"。这里的"本"带有和其他相区别的意思，也常带有浓厚的感情色彩，"本乡"、"本土"、"本家"、"本族"，这些字眼都让人感到亲切，都让人油然而生归属感。可见，在人的心灵深处，都有对个体本源的深深眷恋。

水有"源"，木有"本"，没有"源"与"本"就不会有江河澎湃和大树参天。人的成长和发展也一样，亲朋师友的关心、帮助、鼓励、支持就是我们的"源"和"本"，"树高千丈也忘不了根"，人也切不可"忘本"，不可忘记个人立足的国家、社会、家庭。何为人之本？大而言之，人属于国家，属于民族，属于不同的阶层，这些是"本"；小而言之，人属于血统，属于家族，属于家庭，这些也是"本"，都是不能忘、不可丢的。

忘本的人是可怕的，连自己的根都能弃之不顾，还有什么是他不能抛弃的呢？他们鄙视养育自己的家人、故乡，其实正是鄙视自己，只是他们意识不到罢了。这种人也是可悲的，他们主动舍弃了自己的根，舍弃了自己的亲人，孤零零地飘荡在世上，那就成了无源之水、无本之木，也就失去了个人发展的力量源泉和精神支撑。

价格

有些商品的价值不是用价格来衡量的。

价 【價】

jià

价 小篆

"价"，繁体为"價"。形声字，从人，贾声。

"價"从人，意为价由人定，价以人为前提；"贾"（gǔ）的本义为买、卖。"人""贾"为"價"表明：商业买卖既需要人介入，也需要人调解。

简体"价"从人，从介："介"为介于、介入、媒介。有人、有货、有钱不成买卖，还需要"价"的介入，买卖成交是以价格为媒介的。价太高则买主介意，价太低则卖主介意，价格介于买与卖两者都能接受的范围之间才能成交。交易中，卖主向买主介绍商品的同时还要介绍价格。

"价"的本义为价格、价值。《管子·轻重》："国贫而用不足，请以平价取之。"国家贫困而用度不足，就用公平的价格来购买吧。龚自珍在《病梅馆记》中痛斥江浙一带养梅人时说："斫其正，养其旁条；删其密，夭其幼枝；锄其直，遏其生气。以求重价，而江浙之梅多病。"文中的"以求重价"意为求得一个好的价钱。《红楼梦》里贾雨村在中秋之夜吟有一联："玉在匣中求善价，钗于奁内待时飞。"揭示了贾雨村想有朝一日飞黄腾达、把自己卖个好价钱的心声。

提及价格，自然离不开货币、钱款，所以"价"又延伸为费用、钱款之意。《水浒传》："倘蒙不外，赍价前来，以一报答，并无虚谬。""赍价前来"意为拿着钱款前来。人的品质、修为也有价钱，当"价"被用来形容人的时候，有声誉、名誉的意思。杜牧《史将军二首》："百战百胜价，河南河北闻。"其中的"价"就是声誉之意。"价"还可以用来表示财富。如古语有"易求无价宝，难得有情郎"。

自古以来，人就没有终止过对于自身价值的反思。《论语·子罕》："沽之哉！沽之哉！吾待贾者也。"虽然"待价而沽"后被用来比喻等待好的价钱来出卖，似乎是一个贬义词，但孔子当时的心愿却是要寻找一个实现自我价值的平台。我国古人最崇尚的是心系苍生、践行社稷的价值观。

个人应以国家、民族、民众为念，这是人生最有意义、最为理想的价值。因此屈原以"长太息以掩涕兮，哀民生之多艰"抒发心系苍生的人生价值观；范仲淹以"先天下之忧而忧，后天下之乐而乐"崇尚关注社稷的人生价值观；文天祥以"人生自古谁无死，留取丹心照汗青"提倡忠于民族的人生价值观。总之，人生价值的实现程度，要以他对国家和民族所作出的贡献来衡量。

商品的价格首先和它的价值有关。经济学认为，价值是物品的内在属性，而价格是价值的货币表现；价格围绕价值上下波动，但不会长时期偏离价值太多，这就是价值规律。价值规律决定商品价格必须合理，不能随心所欲，漫天要价，否则就会门前冷落，无人问津。商品价格也和市场需求密切相关，我们在超市里买一杯水，也许只要几元钱，而把它放到浩瀚的沙漠中，这杯水的价格就要上涨百倍。所以制定商品价格也要根据市场的需求情况而定。但是，不是所有的东西都能当商品买卖，可贵的品质、真挚的情感、高尚的精神都是金钱无法换取，价格不能衡量的。

无论是"价"还是"值"，字中都有"人"，"物有价而人情无价"——祖先在造字的时候就已经把这个道理告诉我们了。

格 gé

甲骨文　　金文　　小篆

"格"，形声字，从木，各声。

"格"从"木"，表明与树木有关；"各"表示各自、每个之意。"木""各"为"格"，即树枝向四面八方伸展，有各自的生长方向，同时又交叉纵横。"格"的本义指树木的长枝条。《说文·木部》:"格,木长貌。"

"各"是各个不同,各有各的特点,意寓有所区别、差异。"木""各"相合,表示用木加以区分,是木与木相隔离。"格"有栅栏之意。栅栏的作用是为了区分里外,故从"各"。栅栏是木枝相互交错而成,枝条与枝条间有间隙,因此,"格"可引申为间隙、空格。栅栏的编制要按照一定的标准,所以,"格"引申为法式、标准、规格。一个人言语行为符合正常的法度,是他品德高尚的表现,"格"还为品格、格调。

杜甫《潼关吏》:"连云列战格,飞鸟不能逾。"其中的"战格"指的就是作战时防御用的栅栏。"格"引申为间隙、空格。《梦溪笔谈·活板》:"窗格上有火燃处。"古代的窗户一般用木料制成格子状,然后在空白的地方贴上窗棂纸。小学生最初习字的时候,总要在印有格子的本子上面写,以保证字体的工整。

"格"引申为法式、标准、规格。《礼记·缁衣》:"言有物而行有格也。"意思是言语中要有实质性的东西,行为要遵循法度标准。这是一个君子应该具有的品德。清代龚自珍《己亥杂诗》:"我劝天公重抖擞,不拘一格降人才。"意思是劝告天公重新振作起来,不被法度所拘束降生更多的人才。"自成一格"指形成自己独特的风格。清代赵翼《瓯北诗话·白香山诗》:"香山于古诗律诗中,又多创体,自成一格。""破格提拔"指不遵常规地选拔提升。"三等九格"指等级和类别多,有种种差别。《汉书·古今人表》将人分为上上、上中、上下、中上、中中、中下、下上、下中、下下九种。"三等九格"之说本此。"格律"指诗、赋、词、曲等关于字数、句数、对偶、平仄、押韵等方面的格式和规则。"格言"指的是含有教育意义,可为准则的文句。

"五格"指的是姓名学中天格、地格、人格、总格、外格。五格剖象法是目前较有影响的一种取名法。所谓五格剖象法,就是根据《易经》的象数理论,依据姓名的笔画数和一定的规律建立起的五格数理关系,并运用阴阳五行相生相克的道理,推算人生各方面运势的一种简易方法。"功过格"是道士自记善恶功过的一种簿册。善言善行为"功",记"功格";恶言恶行为"过",记"过格"。《太微仙君功过格·序》:"修真之士,明书日月，自记功过，一月一小比，一年一大比，自知功过多寡。"

"格"引申为品格、格调。"人格"指的就是人的道德品质。"别具一格"是另有一种风格的意思。"格量"指品格气量。"格韵"指格调气韵。"格业"指品格功业。

"格"的本义表示树枝纵横抵触。人与人在搏斗的时候，肢体就要进行抵触，由此"格"引申为击打、格斗。《后汉书·刘盆子传》："皆可格杀。"意思是都可以格斗击杀。成语"格杀勿论"指对顽抗拒捕或罪大恶极的犯人，按刑律规定，击杀致死不论及执行者的罪行。

"格"还有推究的意思。《礼记·大学》："致知在格物，物格而后知至。""格致"是"格物致知"的略语，也就是考察事物的原理法则而总结为理性知识。

钱财

老板会装穷，员工会装乖。

钱 【錢】
qián

錢 小篆

"钱"，繁体为"錢"。形声字，从金，戔声。

"金"，即金属，"戔"为双"戈"。"钱"原指一种用金属制作的农具，即铁铲。在货币出现之前，人们曾以农具作为交易媒介，后来铸造货币又仿其形，因此引申指货币钱财，也称为"钱"。

"錢"由"金""戔"组成。"金"特指贵重的金属——金子。"戔"的本义为小、少。可理解为哪怕是一点点金子也十分珍贵、值得珍惜。

"錢"从金，从双"戈"。"金"为金属，"戈"为兵器，在这里引申为用双手持铸钱的工具。"金"与双"戈"组成"錢"，意为钱是用金属铸成的，也可理解为通过自己的双手劳动而得到钱。

周武王灭商后，商朝遗民流落四处，以贩卖货物为生，被人称为商人。因商都地近东海，取贝、龟作为交易凭证，贝壳、龟壳便成了我国最早的钱币。"古者货贝而宝龟"（《说文解字》徐锴注）说的就是这一史实。前面所提及的上古时代以农具"钱"作为交易的凭信，应早于此，但当时并不是严格意义上的货币，商业尚属比较简单的以物易物式的交易。再后来，传说周太公立九府圜法，用"货泉"（亦称泉货）为钱币。由《周礼·外府》注可知，货泉寸许方圆，重有5铢（24铢为1两，古制），一面纹"货"字，一面纹"泉"字。而《汉书·食货志》中却说货泉是"黄金方寸，重一斤（古制1斤为16两）"，两种说法重量相差悬殊。或者《汉书》所言货泉为黄金所制，较重，而《周礼》所言为其他金属所制，较轻，亦未可知。至于名为"泉"，有两种说法：一说因"言货之如流泉也"(《史记索隐》)，即货物流通如畅流不绝的泉水；二为《国语·周语》注："钱者，金币之名，古曰泉，后转曰钱。"古代把金币称为"泉"，后因音误而转为"钱"。这与钱从农具来的说法相对，可存一说。

　　春秋战国时，各国衡制不一，钱币形制纷纭，层出不穷。"钱"作铁铲解时，"钱"为铲币，是赵、魏、韩等国流通的货币，也曾是齐国流通最广的货币。秦始皇灭六国后，废除一切与秦制不合的钱，全国统一使用方孔圆钱。这种钱的形状一如其名，外圆而中有方孔，用时以线贯穿成串，方便携带。汉武帝时，确立了"铜钱重五铢"的制度，但仍沿习方孔圆钱的形制。方孔圆钱遂成为后世两千余年的主要货币形，被人戏称为"孔方兄"。方孔圆钱多用铜铸，后世通称为"铜钱"。宋代交子等纸钞出现后，钱专指金属所制货币，而钞专指皮纸所制货币。如今"钱"、"钞"之别渐不分明。"钱"指一切货币，更可泛指一切资财。

　　铜钱是古代流通最久的货币。一钱为一文，一千文串为一贯，亦称一吊，约合银一两，各朝各代都有出入。其形之圆，表示钱的作用很大，是人们生活以至生产中不可或缺的东西。买官、买名、买言、买命、买鬼神、买人心，无所不能；而形中之方，则提醒使钱之人应正确对待钱、使用钱，有板有眼，方方正正，心无挂碍。否则，或嗜钱如命成为守财奴，或见钱眼开成为势利小人，或挥霍无度成为败家子。此时，钱中之方孔便是套在人身上的枷锁，最终使之成为钱的奴隶。外圆内方亦有表面圆通之意：商人要圆通，如此生意可通四海、货物可通天下；而普通人也应该在钱的问题上既圆且通，不可为利伤了和气，使钱真正成为通人之物。

　　"錢"从双"戈"，双戈交锋，会意战事纷繁、争夺不休。不论古代还是当今，两国开仗，多是为了掠取到更多的"金"。钱是引起战争的根源。从最初的抢掠牲口、奴隶到后来的占有土地、金银珠宝，再到现在的资源争夺等，都因钱而起。另外，打仗要耗费大量的钱财，故要有许多的"金"作"戈"的后盾才能打仗。

　　"錢"中之"戔"是"残"的省字，金钱本身并无是非善恶，但人类获得金钱的行为，却往往是残酷的。钱可以使朋友失和、兄弟成仇、夫妻反目、父子成仇，让人迷失本性。钱多是祸，钱少是灾。有钱的人财大气粗，为富不仁者数不胜数；没钱的人铤而走险，搭上性命者比比皆是。

钱最残酷的地方在于，它有时会使富人更富，富得只剩金钱，没有良知；会使穷人更穷，穷得失去骨气，湮没自尊。

《孟子·滕文公下》："富贵不能淫，贫贱不能移，威武不能屈，此之谓大丈夫。"钱多而意不贪，钱少而志不屈，这才是对待金钱的正确态度。罗大经《鹤林玉露》载：宋朝时，张乖崖为崇阳县令。一天，一个管仓库的小吏从库中出来，张看到他头巾下有一钱，问后得知是仓库里的钱。张命人将其杖责，库吏不服气，说："一钱何足道，乃杖我耶？尔能杖我，不能斩我也！"张于是援笔书写判辞："一日一钱，千日千钱；绳锯木断，水滴石穿。"随即提剑斩之。库吏认为偷一钱与偷万金轻重不同，故诘问县令。且不说县令判决是否恰当，"一日一钱，千日千钱"的洞见的确发人深省。"君子爱财，取之有道。""戋"为双"戈"：一"戈"暗指要解剖自己，不断学习各种知识充实自我，修炼和提高自身的素养；另一"戈"表明，要识别他人，分清形势，看准目标。这是创造财富不可或缺的条件。

"錢"有双"戈"，既可护卫自己，亦可伤害自己。人生在世，无处不用钱。无钱寸步难行——没有钱买不到种子化肥，不能种田；没有钱买不到粮食，不能糊口；没有钱买不到房子，没有住处；没有钱买不到衣服，不能御寒；没有钱买不到车票，不能出行；没有钱买不到书本，不能上学；没有钱无法经商，不能谋生。这一切似乎都依赖一个"钱"字。钱成了活命的根本，这一"戈"便是护卫自身。而如果为了钱，不惜通敌卖国，杀人越货，这一"戈"也会断送掉人的前途和性命。

财

【财】

cái

財

小篆

"财"，繁体为"財"。形声字，从贝，才声。

"贝"表示钱物；"才"为"材"的省字，表示材料，意指物资。《说文·贝部》："财，人所宝也。""财"是人们最宝贵的东西。《广雅》："财，货也。""财"的本义为物资和货币的总称，如财源、财产、财富、资财、理财、发财等。

"财"由"贝"、"才"组成。"贝"是物质财富的象征；"才"又为能力、本事，如人才、天才、才干、才能等。"贝"在"才"先，表示人才的培养需要基本的物质条件，没有物质做基础，既无法培养、引进、留住人才，也无法让人才充分发挥才智、才干、才能。"才"在"贝"后，表示人才是钱财的创造者、拥有者、使用者。有了人才，才能产生财富。"财"字涵盖了物质财富与精神财富之间的辩证关系："贝"养"才"，"才"生"贝"。无才之贝为死财，日日少；有才之贝为活财，日日生。

在古代，"财"字的义项含义非常丰富。首先，"财"通"材"，为材料。《墨子·尚贤下》："有一牛羊之财不能杀，必索良宰。"这里把牛羊说成是"良宰"（擅长宰杀牲畜的人）所要宰杀的材料。其次，"财"通"裁"，有剪裁、制裁、裁断之意。《管子·揆度》："民重则君轻，民轻则君重，此乃财余以满不足之数也。"其意为国家如果实行利于百姓的政策，君王得到的利益就少，实行有利于君王的政策，百姓获得的利益就少，这就是裁抑有余而补贴不足的道理。

由于受中国几千年农业社会生产方式的影响，在古代，"财"字的伦理色彩尤为明显，与"财"字相关的道德伦理观念俯拾皆是。如古语"君子爱财，取之有道"。这个"道"就是要通过自身才能或使用人才取得"财"中之"贝"。每个人都应该用正常的、健康的、积极的心理来对待"财"，不仅取财有道，爱财亦有道。"人为财死，鸟为食亡"的成语故事也很耐人寻味：一个人骑着凤凰到一个宝岛上去装金子，但必须在日出之前赶回来。这人见岛上遍地黄金，就不停地捡。他不听凤凰的劝告，最后被晒死在小岛上。妻子明白发生了什么事情，她请求凤凰把丈夫的尸体驮回来。凤凰回到小岛上，此人已被晒焦了，散发着肉香。凤凰忘记了使命，停下来吃那人的肉，结果也被晒焦。人和鸟都因贪心而丢了性命。

在现代社会中，"财"字的经济学意味愈加浓重，其主要义项仍是指财富，但外延更加广泛。不仅金钱是"财"，智慧、经验、知识、人际关系、朋友、亲情也都是"财"，且后者的获得更需要刻苦顽强的精神、自强不息的毅力和对朋友与亲情的真诚和热爱。

物质财富是生存的条件，精神财富才是生存的价值。疯狂追求物质财富的人，最终会被贪婪所吞噬。

富有

有钱或许会得到自由，太多的钱又会成为枷锁。

富 fù

金文 小篆

"富"，形声字，从宀，畐声。

"宀"是汉字部首之一，"富"从"宀"表示与房屋、宫室和家庭有关；"畐"的本义为满。"富"是家中财产丰盈，人丁兴旺，和谐美满。《玉篇·宀部》："富，丰于财。"本义为财产多、富裕，与"贫"、"穷"相对。

"畐"由"一"、"口"、"田"组成："一"表示一口人或一户人家；"口"为进食的器官，此处表示有饱腹之食；"田"代表田地、土地，是人们赖以生存的基础。"宀"、"一"、"口"、"田"为"富"，意为家中每一个人有饭吃，有田种，即有家有业，衣食无忧，安居稳定，此为富有、富裕。"家（宀）"中"一"、"口"，既可视为人口少，花销少，又可理解为出口少，也就是盈利多，支出少。这两点都是致富的原因。

财物、财富大量聚积、积累为"富"，故"富"引申为财物、财富。《礼记·大学》："富润屋，德润身。"钱财用于改善住所，道德用于修养人性。人生在世，衣食住行，处处离不开财物。人们追求富裕、富有本是天经地义。但财富的多与少本是相对而言的，它取决于个人的价值追求和生活态度。百万富翁会感到财富不足，绞尽脑汁想赚得更多；而孔子的学生颜回只要一箪食、一瓢饮就能过得潇洒快乐，因为他追求的不是物质富足，而是精神富有。"富"可做动词，有使富裕之意。《论语·子路》："冉有曰：'既庶矣，又何加焉？'曰：'富之。'"这里的"富之"意为使之衣食丰足。陆游《三江舟中大醉作》："志欲富天下，一身常苦饥。"立志要使天下富起来，可自己却常常忍受饥饿的痛苦。是立志使自己富足还是使国家富足，其差别就在于是追求物质的富足还是精神的富足。

"富"由本义财产多又引申为多的、丰盛的，指在某一方面懂得很多，或拥有的实物很多。《镜花缘》："且喜家中书籍最富。"很高兴家中存有很多的书籍。"学富五车"形容读的书多；"丰富多彩"则指花样繁多；"年富力强"是说正值当年，精力旺盛。

古人对贫富、贵贱有很深刻的认识："宁可清贫，不可浊富"讲的是富贵和道德的关系；"贫居闹市无人问，富在深山有远亲"说的是人情与贫富总是相连的；"世人处富如贫，君子处贫如富"说明了人的修养不同对贫富的态度也不同；"富在知足，贵在求退"则告诫人们在物质财富面前要知道满足，不要贪得无厌。古人说得好："君子爱财，取之有道。"渴望日子过得衣食无忧，富有发达，乃是人之常情。但是致富要通过合法手段和正当途径。坑蒙拐骗或贪污受贿得来的不义之财，放着像定时炸弹，用着愧对良心。这样的财富不是个人能力和价值的体现，反而是人格扭曲和败坏的证据。

有 yǒu yòu

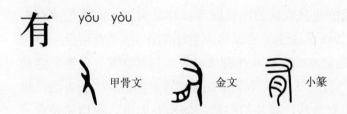

甲骨文　金文　小篆

"有"，会意字，从又，从肉。

"有"的甲骨文疑为"牛"字的变形。牛是人类最初财富的象征，故以畜养牛表示拥有之意，与"无"相对。金文与今字形均从又，从肉。"又"的甲骨文是手的象形，"肉"指供食用的动物肉。因为先民分工合作，强壮者狩猎，老弱者捕鱼，捕获物要平均分配给每个人，故以"手"中持"月（肉）"会意"有"的意思。《说文·有部》："有，不宜有也。"段玉裁注："谓本是不当有而有之称，引伸遂为凡有之称。"后引申泛指拥有的行为。

"有"可视为是"手"中有"肉"，故还包含了丰收之意。"有秋"指有收获。《诗·小雅·甫田》中有："我取其陈，食我农人。自古有年，今适南亩。"其中的"有年"即指丰年。

"有"由"拥有"之意引申为具有、专有、占有、据有、所有等。"有"可指有实物，小到有日常用品，大到有田产、有房、有车、有家有国。人要生存就要有物质生活资料，但只有物质远远不够，精神上的拥有也许更为重要。"有志"是说一个人有远大的理想；"有为"是有所作为，不是碌碌之辈；"有恒"指做事有恒心，坚持不懈；"有心"指能够注意被人忽略过去的事物。一个人如果做事有志、有心、有恒，就会有所作为，就会学业有成，事业有成。

"有嘴无心"比喻有啥说啥，并无用心，或指只是嘴上说说，无意真正实行。"有命无运"指命好，运气却不好。"有尺水行尺船"指量力而行。"有门槛人家"指有声望、有地位的人家、官宦之家。"有的放矢"指有靶子才射箭，比喻说话、做事都有明确的目的。"有情有义"指人重感情，有情谊。唐代李贺《金铜仙人辞汉歌》："天若有情天亦老。"意思是老天具有感情的话，也会变老。人非草木，谁能无情，人人有情重义，社会才充满温暖和爱意。

"有"还是佛教用语。"有漏"指含有烦恼的事物，一切世间的事体，都是"有漏法"。凡是能脱离烦恼的出世间事体称之为"无漏法"。"有相业"指信有净土而念佛，求往生，佛家称为有相的作业。"有顶天"指色界的第四处，本名是色究竟天，以其在有形世界（包括欲界、色界）之最上，故名"有顶天"。"有为法"指因缘所生的世间事物，与"无为法"相对。《金刚经》："一切有为法，如梦幻泡影，如露亦如电，应作如是观。"佛教中还有所谓"七有"。《长阿含十报法经》："因果不亡曰有。"由身口意所作善恶之因，能招六趣生死之果，因果相续，故名七有。

虚实相生，有无相对，"有"还是哲学用语，指最普遍的存在。《老子》："天下万物生于有，有生于无。"我们常说的"色即是空"，其实就蕴涵了"有"与"无"的哲学思维。有是相对于无而言的，有与无还可以相互转化，拥有的不懂善视和珍惜会失去，成为无；没有的，从点滴积累，集腋成裘，聚沙成塔，会从无到有。要想拥有丰富的人生，就要在生活中有所努力，要有所付出，用辛勤的汗水浇灌成功的硕果。要想有高尚的人格，就要有追求，有操守，有所为，有所不为，不随俗流转。

资金

未经过研究的投资，就像走路不看路标一样，注定失败。

资 【資】
zi

小篆

"资"，繁体为"資"。形声字，从贝，次声。

《说文·贝部》："资，货也。"本义为货物。"次"为次序，表示有一定的顺序，如第二、居其次；也为量词，相当于"回"，表示一次次，有反复不断之意。"贝"为贝壳，曾是古代的货币，"资"从贝，表示与钱财有关。"次""贝"为"资"，表明"资"仅次于钱财，能够创造价值，从而转化成钱财。如矿产、水利、人才等"资源"；学识、经验、阅历等"资历"；财产、学历、年龄等"资本"；修养、智慧、才能等"资质"；不同的领域所需要的"资讯"、"资料"；处理事情、做好工作必需的"物资"等，虽然这些都不是真正意义上的钱财，但却可以通过正确合理地运用而转化为资财。"资"要转化为钱财，必须按照一定的程序、步骤去实现。

"资"的本义为财货。《易·旅》："旅即次，怀其资，得童仆。""旅卦"以"行旅"设喻指示人如何面对吉凶祸福。上文所引为六二爻辞，言旅人在外，住宿有房舍，怀藏有钱货，随身有童仆，是无灾之象，应当守持正固，不以先前的吉凶为虑，亦不以后来的吉凶为念，当矜守其间。谭嗣同《仁学》："赋税之取于民，所以为办民事之资也。"说的是取之于民而用之于民的意思，其中的"资"即钱物。

"资"有积蓄之意。段玉裁《说文解字注》："资者，积也。"《国语·越语》："贾人夏则资皮，冬则资絺，旱则资舟，水则资车，以待乏也。"是说商贩在夏天收集毛皮，冬天收集细葛布衣，干旱时积聚舟船，水涝时积聚车辆，等到适应的季节或时机到来时应对短缺，获得厚利。"次"又为"佽"的省字，意为帮助。"佽"省与"贝"合为"资"，表示用钱物帮助他人，"资"则为资助之意。《篇海类编》："资，给也。"是给予、供给的意思。《汉书·项籍传》："愿大王资馀兵，使击常山。"陈馀向齐王说：愿大王给我兵马，去打常山。《集韵》："资，助也。""资"为周济、帮助。《韩非子·内储说下》："资其轻者，辅其弱者。"是帮助敌国权势轻微的臣子，辅助敌国势力弱小的团体的意思。

物资的"资"是货物、钱财，精神的"资"是才气、性情，所以"资"又为禀赋。魏源《默觚·治篇》："绝世之资，必不如专门之夙习也。"拥有超乎常人的资质，也不如专攻一门经常习练。王安石的《伤仲永》就写了一个年仅四岁便能妙笔题诗的神童方仲永，却因其父"不使学"而最终"泯然众人"的故事。

"资"作为财富，泛指一切有形或无形的有价值的东西，如有形的资料和无形的资历。

在资讯时代里，人们经常要面对各种各样繁杂的讯息，如果能够用学识、智慧和经验对其加以分析、判断和利用，也许就可以转换成巨大的财富。资源是天然的财源，是一国或一定地区内拥有的物力、财力、人力等物资要素的总称。这些资源分为自然资源和社会资源两大类：前者如阳光、空气、水、土地、森林、草原、动物、矿藏等；后者包括人力资源、信息资源等。随着世界人口和经济的不断增长，人类对资源的需求日益扩大，自然资源已经逐渐呈现出相对紧缺的局面，即人们常说的"资源危机"。资源紧缺已经成为经济增长的一个限制因素。只有不断提高人类的资源保护意识，利用科学技术保护和节约资源，提高资源利用率，并寻求相应的代用品，才能逐步改变资源不足的局面，促进人与环境协调发展。

金

jīn

金文　 小篆

"金"，会意字，从亼，从土，从丷。

"亼"，"三合也，从人、一。"（《说文·亼部》）小篆本义为三合的器盖，引申为聚合，聚集；"土"为大地、土石；"丷"在土中，象征土中所藏矿物。"金"是由土中矿物提炼出来的金属，因同类矿物总是大量汇集于一处，故从"亼"。"金"又为"亼"、"王"、"丷"的合写："亼"为聚集；"王"为大王；"丷"为大王腰间之物。贵重之物藏于大王腰间为"金"。"金"为黄金。

《说文·金部》："金，五色金也。黄为之长，久埋不生衣，百炼不轻，从革不违，生于土，从土。"古以金为黄金，银为白金，铅为青金，铜为赤金，铁为黑金，故云"五色金也"。

"金"为黄色，"黄为之长"，所以金为五金之首。金生于土，故以"土"左右的两点表示土中有"金"。"金"也是化学元素名，是一种延展性非常好的黄色三价或一价金属元素，大多数化学品对它不起作用。金长期埋于地下而不生锈，多次锻炼而不减轻分量。由于金的这种稳定性，人们常用它来比喻坚固、攻不破或者无懈可击，如"固若金汤"形容工事无比坚固；"金科玉律"比喻不可更改、必须遵守的信条。而坚不可摧的友情就叫作"金兰契"。

在日常生活中，金被广泛应用，如金币、首饰等。在科技、国防、航天等领域，金的用途更是其他金属不可替代的。"金"可泛指金属。所谓"五金"，就是泛指各类金属。

《易·系辞上》："二人同心，其利断金；同心之言，其臭如兰。"两个人同心协力，能发挥出巨大的能量，甚至能够摧毁坚硬的金属。刀、剑等兵器多以金属锻造，故"金"可以专指刀、剑、箭等兵器。《荀子·劝学》："金就砺则利。"兵器在磨刀石上磨过就会变得锋利。《荀子·议兵》："闻鼓声而进，闻金声而退。"古时作战，敲锣让士兵停止战斗退回军营叫做"鸣金收兵"。锣为金属所造，故为"鸣金"。

古代女子钗、镯一类的妆饰品常用贵重金属制成，因此也称为"金"。白居易在《长恨歌》中吟咏杨贵妃"云鬓花颜金步摇"。"金步摇"是一种头钗。司马光在《训俭示康》中教育自己的子女不要追求"金银华美之服"，"金银"指的就是首饰。成语"六朝金粉"常用以形容繁华绮丽的景象，其中的"金粉"就是指旧时妇女妆饰用的铅粉。

古人认为世界万物由金、木、水、火、土五种物质相互作用而生成，这五种物质称为五行。五行中金主刑杀，这是因为金属制品多与兵器、战事、刑具相关。金又属西方，代表秋天，人和万物会因战事、刑事的影响而衰败、伤残，这与秋天之万物凋零很相似。欧阳修在《秋声赋》中这样描述秋风："其触于物也，鏦鏦铮铮，金铁皆鸣；又如赴敌之兵，衔枚疾走，不闻号令，但闻人马之行声。"句中把秋风的声音描绘得如同金铁相击之声，又如军兵疾走之声。又颇合五行之象：金克木，因为金属制的工具可以砍伐削制树木；土生金，因为"丷"生于"土"中；火克金，因为烈火可以锻炼金属；金生水，因为金属被火熔化后成为液体。从这些现象不难看出，自然界普遍存在着相互平衡、互相对立、相互矛盾的现象，与五行的阴阳之理相合。

黄金因稀少而珍贵无比，所以人们常以"金"来形容珍贵、美好、不可多得的事物。如科举考试中榜名单为"金榜"，守信不渝的诺言为"金诺"，友好的劝谕为"金玉良言"等。

"金"除了代表贵重的物品以外，其最大的用途是曾作为货币流通。作为凝结人类一般劳动的商品，黄金具备货币的所有属性，即本身具有价值、适合固定充当一般等价物。国家的资产储备即是以黄金储备为标准，即用黄金储量来衡量一个国家的资产储备总量。

此外，"金"也用做姓氏。

钞票

放债未必富有，欠债未必贫穷。

钞 【鈔】
chāo

鈔 小篆

　　"钞"，繁体为"鈔"。形声字，从金，少声。

　　"金"为金属；"少"为不多、稀少。金属因为稀少而珍贵，所以被作为货币进行流通，故"钞"为钱。在古代，货币曾长期以贵重金属的形式出现。随着经济的发展，商品流通更加频繁，原有的金属货币过于笨重，无法满足商业流通的需求，纸币便应运而生。纸币的优点是重量轻，体积小，携带方便，便于流通，弥补了金属货币的不足，故"金""少"为"钞"。后凡是纸币均称为"钞"，即钞票，如现钞、外钞等。

　　"钞"的本义为掠取、抢掠。"金"为金钱，因"金"少而掠取，因被掠而"金"少。《说文·金部》："鈔，叉取也。"把手指交错放于物体之间曰"叉"，极力张开五指，每一指间都塞满东西，极言钞者之贪婪。这个意义后写作"抄"。古代法律有"钞家"的惩罚，现在写为"抄家"，指对犯罪人的住所进行全面的搜查，不仅查出的犯罪证据要上交，而且家中一切财物都要充公。如清代大贪官和珅，其家产约折合 11 亿两白银，相当于清政府几年的国库总收入。和珅得势于乾隆皇帝在位之时。乾隆死后，嘉庆皇帝即位，很快就将和珅赐死抄家。因此民间流传有"和珅搬倒，嘉庆吃饱"的民谣。

　　"钞"又有抄写、誊写之意。由不劳而获的掠取、抢掠，引申为不动脑筋地抄写。过去也称文学作品等经过选录而成的集子为"钞"。如《北堂书钞》、《清稗类钞》等。这里的"钞"只是选录，没有新的创作，与抄写属同一性质。这个意义后来写作"抄"字。在古代，"钞"主要指钞票、纸钞，金属的货币则称为"钱"。

《明史·食货志》说："钞始于唐之飞钱，宋之交会，金之交钞。元代始终用钞，钱几废矣。"唐时的钞称为"飞钱"，宋时称为"交子"、"会子"，金时亦称为"交"，元朝从建国到国灭始终用的是纸钞，金属的钱几乎废止了。

元朝是中国古代纸币最为兴盛的时期。在当时，纸钞成为官方唯一认可的流通货币，完全取代了铜钱的地位，这在中国历史上还是前所未有的。然而，为了应付庞大的开销，朝廷不得不依靠滥印纸钞来支撑。无本虚钞的大肆泛滥使国家的信用彻底破产。加之此时印钞所用纸张质量低劣，纸钞用不了多久就糜烂粉碎，民间根本不愿使用，交易时只用铜钱或者以货易货，由此导致纸钞与各代铜钱兼行的流通混乱。最终，元代纸币在"丞相造假钞，舍人做强盗，贾鲁要开河，搅得天下闹"的民谣中，随着元朝的灭亡一起消失了。

明兴之初，仍沿用前代旧制，发行大明宝钞。明宝钞中的一贯钞，票面长1尺，宽6寸，是中国历史上最大的纸币。当时钱钞并用，使本朝制钱与前代旧钱通行。弘治以后，公私收付几乎全部改用银（小交易用钱），纸钞无形中被废止，中国古代的钞也至此寿终正寝。

当今，经济领域中已经形成了一整套科学的货币流通体制，相应的经济、金融理论也越来越成熟和完善。随着科技的发展，钞票的专用纸张和生产设备及各方面技术也越来越先进。纸币在社会日常生活中扮演着极其重要的角色。除了作为流通货币外，钞票还体现了一个民族的人文精神及科技实力，是国家的名片。

票　piào　piāo

 小篆

"票"，会意字，今从西，从示。

　　"西"的字形像印戳，钤于纸上作为凭信，亦指作为凭信的印迹；"示"为出示、表示、显示。古代以玉玺作为皇权的标志，以官印作为官府的凭证，以私印作为个人的凭信。皇帝发布的诏书要加盖玉玺，政府发布的公文、告示、榜文要加盖官印，私人书信往来要钤以私印图章，出示给旁人看时用以确定身份、辨别真伪。"西"为东西，泛指某些具体或抽象的事物——"票"上之"西"不单指玺、印、章，也可指一切可以作为凭信的防伪技术、手法等，如今日钞票之金属安全线、水印、凹版、凸版、荧光技术等。将这些东西有所选择地印钤于纸上，以此作为凭证而出示，即为"票"，"票"是作为凭证的纸片，读作"piào"。

　　"票"字有两层含义，一是有凭信在其上，是"西"；二是要出示给旁人看，是"示"。另外，传统文化中，五行（金、木、水、火、土）和五方（西、东、北、南、中）有着一一对应的关系。西为金，金为钱财、钞票，泛指贵重、珍贵的东西，故有钞票、银票、钱票等词。

　　"票"是双方或多方进行交易时的凭证。绑架者手中的人质便是其索要赎金的"票"，于是，绑架称为"绑票"，赎人质称为"赎票"，若绑架者将人质杀害则为"撕票"。

　　"票"是作为凭信的纸片。坐车要车票，看戏要门票，寄信要用邮票。邮票是邮政部门印刷发行的邮资凭证，方寸之间，彰显大千世界，具有艺术价值。重大事件、著名景点、主要人物等均是其重要的设计素材，具有纪念意义，被称为"国家名片"。

　　"票"又指钞票，是买卖货物的重要凭证，如毛票、角票指以毛为单位的钞票。后因经济的发展，出现代替钞票的支票，凭一纸票据与信义支取货币。古代有"票号"，亦称"票庄"或"汇兑庄"，可以说是银行的前身，因其多为山西人经营，故亦称"山西票号"。票号在各地设有分号，初期主要经营汇兑业务，后来存款、放款业务逐渐发展，其营业对象大都为达官贵人或一般商贾。清咸丰、同治、光绪年间，票号与朝廷关系密切，其营业非常兴盛。现代银行兴起以后，票号业务受到影响，辛亥革命后，大多数票号随清廷的覆灭而倒闭，个别维持到 20 世纪 20 年代，亦停业或改组为银行、钱庄，票号遂趋消亡。古代的当铺还开有当票，上面写明抵押品和抵押的钱数，到期凭之赎取抵押品。典当是一种以物换钱的融资方式，是古代金融业的组成部分。在中国，早在 1500 年前的南北朝时期就出现了典当业，当时叫"质库"。

如今，传统的票号、当铺已经被具有现代意义的现代金融机构——银行和典当行取代，但支票还在经济生活中发挥着作用。单位在同一票据交换区域支付各种款项，可以使用支票。支票因携带方便而受生意人的青睐。在现代经济生活中，除了支票以外，还有股票、发票、期票、汇票、彩票等，它们分别在证券、商业、期货、博彩等领域发挥着作用。

流通 商场的货物流通靠的是诚信和质量。

流 liú

金文 小篆

"流"，会意字，从水，从云，从川。

"水"是江河湖海的统称；"云"为云朵、云彩，在空中飘动、行走；"川"为水流、河川。《说文·水部》："流，水行也。""流"本义为水如云般行走。

"流"本义为水流动。唐代张志和《渔歌子》："西塞山前白鹭飞，桃花流水鳜鱼肥。"水之所以具有灵动性，就因为它的活动方式是"流"。东晋王羲之等人"曲水流觞"成为千古传诵的佳话。"曲水流觞"是古民俗，每年农历三月在弯曲的水流旁设酒杯，流到谁面前，谁就取下来喝，可以除去不吉利。"不塞不流，不止不行"比喻只有破除旧的、错误的东西，才能建立新的、正确的东西。唐代韩愈《原道》："然则如之何而可也？曰：不塞不流，不止不行，人其人，火其书，庐其居。""沧海横流"指海水四处奔流，比喻政治混乱，社会动荡。晋代袁宏《三国名臣序赞》："沧海横流，玉石同碎。"《晋书·王尼传》："沧海横流，处处不安也。"

"流"是水流动，也指随水漂流，借水之力移动，后来又可直接指移动、运行。"云散风流"指像风和云那样流动散开。比喻事物四散消失。三国魏王粲《赠蔡子笃》诗："风流云散，一别如雨。"宋代蒋捷《一剪梅·舟过吴江》："流光容易把人抛，红了樱桃，绿了芭蕉。"这里的"流"指时间的消逝。这种用法很普遍，如流光岁月、"似水流年"形容时间一去不复返。"流年"指光阴。明代汤显祖《牡丹亭·惊梦》："则为你如花美眷，似水流年，是答儿闲寻遍，在幽闺自怜。"

落花有意，流水无情。水虽然能载物，然其随性所喜，行踪不定。"流"又有漂没、移动不定的意思。"流浪"指生活没有着落，到处漂泊；"流民"指因受灾而流亡外地、生活没有着落的人。

"流"作名词，指河流。《庄子》："顺流而东行，至于北海。"清代张廷玉《明史》："通流入海。"《荀子·劝学》："不积小流。""本末源流"比喻事物的主次、始末、先后。"流"指从水源向下游流去的水。《荀子·富国》："故禹十年水，汤七年旱，而天下无菜色者，十年之后，年谷复熟，而陈积有余。是无它故焉，知本末源流之谓也。""流"也表示类别、派别，也可指事物的部分、分支。《汉书·艺文志》："道家者流，盖出于史官。"再如"社会名流"、"三教九流"、"流亚"、"流比"、"流伍"、"流序"等。文学艺术中也把各具特色的某一类作家艺术家以及他们的作品称为流，如现代"意识流"。三国时，魏按官员地位高低，分九品，历代相沿。隋以后，称一品至九品为流内，未入九品者称流外，吏部铨选亦有流内、流外之分。隋、唐流外铨亦称小选，流外升入流内称入流。"入流"也指紧跟时代，或列入流品，也指加入某个行列。

佛教称小乘四果的第一果为"入流"，谓初入圣人之流。《金刚经·一相无相分》："须陀洹，名为入流，而无所入，不入色声香味触法，是名须陀洹。"后多指紧跟时流，或列入流品。《南齐书·王僧虔传》："谢灵运书乃不论，遇其合时，亦得入流。"也指加入某个行列。"慧流"为佛教语，因智慧能洗却众生烦恼之垢染，而以流水为譬喻，故称慧流。又智慧如甘露水，能滋养众生成长菩提心；周遍一切众生无有止境，如泉水之出，无所间断，故称慧流。"法流"又作法水，比喻佛教正法之传承相续有如川河之流，后来指师资相承之法门、流派等系统。"等流"即同一流类之义。《俱舍论》卷二十一："无惭、悭、掉举，是贪之等流。"

"流"由流动引申为流播、流布、流传等意。积善积德，造福人民，就会流芳百世；作威作福，祸国殃民，则会遗臭万年。"流水不腐，户枢不蠹"意思是流动的水不会发臭，经常转动的门轴不会腐烂，比喻经常运动的东西不易受侵蚀。《吕氏春秋·尽数》："流水不腐，户枢不蝼，动也。"

"流"还可指听觉享受，如"话语流利"。"流畅"、"流美"形容文章承接得细致紧密，语言生动优美。

"流"由奔流之意引申指放纵、无节制。"风流"指放荡不羁，也形容风采特异，业绩突出。

古时把犯人放逐到边远地区也称为"流"。《国语·周语上》："乃流王于彘。""流"也可代指边远之地。

《诗·周南·关雎》："参差荇菜，左右流之。"此处"流"作动词，是采摘、择取之意。

通 tōng

德 甲骨文　德 金文　誦 小篆

"通"，形声字，从辵，甬声。

"辵"为汉字部首，意为行走、经过；"甬"为甬道，是院落中用砖石砌成的路或走廊、过道。在没有堵塞的过道里通行，穿过甬道可以进入房屋里面。《说文·辵部》："通，达也。"本义为没有堵塞，可以通过。"通"字强调没有障碍，畅通无阻，有通路、通过、通达之意。"甬"亦为倒挂的钟形，"辵""甬"为"通"，意为钟声在行走，表示敲钟发出的声响，传播四方。

"通"是没有阻碍，可以穿过，能够达到，如通风、通天、通行、贯通、四通八达。"通"是无所不达，无所不至，故而引申指懂得，彻底明了，如通晓、通彻、通今博古、通情达理；表示传达之意，如通令、通讯、通报、通告、通知；表示往来交接，如通敌、通商、通邮、通融；"通"是普遍、全之意，如通才、通论、通身、通读、通常。

道路只有贯通、顺畅，才能通达。故"通"有贯通、顺畅之意。"政通人和"指国家政事顺遂通达，百姓祥和安定，社会太平。"通"也与"穷"相对，多指前途广阔、有出路。如白居易《谕友》："穷通各问命，不系才不才。推此自豁豁，不必待安排。"道路畅通是人们信息沟通、商业往来的前提和基础。故"通"也有沟通、连接、交往之意。"通商"指建立或存在贸易关系；"通婚"指双方结成姻亲；"通衢"指四通八达的道路。如"九省通衢"是对武汉的美誉。

"通"由沟通、连接、交往引申为流通、通用。如"通货"指在社会经济活动中作为流通手段的货币。"通货膨胀"指国家货币和信用量的增加大大高于现有物资造成的纸币贬值、物价上涨的现象。有沟通就可以传达信息，于是"通"又有传达的意思。"通报"指上级机关把有关情况以书面形式通告下级机关；"通告"指公开通知的文告；"通牒"指一国通知另一国并要求答复的文书。

"通"还有通晓的意思，即对某一方面完全掌握和了解。"一窍不通"指完全不懂；"通于兵事"指精通兵事。"通"作名词时，指精通某一方面的人，如"中国通"指国外研究中国的专门学者或行家。"通"亦可指本领。"神通"本指神佛具有的神奇能力，后来泛指出奇的手段或本领。"八仙过海，各显神通"，源自民间传说，后比喻各自发挥各自的才能，共同努力把事情做好。

养生中的"通"指气血调和畅通。中医认为"痛则不通，通则不痛"。身体不适源自人体气血淤积不畅，阻碍正常活动而导致疼痛，而气血畅通则不会疼痛。气血处于平衡状态，能在周身和血管里毫无阻碍地流通循环，身体就没有痛苦。身体一旦某处不通，就会出现疼痛、麻木、没有知觉，甚至不能动弹等症状。

心理上同样也存在"痛则不通，通则不痛"的现象。心理上的痛，表现为生活中的种种矛盾和压力造成的心情烦躁、情绪紊乱、心理障碍、人格变态等精神症患。这些都是自我调控不良的表现。强化自我控制与调节，可以破除不良情绪心态与行为方式的禁锢、协调个人与环境的关系，从而获得心理的和谐。心理疾病严重时，也可以通过心理咨询进行治疗，缓解精神烦恼，矫正变态行为，疏通心理压力，化"痛"为"通"。此外，增强自信心也有助于心理之"通"。它能使人战胜恶劣心境，积极面对生活矛盾，调节自我与环境的不协调，以欢愉、乐观的态度对待人生。《易经》认为："穷则变，变则通，通则久。"通的途径是变，变的目的是通。推而广之，无论生理、心理、人生，还是政治、经济、文化，老路走不通时都须要变通，这是亘古不变的规律。

贷款

欺诈是向诚信贷款，治病是替身体付息。

贷 【貸】
dài

债 小篆

"贷"，繁体为"貸"。形声字，从贝，代声。

"代"为更迭、替代；"贝"为古代货币，借指钱财、货物。"代""贝"为"贷"，示意代替别人做钱财的主人，此为借入；或者让别人替代做钱财的主人，此为借出。"贷"即借出与借入。

《广雅·释诂》："贷，借也。""贷"为信贷、借贷、贷款等。借入或借出是"贷"的两种形式。针对行为人而言，借出一方为放贷，借入一方为借贷。《庄子·外物》："庄周家贫，故往贷粟于监河侯。"说庄周家中贫穷，于是到监河侯那里借粮食。王符《潜夫论·忠贵》："宁见朽贯千万而不忍赐人一钱；宁积粟腐仓而不忍贷人一斗。"揭露了为富不仁者宁可看着穿钱的绳子朽了，也舍不得给别人一文；宁可看着仓里的粮食烂了，也不舍得借给别人一斗。这里的"贷"即为借出。

"贷"为推卸，即让他人去代替自己的责任。"责无旁贷"表示自己的责任不可推卸给旁人。"贷"也为宽恕、饶恕，如对于罪大恶极的人要"严惩不贷"。

"贷"字上面的"代"可以解释为代价，表明借别人的钱财来用，是要付出一定代价的。自古以来就有人专门以放贷为生，即以贷放货币或者实物来获取高额利息，这种人被称为"放高利贷者"。放贷的历史最早可以追溯到夏商时期，后盛行于各个朝代。虽历代王朝多有禁令，但终因其高额利息的强烈诱惑而屡禁不止。高利贷的形式有印子钱、驴打滚、放青苗等。印子钱是清朝时期高利贷中的一种形式，放债人以高利发放贷款，本息到期一起计算，借款人分次归还，每次归还都要在折子上盖一印记，所以人们就把它叫作"印子钱"。《清史稿·张照传》："民间贷钱征息，子母相权，谓之'印子钱'。"民间借贷中，将利息转为本金再计息的方法称为"计复利"，俗称"驴打滚"，其最终结果是导致在基础贷款额不变的情况下还贷款额却急剧增加。此外还有"锅边滚"、"老鸦叫"、"放青苗"等放贷手段。《红楼梦》中把宁国府整顿得井井有条的大管家王熙凤就曾克扣丫鬟的月例钱去放高利贷。闻名于世的晋商，他们的山西票号号称"汇通天下"，但其中不乏放高利贷者。

现在所说的"贷款"，是指银行或其他信用机构根据必须归还的原则，按一定利率，借钱给用钱的部门或个人。但此"贷"非彼"贷"，两者的性质完全不同。贷款分为活期贷款和定期贷款两种：活期贷款随时可以回收，定期贷款到约定日期收回。贷款按有无抵押物分为抵押贷款和信用贷款：抵押贷款的借款人须提供物质担保，信用贷款仅凭借款人的个人信用。一年以内的贷款称为短期贷款，一年以上的贷款是长期贷款。贷款是资金流通的重要方式，银行等金融机构通过贷款赢利，借款人通过贷款解决生产或消费中资金不足的问题。

款 【款欵】

kuǎn

（款）小篆   （款）小篆   （欵）小篆

"款"，异体为"款"、"欵"。会意字，从士，从示，从欠。

"士"为士大夫、卿士，是有身份、地位的人；"示"为古人祭祀所用平台，是表示、显示、展示；"欠"为欠身，意为身体稍稍向上或向前。异体字"款"中之"木"，表示供品为木上子实。祭祀是古代国家的头等大事，参加者都是国内有身份、地位之人，祭祀时，弯腰欠身以示恭敬。故"款"为真诚、诚恳。祭祀礼节繁缛，其中必有一些礼仪禁忌、条陈、注意事项等，由此"款"引申为条款、事项。异体字"欵"从疑省，"疑"

是迟疑、缓慢之意。祭祀所供物品丰盛，属耗费之事，非有钱人家不能办，故"款"为钱财、经费。

"款"的本义是真诚、诚恳。《玉篇》："款，诚也。"《史记·司马相如列传》："修礼地祇，谒款天神。"向地神修德礼拜，向天神诚恳禀陈。"款留"为诚恳地挽留；"款待"就是真诚地接待、对待；"款曲"指诚挚的情意。"款"是祭祀、招待天神；用于人，是招待、款待客人。款待天神须心诚，款待客人也要诚心，此义还是由诚恳引申而来。

"款"为缓慢。杜甫《曲江二首》："穿花蛱蝶深深见，点水蜻蜓款款飞。"蝴蝶在花丛深处往来穿梭，蜻蜓在水面上慢悠悠地飞行。

"款"为事项、条款。余继登《典故纪闻》卷十四："成化中，南京给事中王徽言事疏中，有开言路一款，甚切时弊。"明成化年间，王徽在上给皇帝的一本奏疏中，有广开言路这一条，非常切合当时的要害。

在古代，帝王常以鼎赐予功臣贵戚，并在鼎中空处铸造文字，少则只字片语，只记名姓年号，多则数百，以述功德。这些钟鼎彝器上所铸的文字称为"款识"。《汉书·郊祀志》："今此鼎细小，又有款识，不宜荐见于宗庙。"颜师古注："款，刻也；识，记也。"认为"款"是钟鼎上所刻镂的花纹，"识"是所铸的陈述文字。后世在书画上标题姓名年月者，也称为"款识"。如唐人在字画上所题款识，一般只有小字藏于树根石罅，书法稍拙者多书于纸背，至宋代始记年月，元时方有大段款识。明清时，款识之风大盛，多则上千言，详述字画之流绪师承。自从元明之际使用石料作为印章原材料后，篆刻艺术便发展起来，不久，又将书画中款识的作法借鉴于篆刻，在印面以外的五面刻上文字，阴文称"款"，阳文称"识"，后泛称"款识"。不论是钟鼎之款还是书画、篆刻之款，都有一定的样式、规格，这些称为款式，泛指任何事物的规格、样子。

在经济生活中，"款"表示钱财、经费，如筹款、拨款、贷款。正式场合也常用"款"，如赔款、罚款、汇款。人们口头上还把富人、家底厚实的有钱人称为款爷、大款。为官不清，搜刮民脂民膏所得来的，或并非由正道而来的钱财叫"赃款"；只用于某项事物的钱财叫"专款"；心存博爱，当他人遇到困难、或遇到天灾人祸时，自愿将自己的钱财拿出来施与有难者，不求任何回报，这种行为称为"捐款"，捐赠的钱为"善款"。

预算

预算是对企业各种不同的需求做最佳调试。不过，预算是否合理，要靠管理者是否合理来检验。

预
【预】
yù

顓 小篆

"预"，繁体为"預"，形声字，从页，予声。

"予"可假借为"余"，指我，又为给予之意；"页"，表示与头脑、思想有关。"予""页"为"预"，意为用自己的头脑多思考，预先才能有充分的思想准备；把自己的想法告诉别人，使他人有充分的思想准备。这样做事情才能稳妥，才能心安。唐代玄应《一切经音义》卷十七引《仓颉篇》："预，安也。""预"本义为安乐。《说文新附》："预，安也。案经典通用豫。"后"预"引申指事先、预备。《广韵·御韵》："预，先也。""予""页"为"预"，又意为参与到事件中。"预"引申指参预、干预、相干。

宋代辛弃疾《美芹十论》："臣闻事未至而预图，则处之常有余；事既至而后计，则应之常不足。"我听说事情还没有发生时就事先有所图谋、算计，那么当正式处理起来时，就会游刃有余；倘若等到事情发生了才想着要去好好谋划，这样应付起来就会疲于奔命。《礼记·中庸》："凡事预则立，不预则废。"

"预"的本义是安乐，现代汉语中已经很少用到这一层意思。唐代白居易《和微之诗》："仙亭日登眺，虎丘时游预。"其中"预"即用本义。

现代汉语中"预"意为提前。"预备"即提前准备，以防不时之需，如"预备仓"、"预备队"、"预备役"。"预言"、"预告"指通过语言或文字形式对将要发生的事情作一个提示。预测是人们通过调查和分析，对事物的动态和发展趋势作出估计和评价，如科学和技术预测、自然环境预测、经济预测等。经济学中有专业术语"预付资本"，即投资者为进行生产、榨取剩余价值而预先垫支的资本，是用于购置生产资料和购买劳动力的资本。经济行为有预购，即商业单位向独立的小生产者预付定金来收购他们的劳动产品的行为。会计计术语中"预"字用得最多，如"预算"广义的是指各种支出或费用的预计，如经济预算、工程预算等；狭义的是指经法定程序批准的政府、机关、团体和事业单位在一定期间的收支预计，如中央预算、地方预算等。另外还有保险业中的预约保单，承保在一定时期内发运的一切货物或某几项货物的保险单。涉及法律的概念有预防犯罪，即防范和制止犯罪活动的措施；"预审"指由公安、检察机关对犯罪嫌疑人所进行的预备性审讯活动，属于侦查程序。医学上有预诊，也称初检；预防医学，即研究预防和消灭病害，宣传讲究卫生，锻炼身体，增强体质，改善和创造有利于健康的生产和生活环境和条件的医学分支。"预叙"指在情节发展中把将来发生的事预先描述出来的叙述方法。"备预不虞"指对可能发生的意外变故，事前就要有所准备。《左传·成公九年》："备预不虞，善之大战也。""言之不预"指没有预先说明。"预搔待痒"指痒还未发作便预先搔抓，比喻事先作多余的准备。宋代释道原《景德传灯录·弘忍禅师》："师曰：'不可预搔而待痒。'"

"预"作动词，意为参预、干预。《三国演义》："次日设朝，董太后降旨，封皇子协为陈留王，董重为骠骑将军，张让等共预朝政。"

【祘】
suàn

（算）小篆　　（祘）小篆

"算"，异体为"祘"。会意字，今从竹，从具。

"算"由竹、目、廾组成："竹"为竹木，为制作算筹的原材料。古时用竹木制成小棍儿计数，横置为一，竖置为十，称"筭"或"筹"；"目"为眼睛；"廾"古文像两只手。以竹筹计数，一手拿着，一手摆着，眼睛盯着，此聚精会神的过程为"算"，是计算。《说文》："算，数也。"本义为计算。人在计算的时候，要手、眼并用，同时还要借助于计算工具——算筹。"算"从竹，从具，"具"为完备、齐备、详尽。说明算是非常具体的，算之前务必工具齐备、准备齐全、计划周密具体等等。先民的生活资料简单，数量亦不多，因此他们所进行的"算"便只是计算、点数而已，目之所视，手之所及，一二三四，便称为"算"。

《论语·子路》记载，子贡曾问孔子对当前执政的那些人的看法。孔子说："噫！斗筲之人，何足算也。"唉，这班器量狭小的人，数都不值得数。这里的"算"是点数。

在古时，人们用蓍草和小竹木棍算数。蓍草是一种多年生的草本植物，叶细碎，茎壮而多，容易采摘使用。故有"蓍百茎而共一根"之说，意在极言其茎很多。后来蓍草和小竹木棍逐渐成为专门的计算工具，质地和制作也愈加精致。除竹木外，骨、牙等也成为制作，这些计算工具统称为"算筹"、"算策"或"算子"。中国古代的算筹能进行正、负整数与分数的四则运算和开方的运算，形成了一套系统的演算规则。算筹在中国的起源很早。春秋时期的《周易》就已经有了算筹的记载，春秋战国之际的《老子》中也有"善数者不用筹策"（善于计算的人用不着算筹）的记述。可见在当时算筹已经是很普及的算数工具了。从春秋到宋末，算筹大约使用了两千年，最终被功能更完备、携带与使用更方便的算盘所取代。

算盘产生于汉代之前，与火药、造纸术、印刷术、指南针并称中国的五大发明。算盘一般为木框结构，呈方形；中有梁横隔为二，纵列十三竹签，称为档；每档中梁以上有二珠，一珠当五，中梁以下有五珠，各珠当一。算盘由古代算筹演变而来，因其灵便、易携带等优点，即使在计算机普遍使用的今天，仍然广泛应用于民间。陶宗仪在《南村辍耕录》中引当时谚语形容奴仆，说初来的婢仆就像"擂盘珠"，不拨自动；过一段日子像"算盘珠"，拨一拨动一动；到最后像"佛顶珠"，拨也不动了。说明算盘在当时已有一定的普及，而元初蒙学课本出现的九档算盘图，表明算盘形制的成熟至少可向上推到宋代。蓍草、算筹、算盘都是用来算数的，所以，我国古代把算数之学称为"算学"、"算术"。从八卦思想产生的时候起，人们就对数有了深入和系统的探究。规与矩、蓍草与算筹的发明以及

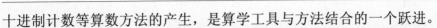

十进制计数等算数方法的产生，是算学工具与方法结合的一个跃进。

算术在中国的发展可谓源远流长。春秋齐桓公时，先民就已将通晓"九九"（九九乘法表）称为"薄能"。可见当时的乘法运算已经成为系统。而在汉朝人所撰写的我国最古老的算学著作《周髀算经》中，勾股定理已经以纯文字的形式叙述出来。对于圆周率的计算，祖冲之在前人研究成果的基础上，最后将圆周率精确推算到 3.1415926-3.1415927 之间，这一结果要欧洲早一千多年。这些数不胜数的事实，都是我国算术史上值得骄傲的成果。

"善数者不用筹策"，说的是心算，是在心中推演数字之间的关系得出结果，与用算筹推演异曲同工。心算与人推测事情的情形相似，筹算与筹划方略的情形相似，故"算"引申为推测、筹划、算计，其结果则是计谋、谋略。《红楼梦》第五回中，在对王熙凤的判词中写道："机关算尽太聪明，反误了卿卿性命。"这里的"算"便是算计。

在古代，人们曾用蓍草、算筹等摆设卦象，进行占卜，预测吉凶。故后人把以阴阳五行、六爻八卦、星相四柱、梅花易数、风水甚至测字、摇签、批八字等各种进行占卜的方法也称为"算"，是算命、算卦的意思。《太平广记》卷三百零六引《宣室志》一则故事，说有位袁生在外旅居，忽有一位姓高的人来见，说"某善算者，能析君平生事"。其中的"善算者"即是很会算卦占卜的人。

在计算数字时，每一个数字都起着影响全局的作用，哪怕是一个零都会有其不可替代的地位，故算中之数是明确的、不可否认的、不可替代的，由此"算"又引申为算数、承认有效之意。

先民群居，男人、年轻人在外渔猎，女人、小孩、老年人缝兽皮、采树果。打猎回来后，要把猎物算计一番，即嫩的给小孩、老人吃，糙的给年轻人吃。做生意免不了要对成本的投入产出、货物的数量价格、资金的收支赔赚等精打细算。而若要准确地把握市场行情，合理地确定经营的品种、数量、范围、场所、合作对象，敏锐地抓住投资的时机，则需要高人一筹的算计与筹划。"算"是商人的必备素质，商人与"算"天生就是连在一起的。

支出

消费支出依赖于未来的预期收入。

支 zhī

小篆

"支"，会意字。从十，从又。

"支"的小篆字形上面是"竹"的一半，下面是手（又），像手执竹枝，本义是去枝的竹子，用来指枝条，为"枝"的本字。《说文》："支，去竹之枝也。从手持半竹。"

从字形上看，"支"中的"十"为数目，"支"为手上有十，指十个支生的手指，意为分支、支系，引申为四肢。十指配合劳动，维持着人的生存，所以"支"有支持之意。十指张开，双手推出，是应付或拒绝的姿势，"支"又表示支吾、搪塞。

"支"最初的意思是枝条，如《诗经·卫风·芄兰》："芄兰之支。"后来人们在"支"的左面加"木"为"枝"，专指枝条。"支"由枝条的意思引申为分支。宋代陆游《过小孤山大孤山》："分一支为南江。"这里的"支"指江河支流。由江河支流又可引申指宗族支系，如《诗经·大雅·文王》："文王孙子，本支百世。"这里的"支"指的是宗族支系。西汉司马迁《史记·李斯列传》："封弟子功臣自为支辅。""支胄"指宗族的派系分支；"支胤"指后代子孙。

"支"用作动词时可表示支撑。明代魏学洢《核舟记》："诎有右臂支船。"意思是用右臂支撑着船。"体力不支"指体力耗费太多，支撑不住；"乐不可支"指高兴得无法自持。

"支"也表示支持、支援。"支"为"十""手"，说明支持、支援需要各方的力量，最好是"一方有难，八方支援"。"支边"指支援边疆地区。

"支承"指支持承担；"支撑"指抵挡、招架、顶住物体使不倒塌；"支理"指处理、处置。

"支"也有支派、调度、指使的意思，特指上级对下级、长辈对晚辈。"支配"指安排、调派；"支着儿"指从旁出主意。

经济学中的"支"为取款或付款。"支付"指付出款项；"支用"指支付使用；"支取"指领取；"支帖"指支付的凭证；"支票"指代替现金购物后通过银行转账或从银行直接提款的票证。

"支"当量词用，用于计点杆状物品，如"一支笔"、"一支烟"，还可指队伍、歌曲、乐曲等。

枝干是树的主体部分，所以古代有天干、地支，用来表示年、月、日、时。十二地支即子、丑、寅、卯、辰、巳、午、未、申、酉、戌、亥。天干、地支对应配合，用以标记年、月、日、时，称为"四柱"，民间算命时经常用到。

"支离"是分散、残缺的意思。《庄子·人间世》中有个人物叫支离疏，支离疏的形象是"颐隐于脐，肩高于顶，会撮指天，五管在上，两髀为胁"。因为是残疾，所以能保全性命，而且享受很多优惠，"上征武士，则支离攘臂而游于其间；上有大役，则支离以有常疾不受功；上与病者粟，则受三钟与十束薪。夫支离其形者，犹足以养其身，终其天年，又况支离其德者乎？"庄子用支离疏形体不全却避除了许多灾祸来说明无用之用。

出 【齣】
chū

甲骨文　　 金文　　 小篆

"出"，繁体为"齣"。汉字简化前，"出"与"齣"的意义并不相同。

"出"为会意字，早期甲骨文从止，从凵。甲骨文"止"是脚的象形，有行走之意；"凵"为出入通过的地方，是处所或物体的边缘。"出"以"止"在"凵"上会意踏离门口，由内向外行走，与"入"相对。对"凵"

外之人而言，由内到外是出来、来到；对"口"内之人而言，由内到外是出去、离开。后期甲骨文、金文的"出"从止，从凵。"凵"像是缺口，"凵"外有"止"，会意从处所或物体的缺口离开而去即为"出"。"出"的小篆从屮，从凵。"凵"像大地，"屮"像小草生长穿破地面之形。"出"为生长出头。《说文》："出，进也。象草木益滋，上出达也。"

繁体字"齣"从齿，从句，意为戏曲中一个独立段落的单位。"齿"为口齿、唇齿，是人类用以发声调韵的主要器官，"句"为句子、语句，是能够表达完整意义的语段。以展现音韵、音调之美的综合艺术（如戏曲、传奇）的一个段落为一"齣"。"一齣"即是一个相对完整的故事情节，故以"句"明之。

《诗·小雅·宾之初筵》："既醉而出，并受其福；醉而不出，是谓伐德。"已经喝醉了，就该离开主人家，于客于主都是福；喝醉了却不离去，既败德又失礼。叶绍翁《游园不值》："春色满园关不住，一枝红杏出墙来。"古代以女儿出嫁离开娘家为出，即出阁；同理，女子被丈夫休弃而离开婆家亦称为出。"出"还可以引申为往外拿。《史记·陈丞相世家》："常出奇计，救纷纠之难，振国家之患。"陈丞相经常出谋划策，解纷救难，挽救国家的灾患。

"出"与"入"相对，"入"有收入意，故"出"又为支出。成语"量入为出"之"出"即为钱财支出。"出纳"是现金或票据的付出和收进，也是对掌管此项工作的人员——出纳员的简称。出纳员专门负责现金或票据的管理，是一项非常重要的工作，因此要"出"得清楚，"纳"得明白。

有入才有出，有出才有入，出入相对平衡，才符合经济流通的规律。若只出不入，则会入不敷出；若只入不出，那么货币也就失去了其作为流通媒介的意义。"出"为两"山"叠加，艰难、沉重，寓意资金的支出都有一定的风险。当然，我们不能因为有风险而不敢投资。有专家指出，一个人富有的程度取决于他的支出，而非他的收入。正是：有出才有入，有入必有出。由此，化储蓄为投资虽然暂时牺牲了某些享受，但正确的投资又是一种收入之道。因此，现代社会很多家庭都开始重视理财之道，希望用手中的积蓄（入），通过某种合法而又合理的投资（出），而达到"钱生钱"的目的。

投入

有益的投入给人欢乐，无效的消耗令人烦恼。

投 tóu

投 小篆

"投"，形声字，从手，殳声。

"投"从"手"，表示其意义与手的动作、人的行为相关；"殳"的本义为一种兵器。可将"殳"视为"没"的省字，意为沉没。"投"是使物沉没的动作，即抛入水中，故而"投"为投掷之意。"没"又为没有。"投"为使物体从眼前消失的动作，亦是掷物于远处的动作。"殳"被手投出之时，手中为空，即没有。《说文·手部》："投，掷也。"

投掷一般是带有一定目的或方向性的。《诗·小雅·巷伯》："取彼谮人，投畀豺虎。豺虎不食，投畀有北。"对那种诬陷他人的人，应当把他投给豺狼虎豹，如果豺虎们不吃他的话，就把他流放到最北边极寒冷的地带把他冻死。后来"投畀豺虎"成为成语，指把那种好搬弄是非的人扔出去喂豺狼虎豹，形容人们对坏人的愤恨。"投笔从戎"指弃文从武，投身疆场，为国立功，施展抱负。"投"是扔掉的意思。"投笔从戎"出自汉代班超的故事。南朝宋范晔《后汉书·班超传》："永平五年，兄固被召诣校书郎，超与母随至洛阳。家贫，常为官佣书以供养。久劳苦，尝辍业投笔叹曰：'大丈夫无他志略，犹当效傅介子，张骞立功异域，以取封侯，安能久事笔砚间乎？'"后来班超出使西域30多年，为西汉立下了汗马功劳。成语"投石问路"原指夜间潜入某处之前，先投以石子，看看有无反应，后用以比喻试探；"投卵击石"比喻不自量力，自取失败；"投膏止火"意思是用油去灭火，火反而烧得更旺，比喻举措失当，适得其反。

投掷的目的就是为了击中目标，目标是有一定的空间范围的，投掷成功就可以说是进去了或者投入了，因此"投"由投掷可引申为投入、参加、放进去等意。三国魏曹植《野田黄雀行》："不见篱间雀，见鹞自投罗。罗家见雀喜，少年见雀悲。"在篱笆间游戏的黄雀，见了鹞子就自投罗网了。张网捕雀的人捉了黄雀自然十分欢喜，而少年见了却悲痛不已。这首诗叙述了少年救黄雀的故事，抒发了自己不能解救朋友走出危难的悲愤情绪。《诗·大雅·抑》："投我以桃，报之以李。"后以"投桃报李"比喻相互赠答，礼尚往来，也用"投桃之报"比喻给对方的报答。词语"投身"指献身出力；"投入"指投到某种环境里去，形容做事情聚精会神，全神贯注，也指资金等的投放；"投放"指投下去，把人力、财力、物力等投入到一定的领域里使之发挥作用；"投资"作动词指把资金投入企业或为达到一定目的而投入资金，作名词指投入企业的资金或为达到一定目的而投入的钱财等。"拔辖投井"指拔掉车轴两端的键，投到井里去，指殷勤留客饮酒。东汉班固《汉书·陈遵传》："遵耆酒，每天饮，宾客满堂，辄关门，取客车辖投井中，虽有急，终不得去。"或作"闭门投辖"、"陈遵投辖"。唐代骆宾王《帝京篇》："陆贾分金将晏喜，陈遵投辖正留宾。"

"投"由放进去、投入之义可进一步引申指跳进去、投入其中，专指自杀行为，如"投井"、"投河"等。元代武汉臣《玉壶春》第二折："动不动神头鬼脸，投河奔井，拽巷逻街，张舌骗口，花言巧语，指皂为白。"其中的"投河奔井"指投水自杀。成语"投河觅井"指寻死觅活。"投"由本义投掷进一步引申，还可指光线、目光等射向物体，有投射的意思。如"婆娑的垂柳在湖面投下了它美丽的幻影。""投影"在光学上指在光线的照射下物体的影子投射到一个面上，数学上指图形的影子投射到一个面或一条线上；"投射"一方面指对着目标投掷，另一方面还指光线等的照射。

投掷是由一个位置转移到另一个位置，所以"投"还可引申为邮寄、送递，如"投递"、"投稿"、"投书"等。《北史》卷四十二："遂投刺辕门，便蒙引见。""刺"为名帖，"投刺"就为递送名帖。

"投"还引申为找上去、投靠、依附的意思。"背暗投明"指离开黑暗，投向光明，比喻在政治上脱离反动阵营，投向进步方面。元代尚仲贤《单鞭夺槊》楔子："高鸟相良木而栖，贤臣择明主而佐。背暗投明，古之常理。"南朝宋刘义庆《世说新语·排调》："千里投公，始得蛮府参军。"其中"投"即为投靠。"投宿"指旅客找地方住宿；"投降"指停止对抗，向对方屈服；"投亲靠友"指投靠亲戚朋友。元代杨显之《潇湘雨》第三折："淋得我走投无路……怎当这头直上急簌簌雨打，脚低下滑擦擦泥淤。"后来用"走投无路"比喻无路可走，陷入绝境，没有出路。

"投"还可引申为合、迎合、双方相合的意思。"臭味相投"意思是气味互相投合，比喻彼此的思想作风、兴趣等相同，很合得来，常指坏的方面。《左传·襄公八年》："今譬于草木，寡君在君，君之臭味也。"汉代蔡邕《玄文先生李休碑》："凡其亲昭朋徒、臭味相与，大会而葬之。""冰炭不投"比喻彼此合不来。《韩非子·显学》："夫冰炭不同器而久，寒暑不兼时而至。杂反之学不两立而治。"词语"投缘"谓情投意合，多指初次交往；"投机"可指意见相合，还可指利用时机谋取私利；"投机倒把"指以买空卖空、囤积居奇、套购转卖等手段谋取暴利。宋代王安石《得书知二弟附陈师道舟上汴》："儿童闻太丘，邂逅两心投。""投"即投缘。明代吴承恩《西游记》第二十七回："那镇元子与行者结为兄弟，两人情投意合。""情投意合"指双方感情和心意都很融洽。

入 rù

甲骨文　　金文　　小篆

"入"，象形字。

"入"的甲骨文字形像尖头器具，这样的工具容易刺入他物之中。《说文·入部》："入，内也。"本义为进去、进来之意，是由外到内，与"出"相对，如进入、深入、入场、入内、纳入轨道。也引申为获得、采纳、参加之意，如收入、入会、入不敷出。合适的地方容易进入，故"入"又引申有适合、恰好、合适之意，如入时、入耳、入情入理。

　　"入"为进入。传说上古时期，天下洪水泛滥，大禹奉命治水13年，往来于全国各地，中间曾三次路过自己家门，却没有进去，在他的治理下水患终于得以平息，其"三过家门而不入"的无私敬业和忘我奉献精神被后人世代传颂。东晋王羲之书法冠绝古今，在当时即名满天下。他曾为人题写匾额，匾额墨迹能深入到木中约三分之处。后就用"入木三分"比喻描写或议论深刻，在书法界里亦指功力深厚、笔力沉稳劲健。韩愈《原道》："其言道德仁义者，不入于杨，则入于墨；不入于老，则入于佛。入于彼，必出于此。入者主之，出者奴之。"意思是人们崇信一种说法，必然排斥另一种说法，把自己信奉的当作主，把排斥的看作奴。"入主为奴"就比喻持门户之见。"入"又引申为接纳、采纳，多指言论、意见。《玉篇》："入，纳也。"罗大经《鹤林玉露》："见高宗，遂道'南自南，北自北'之说。时上颇厌兵，入其言。"秦桧见了宋高宗，提起了南宋安于南方、北金据于北方（互不相侵）的说法，当时高宗非常厌恶用兵，于是采纳了他的意见。"入"又有参与、加入的意思，是人参与到事件或团体当中，如入学、入伍。

　　箭尖刺入物体中，箭与物之间接触得严丝合缝，故"入"又引申为合，是契合、适合、符合。《淮南子·主术》："譬犹方员之不相盖，而曲直之不相入。"方形物体不能与圆形物体相覆盖，曲的东西不能和直的东西相符合。朱庆余《近试上张弘水部》："妆罢低声问夫婿，画眉深浅入时无。"梳妆打扮后，小声问丈夫：眉毛的深浅合不合时俗？这里的"入时"就是合乎时尚的意思。

　　"入"也为古汉语四声之一。四声为平（古平，今演变为阴平、阳平两个声调）、上、去、入，入声字的读音特点是"短促急收藏"，发音短促，收束甚急。如柳宗元"千山鸟飞绝，万径人踪灭。孤舟蓑笠翁，独钓寒江雪"一诗，押的就是入声韵：其中"绝"、"灭"、"雪"三字是入声韵脚。后来入声字逐渐消失，分别演变派入到平、上、去三个声调中，这种现象称为"入派三声"。如今，入声虽然在普通话中已经不存在了，但还保留在许多方言中。

　　《广雅》："入，得也。""入"为收入、进项，多指钱粮之得。农夫丰年收获，粜米出粮，得到度日之资，称为"入"，是度日所用的钱银进入；

商人买贱卖贵，本利兼得，是有银钱额外入账。《礼记·王制》："制国用，量入以为出。"预算今年收入多少，当作来年支出之用。这样做是为了防止出现"入不敷出"。

　　合理的收入分配差距是社会经济发展的动力；不合理的收入分配差距，则会影响社会经济关系的和谐，阻碍生产力的发展和社会的进步。因此，我国正采取积极措施，如营造公平的竞争环境，促进地区发展均衡化，消除政策弊端，提高农民收入，健全社会保障体系，通过税收调节收入比例等，以防止居民收入差距的进一步扩大。

存储

人生是愈取愈少，愈舍愈多，这也同样适用商业领域。

存 cún

小篆

"存"，形声字，从子，才声。

"才"的甲骨文像草木初生、植物破土而出形；"子"为新生婴儿。"才"与"子"都代表着新生事物，表示来到世间，成为个体生命。"才""子"为"存"，意为生命的存活。《尔雅》："存，存在也。"本义为生存、存在。

"存"又可视为从在省，从子。"在"的甲骨文与"才"同形，后引申为生存以及具体处于某位置之意。"存"也可视为从有省，从子。"有"为拥有、具有，与"无"相对；"子"为儿子、子女、子孙，代指幼小、幼辈，象征着后代的传承与延续。"在""子"为"存"，强调了生命的客观性；而"有""子"为"存"，则强调了生命的真实性。"存"是"子""在"，子孙成众，承欢膝前，良辰美景，就在眼前；"存"是"有""子"，子子孙孙，代代相传，生命不息，与世共存。

"存"表明生命正位于某个具体的时空中，是真实而客观存在的。因此"存"引申有保留、留下之意，如保存、留存、去伪存真。"存"由保留之意引申表示停聚，如存水。停留通常只是暂时的，时刻面临着改变，"存"又引申有寄放、寄留之意，如寄存。当把某事放置在心中，或用内心去对它采取某种行为时，"存"引申表示怀有，怀着之意，如存心。"存"也有慰问之意，如存慰、存恤。《说文·子部》："存，恤问也。"

"存"是储存、保存、保全。《战国·秦策》："无一介之使以存亡。""存侯"、"存问"、"存抚"、"存养"中的"存"都有此意。"存"还含有抚育、保护、关心、关怀、慰问之意，如存慰、存恤。

"存"为存在、生存。《列子·汤问》："虽我之死，有子存焉。"有"子"即"存"，子女是父母的生命延续，也是家族和部落的延续。前辈未完成的理想和愿望，子孙们可以来完成。他们的思想仍然存在，虽死犹生。

哲学意义上的"存在"，是指不以人的主观意志为转移并能为人的意识所反映的客观实在。存在分为两种：一种是有形的存在，一种是无形的存在。有形的存在是能够看得见和感觉到的：一棵树、一株草、一只小鸟以及山川风物，它们的生长、变化以及消亡都是人所能看见、感知的。无形的存在主要指精神的存在，如人的信仰、意志、情感等。

储 【儲】
chǔ

小篆

"储"，繁体为"儲"。形声字，从人，諸声。

"人"是创造社会物质文明和精神文明的主体；"诸"是众多、许多，初义是干果。《礼记·内则》记有"桃诸"、"梅诸"，即干桃、干梅。人将果实制作成干果是为了便于收藏以备日后食用，后泛指对各种事物的收藏积蓄，如金钱、知识、人才、气力、经验等。《说文·人部》："储，偫也。""偫"即积储、储备，与"储"同义互释。"储"音通"础"，"础"是事物的根基。冬日储备果实是人赖以越冬的基础；金钱储备是家、国稳定的基础；知识储备是智慧开发的基础；人才储备是事业发展的基础。

"储"还指已经被确定为继承皇位的人，如储君、王储。白朴《梧桐雨》第三折："父老每忠言听纳，教小储君专任征伐。他也合分些社稷忧，怎肯教别人把江山霸，将这颗传国宝你行留下。"这本杂剧写唐明皇因安禄山反叛而逃经马嵬，此时明皇向乡里百姓说：父老们的忠言我接受了，现在让太子专管讨伐安禄山叛军，他也该为社稷分忧了，怎么能让别人霸占了江山，我把这颗传国玺宝给你留下。历代王朝为巩固统治地位，立王储、太子，都是为了权力的承继。

在金融业中，"储蓄银行"是以经营储蓄业务为主的机构，因其吸收居民闲置存款，用来购买政府公债、企业股票、公司债券，并以部分资金转存商业银行，从中分取利润而得名。"储蓄"是将个人之诸多收入存入，同时也是诸多人将自己的诸多收入存入。储蓄是一项利国利民的事业。发展储蓄可以将分散在人们手中暂时不用的资金集中起来，用于国家的各项建设事业，对于稳定经济、调节货币流通也有着重要的作用。因此，"储"是通过集合诸多人的力量来建设国家，而从长远的眼光看来，又是为诸多人服务，使诸多人获益的行为——个人获得利息，并改善了生活条件。

"人""诸"为"储"，寓意要抓好储蓄、储存非一人能为，而是诸人共同的事，并且，抓好储备、储藏工作是对诸人有益的事情。"储"为储备、储藏、储存、储蓄、仓储、积储等。成语"家无斗储"是说家中连一斗米的储备都没有，形容家徒四壁，穷得揭不开锅了。

随着经济的日益发展，人才储备越来越显现出它的重要性，市场竞争在某一程度上已经归结为人才的竞争。是否有足够的、高素质的人才决定着一个企业的成败得失，决定着企业是否可以在激烈的竞争中生存和发展。尤其在知识化、网络化、信息化、全球化的今天，人才开发已成为企业发展必不可少的战略目标。

抵押

不懂经营，挥霍无度，就是葬送自己的商业前途。

抵 【牴觗】

dǐ

（抵）小篆　　（牴）小篆

"抵"，异体为"牴"、"觗"。形声字，从手，氐声。

"手"是人体上肢前端拿东西的部位；"氐"甲骨文像种子萌芽长根形，本义当为根柢。植物的根须深扎于土壤之中相当牢固，因此"抵"为用力支撑。《说文·手部》："抵，挤也。"本义为挤、推。用力支撑时通常会低下头，脚底用力踩踏地面，以抵挡外力，所以"抵"中之"氐"为"低"省"人"，也是"底"省"广"。

异体"牴"从牛，从氐；"觗"从角，从氐。牛善抵触，是强大力量的象征；角是牛、羊、鹿等动物头上长出的坚硬物质，用于防御和攻击。所以"抵"为抵挡、抵制、抵抗、抵御。只有力量相当的时候才能"抵"，所以"抵"也可以引申为价值相当，如抵债、抵押、抵消等。

"抵"由抵触、矛盾引申为触犯。"抵死"指冒死，触犯死罪。人们在受到袭击时，会本能地抵挡，故"抵"有抵挡、抵抗、用力支撑之意。"抵抗"指用力量制止对方的进攻或某种行为；"抵御"指抗击、抵挡外来力量的进攻或侮辱。在中国近代历史中，面对外国势力的多次入侵，顽强不屈的中国人民进行了英勇的抵抗。

"抵"有碰、接触的意思。《汉书·武帝纪》："三年春，作角抵戏，三百里内皆来观。"在武帝即位第三年的春天，表演者戴上牛角，表演黄帝和蚩尤之间的斗争故事，三百里内的百姓都来观看。"抵足而眠"指同床而眠，形容双方情谊深厚；"抵足谈心"指同床安睡，彻夜长谈，形容亲切深厚的情谊。"抵"还有到达之意。如抵达。"抵"还为逼近、靠近。

"抵近攻击"是一个军事术语，指攻击者向前运动，以近距离的方法消除敌人的抵抗并且控制该目标。

"抵"有扔、掷之意。"抵掷"指投掷。"李充抵肉"原意是说李充把肉扔到地上，说明他不畏惧权贵，性情耿直。典出《后汉书·李充传》：东汉陈留人李充性情豪放，为人耿直，不肯趋炎附势。有一次，权倾当时、炙手可热的大将军邓骘邀请李充参加酒宴，宾客满堂，十分热闹。在席间，邓骘邀请众人推荐贤能之人。轮到李充时，他列举了当时许多隐居的有道之士。邓骘不满意这类人，便请他吃肉，把一块肉塞到他的口中。李充将肉推堕于地，"我难道是为了肉好吃而来的吗！"说完就拂袖而去。

"抵"亦有抵偿、抵消、抵押之意。"抵偿"指用价值相等的事物作为赔偿或补偿。杜甫《春望》诗中有"烽火连三月，家书抵万金"的名句，在战火纷飞的日子里，来自家人的平安消息越发显得弥足珍贵，万金难买，这里的"抵"就是抵偿的意思。"抵罪"指抵偿罪责，接受应有的惩处。《史记·高祖本纪》："杀人者死，伤人及盗抵罪。""相抵"指互相折抵，互相折算。"抵押"是指债务人把自己的财产押给债权人，作为清偿债务的保证。如果不能清偿债务，就只好用自己拥有的财物来"抵债"了。关汉卿的名剧《窦娥冤》中的窦娥，就是因为她的父亲借了高利贷还不起，只好把她送到人家里做童养媳，其实就等于押卖抵债。在一个健康和完备的市场体系中，各种抵账、抵押和抵偿活动必不可少。它们既是市场公平和诚信的表现，也是商品经济中等价交换法则的有力维护。抵账、抵押、抵偿活动的正常进行，是我们的市场经济健康、良好、有序的表现。

押 ^{yā}

"押"，形声字，从手，甲声。

"押"从手说明与人的行为动作有关。"甲"为十天干第一位，用以纪年、月、日，表示头等、居首位；又为"匣"省，指收藏用的箱盒，可代表财物；又为盔甲、铠甲，坚硬似壳，是古代士兵作战时用以保护自己的装备。"押"是将好的、值钱的物品交到他人手中来做担保，如押金、抵押，并且古人抵押物品时，常用手指画押、按手印。"押"的本义为在公文、契约上签字或画记号，以作凭证。

古时的犯人通常用枷锁等坚固之物将其束缚。"押"是束缚他人，使其失去自由的一种行为，是将对方关在一个狭小的空间；而对被关押之人来说，自由是最为宝贵的财产，故而"押"是关押、扣押，为拘留之意。又"匣"中的"匚"字为囚车之形。"押"是俘虏在囚车之中，手被桎梏束缚，即押送、押解，意为跟随着看管，如押车、押差、押运等。

"押"是指在公文、契约上签字或画符号作为凭信，即后来的签署之意。《玉篇·手部》："押，署也。"张彦远《法书要录》卷四引韦述《叙书录》："（陆）元悌等又割去前代名贤押署之迹，惟以己之名氏代焉。"陆元悌等又把前代有名贤人签署的字迹除去，用自己的名氏代替。《太平广记》卷四百二十二引郑还古《博物志》："写毕，令以（许）汉阳之名押之。"说的是写完之后，让他们签署许汉阳的名字。作为凭信而在公文、契约上所签的名字或所画的符号也称为"押"。

"押"还引申为率领、掌管。《新唐书·百官志》："（舍人）以六员分押尚书六曹。"用六个人分别掌管尚书六曹。"押"还有压逼，逼近的意思。《张义潮变文》："汉军得势，押背便追。"汉军占了有利的形势，逼近他们的后面急追。

当人急着用钱又没有足够的钱时，可以先向别人借，同时把大致等值的物品或自己家最值钱的货物交给别人做担保，为了表示诚信，需要双方立契约或者合同，这就免不了双方签字画押，所以"押"又有抵押、典当的意思。《红楼梦》第七十二回："（凤姐）说着，叫平儿：'把我那两个金项圈拿出去，暂且押四百两银子。'"

现代法学的术语中有质押和抵押之分，都是担保物权的设立方式，不同点主要是质押需交付标的物，即将质押物交付给质权人，而抵押无需交付抵押物给抵押权人，在标的物的设立范围和债务的优先受偿等方面也有所不同。我国《刑法》规定，抵押是指债务人或第三人不转移对财产的占有，将该财产作为债权的担保，当债务人不履行债务时，债权人有权依法将该财产折价或者以拍卖、变卖该财产的价款优先受偿的担保方式。

被抵押的财产称为抵押物。最值得我们注意的是，当事人在订立抵押合同时，不得在合同中约定在债务履行期届满抵押权人未受清偿时，抵押物的所有权归债权人所有。这种条款被称为流质条款，是法律禁止的。

赌博下注也叫"押"。如"押宝"就是根据猜测"宝"的大小或所处的位置下注。当然，这样的"押"是一种违法行为，严重的构成犯罪，换来的是被相关部门关押，不仅"宝"没得到，反而将自己的宝贵前程也"押"了进去。

垫付

买卖赚钱，起码三年，没有垫付就没有获得。

垫 【墊】
diàn

小篆

"垫"，繁体为"墊"。从土，執声。

"執"为拿着、掌握；"土"为土地、土石。手执器具挖地取土，地则低陷。《说文·土部》："墊，下也。"本义为下陷。"墊"上有"丸"下有"土"。"丸"为小圆球，圆球易滚动，欲使小球停止，须取土填衬于下方，故"執""土"为"墊"，为把东西衬于物体下方，使其平稳、加高、加厚或与物隔离，如垫高、垫平、垫背、垫脚石、垫子等。引申为填补空余处或支撑，用在经济活动中则是替人暂付款项，如垫款、垫付等。

"垫"从土，土性向下，故"垫"诸义均与地陷、下方、下端或向下有关。《方言六》："墊，下也。凡屋而下曰墊。"由此引申，凡地势低洼之处都称为"墊"。杨衒之《洛阳伽蓝记·景宁寺》："江左假息，偏居一隅，地多湿墊。""江左"为今南京一带。中国的地势是西部多高山丘陵，气候干燥，东部低洼下陷，气候温润，故曰"湿墊"。

"墊"，从土，从執，是执器挖取，有挖掘意。《庄子·外物》："天地非不广且大也，人之所用容足耳。然则厕足而墊之致黄泉，人尚有用乎？"古人认为地下有黄泉，是死去的人居住的地方。这句话是说天地并非不广大，但人所需的只是一小片可容站立的地方。况且也就一抬脚的工夫，就挖到了黄泉，就算是那么一片小小的地方，对于此时的人来说又有什么用呢？

"墊"由向下挖掘引申为下垂。杜甫《江头五咏·丁香》："丁香体柔弱，乱结枝尤墊。""枝尤墊"说是枝叶下垂。"墊"又为"藏"，《广雅·释诂四》："垫，藏也。"。从字形上看，就是把手中所执之物埋藏于土中。

专门用来坐靠或铺于物体下方的，以草、棉、布等制成的或平展或柔软的物品称为垫子。据说得道高僧长庆禅师打坐用功，曾经坐破了7个垫子。马背上的垫子叫做鞍，用蒲草编成的垫子叫蒲团。《红楼梦》第七十二回："凤姐道：我又不等着衔口垫背，忙什么呢！"富贵人家死后，要在口中衔玉，称"衔口"；在尸身下放置财物，称"垫背"，后比喻使别人为自己分担过失或罪责。俗语有"垫脚石"，原指过河时脚下所踩踏的石头，现用来比喻被人用来借以向上爬的人或事物。"垫底儿"字面意义指衬垫在物体下方，今指处于最末的人、事、物，是"垫底儿之物"。饥饿时预先吃的少许食物叫"垫补"，是腹空时所填之物。"垫"也指在空余处充填物什，如"垫戏"是因正戏晚场而临时上演的填补空缺的小戏。

如果是钱不够了，口袋空了，就让别人临时帮一下，或者，这方面的钱不够了，临时用其他方面的钱付一下，暂时把眼前的困难应付过去，就叫"垫付"。就好比随手拿起一个垫子在那里垫一下，把问题解决了再说。吴趼人《二十年目睹之怪现状》第六十三回："倘使我们老爷不肯拿出钱来，就是家人们代凑着先垫起来，也可以使得。"如今，生活中的"垫付"现象也较普遍。如亲朋好友中有的人在资金上暂时周转不开，一般情况下，人们都会给予力所能及的帮助，垫付、垫支、垫出一部分资金，以解燃眉之急。不过这种"垫"虽然是关怀和友爱的体现，但却是以信任为前提的。因为垫付毕竟只是临时挪用，是遭遇困难时候的权宜之计，一旦有了能力，就要及时归还。现代经济生活中的诚信原则是垫付现象存在的基础，俗话说："有借有还，再借不难。"只有恪守诺言的人才能得到人们的帮助。

付 ^{fù}

付 金文　付 小篆

"付"，会意字，从人，从寸。

"付"中有"人"字，意为"付"是人的行为；"寸"小篆的甲骨文像手的形状，表示手。"付"是以手持物交付与人，本义为交给、给予。《说文·人部》："付，与也。""与"即交与。买东西要付钱财，办事情要付心血，当有要事而无暇顾及时，可将此事托付于他人，一切有形无形之事物皆可"付"。"寸"是分寸、限度。提示人的付出要把握分寸，要依能力而定。"寸"也为寸心，付出不在多少，寸心一颗，足以暖人；付出的一切都要用心来衡量，凭心而论。

"付"为交与。《书·梓材》："皇天既付中国民越厥疆土于先王，肆王惟德用，和怿先后迷民，用怿先王受命。"上天既已把中国的臣民和疆土都交给先王，今王也只有施行德政，来和悦地教导殷商那些迷惑的人民，用来完成先王所受的使命。又如成语"付之东流"出自高适的《封丘作》。唐朝诗人高适任封丘县尉时因感叹官府的黑暗不公，写下"生事应须南亩田，世情付与东流水"的诗句，意思是为生之计还是依靠那一亩田吧，那逢迎怨怒的世情，还是抛给那东去的流水吧。言下之意就是我不干了。这里的"付与"便是交与。陆游《老学庵笔记》卷四记载，唐代崔日知因没有得到尚书省的官职而念念不忘，待他做到太常卿时，在厅后建了一座楼，正好与尚书省相望，当时人们称之为"崔公望省楼"。陆游有词写道："乃知朝士妄想，自古已然，可付一笑。"说那些当官的人们一山望着一山高，其执著之处，古今皆同，可以付之一笑。"付之一笑"指一笑了之，表示不介意、不重视、不值得理会。把书稿交给出版社为"付印"；把事情交给别人办理是"托付"；把政策交给有关部门落实即是"付诸实施"。

"付"为付出，包括感情的付出、劳动的付出、汗水与心血的付出。付出是为了得到回报：对家人体贴关怀是为了家人快乐、幸福地生活；在学校付出大量的精力和时间用来学习，是为了获得更多的知识和能力；工作上付出的辛勤劳动，是为了获得事业的成功与生活的保障，是为了获得他人对自己的尊重。

"付"在经济活动中一般指付款、付账、交付等行为。按照"谁受益，谁付账"的经济原则，无论付什么，都应该恪守"付"的本义：亲手去交付，用心去交付，付该付的，该付多少付多少，并且付出要见诸行动，不能空口应承。即如拖欠农民工工资问题。农民工为其卖力，出售的是自身的劳动力，雇佣者消费了就理所应当为其付款。雇佣者如果不肯为自己的消费埋单，轻则失去了信用，没有人继续为他工作；重则要受到法律的惩罚，为自己的行为付出惨重的代价。

赔赚

事业的成功终归是有风险的，怕风险的人永远体会不到成功的喜悦。

赔 【賠】
péi

"赔"，繁体为"賠"。形声字，从贝，音声。

"贝"为贝壳，是古代流通的货币，代指钱财；"音"为"倍"的省字，是加倍。"贝""音"为"赔"，可理解为给他人造成损失后要加倍赔偿。"赔"为补还损失。"音"又为"陪"省，指陪同、陪伴、伴随，赔偿他人的损失，自己的"贝"也会随之受到损失。

在传统观念中，因损害而赔偿是一件理所当然的事情，俗语"一命赔一命"是民间赔偿观念最直白的表现。虽然命并非可以用命来赔，但损害他人就应当承担责任，却是文明社会所必须具备的基本准则。《西游记》第二十四回"万寿山大仙留故友，五庄观行者窃人参"中，孙悟空和他的两个师弟偷吃了人参果，两个小道徒便去找唐僧理论，老实厚道的唐僧以为只是几个果子，便道："果若是偷了，教他赔你。"接着道徒明月说了一句颇可琢磨的话："赔呀！就有钱那里去买？"侵犯了他人财产，理当赔偿，但有的东西，比如人的青春、时间、生命都是无价之宝，本不能用金钱来衡量，更别说赔偿了，所以很多损失并不是简单的经济赔偿所能挽回的。

把钱赔给对方，自己就要亏损，"赔"引申为亏蚀、耗损，又特指做买卖连本钱都没挣回，与"赚"相对。俗语有"赔本赚吆喝"，又有"赔了夫人又折兵"。《三国演义》中，周瑜为了要回刘备久借不还的荆州，设计让刘备入赘孙吴，想以此使其惰怠政事，不料却被诸葛亮以妙计将刘备顺利接回，周瑜率兵追击，却又被关云长打了个落花流水。正是"周郎妙计安天下，赔了夫人又折兵"。如今，商场如战场。经营中稍有不慎，考虑不周，就可能赔得一干二净，血本无归，甚至倾家荡产。所谓"赔本"，就是将自己以前的盈利，全部甚至加倍亏损。虽然所有的商人都不愿意做赔本的生意，但是很多时候却由于各种原因而导致运营不佳，难逃厄运。世上没有稳赚不赔的生意，赔和赚在商场都是司空见惯的，就像顺利和挫败也是人生的常态一样。对一个商人来说，良好的心理素质、越挫越勇的精神是成功的法宝。"从哪里跌倒就从哪里爬起来"，一时的损失并不可怕，最可怕的是人的意志从此没落。所谓"有所失必有所得"，失去的是金钱，得到的却可能是宝贵的经验和坚强的意志，这才是真正的"贝"，是伴随人一生的财富。

赚 【赚】
zhuàn zuàn

"赚"，繁体为"賺"。形声字，从贝，兼声。

"贝"为贝壳，是古代通行的货币，从"贝"的字多与买卖货物、钱财有关；"兼"为兼并、兼顾、加倍。故"赚"可理解为要想赚钱，就得聚敛财富，兼并钱财，兼顾市场，综观全面，小心谨慎，加倍努力。"赚"就是得到的超过付出的那一部分。指做买卖盈利时，"赚"读"zhuàn"。"赚"也读"zuàn"，指相互哄骗，此处之"兼"意为双方，此意多用在戏曲、话本等俗文学作品中。

所谓"买卖"，即是人贱我取，人贵我予。商人从中谋求差额，赢得利润。《史记·货殖列传》："与时俯仰，获其盈利，以末致财，用本守之。"根据时局的变化，随机应变，得到盈利，以买贱卖贵的手段得到财物，以田中收获的手段谨守钱费。古人认为商人不事生产，只是乘机从中渔利，故而以"商"为末，以"农"为本。古人有"以末技致富，而以德为本"的说法，就是劝告商人既然是以末技得到财富，就应当以良好的德行来施行之，本末兼顾才是经商赚钱长远之计。

《正字通》："赚，重卖也。""赚"是以多出本钱的价格出售货物，即贱买贵卖。后意义扩大，只要获得利润即称为"赚"。冯梦龙《警世通言·金令史美婢酬秀童》："我也许过他二十两银子，只恨他没有本事赚我的钱！"这里的"赚"并非商家之间的交易，也无买贱卖贵的贩货过程，纯是双方之间的约定，某人获利即为"赚"。俗语中，"赚"亦指挣钱，是以自己的力气（体力、脑力）作为本钱，来赢得钱财。

"赚"又为赢得、获得。《水浒传》第一百零三回："（那粉头）色艺双绝，赚得人山人海价看。"那位青楼女子相貌出众，又弹得一手好琵琶，赢得人人都来看。这里，那位女子只因"色艺双绝"的名声，便惹得人们都来观看，这与商家赢得利润一样，她赢得了众人的青睐，所以也称为"赚"。

《正字通》："赚，错也。"这里"赚"指错误、耽误，这个意义多用于话本或戏曲等俗文学作品中。徐铉《稽神录拾遗·教坊乐人子》："讶，赚矣！此辟谷药也。"呀，错了，这个是辟谷药。

人生也是一种经营，人生之间充满了赚与赔。战国时，冯谖擅作主张，以债赐诸民，为孟尝君市义（买仁义），看起来赔了，可赚来的是民心所向；认认真真做事，踏踏实实做人，与那些见利忘义、虚伪奸诈的人比较起来，似乎是赔了，却赚来了他人的肯定与信任；苦心志、劳筋骨，家徒四壁、矢志不渝者，与那些不思进取、悠闲阔绰的人比较起来，似乎是赔了，赚来的却是人生价值的实现和学业功名的成功；经营企业顾客至上、童叟无欺与旁门左道、投机倒把比较起来，似乎是赔了，但赚得了顾客的信任和丰厚的回报，赢得了企业长久的发展与未来。

赊欠

赊欠是正常的经济活动，但也是人际交往的负担，赊欠的时候双方信誓旦旦，催账的时候友情逼上梁山。

赊 【賒】

shē

赊 小篆

"赊"，繁体为"賒"。形声字，从贝，佘声。

"贝"为贝壳，曾是古代流通的货币，买卖货物时的交易媒介；"佘"字因其短竖、有所欠缺而不能成"余"。购买货物必须钱财有余，钱财无余而购货则只能欠"贝"，此即为"赊"。所以，买了货物而暂时没有钱付账为"赊"；卖了货物而暂时得不到货款也为"赊"。《说文》认为"赊"是"赊买也"，"赊"为借贷，是拿走货物而暂不付账。故"赊"是买卖货物时延期付款或延期收款，即赊账、赊欠、赊购、赊销等。

"赊"可用于买方，又可用于卖方。《周礼·地官·泉府》："凡赊者，祭祀无过旬日，丧纪无过三月。"是说凡赊欠钱物者，为祭祀而赊不超过十天便须归还，为丧事而赊不超过三个月便须归还。这是古时赊欠者应守的公德。《三国志·吴志·潘璋传》："潘璋嗜酒，居贫，好赊酤。"是说潘璋酷爱喝酒，因家中贫穷，经常到酒肆里赊酒喝。这里的"赊"为买物而延期交款。

卖主赊出去的账等着收回，其心期期。由此"赊"引申为遥远，既为路途遥远，又为时日长久。《字汇·贝部》："赊，远也。"王勃《滕王阁序》："北海虽赊，扶摇可接。东隅已逝，桑榆非晚。"大意是说北海虽然遥远，乘着长风便可到达；朝阳似的青春已经逝去，夕照般的老年岁月也不算太晚。李中《旅夜闻笛》："长笛起谁家，秋凉夜漏赊。"不知哪里吹响幽怨的笛声，惹起旅人的无边情怀，秋天乍凉的夜晚，时间怎过得恁长。

"赊"有多、太过之意。范成大《冬春行》描述了农家舂米的忙碌景象，后来写道："邻叟来观还叹嗟，贫人一饱不可赊。官租私债纷如麻，有米冬春能几家。"说邻家的老人来观看舂米，嗟叹再三，贫苦人家只求得一饱而已，别无他念，官租与债务多如麻，冬天有米可舂的能有几家呢。

"赊"因钱财亏欠而为之，是建立在诚信之上的一种买卖行为。其与"借"、"贷"近义而有区别。"借"为暂时使用对方的东西，或提供给对方东西暂用，钱、物皆可言借；"贷"为向他人借钱或借给他人钱，言贷者仅限于钱；"赊"为买卖双方供求货物而暂不交钱，赊同时涉及钱与物。相同之处是，三字都是双方相互之间的关系，都是暂时性的，须要事后了结。

无论是古代还是现代，赊买卖作为一种商品交易行为都大量存在。所谓赊买卖，是由卖方预先将商品所有权移转给买方，而买方延期付款的信用买卖。赊买卖早在周代就已经萌芽。《周礼·地官·司市》："以贾府禁伪而除诈，以泉府同货敛赊。"大意是讲让胥师、贾师等小吏来禁止假货而杜绝欺诈，用刑罚来禁止暴乱而铲除盗贼，通过泉府的收购或赊予来体现与民同财货。《后汉书·刘盆子传》："少年来酤者，皆赊与之。"是说凡是少年人来买酒的，一律都赊给他们。由此我们不难看到，在汉代即存在着大量赊的行为和赊的关系。这种信用买卖在宋明时期最为盛行。《喻世明言》中讲到临安府新桥市商人吴山在灰桥市开铺，家中收下的丝绵，发到铺中，卖与在城机户。"家中收丝"、"收拾机户赊账"。即在家包买农户的蚕丝，在城赊卖给织棉的机户。从包买到赊卖收债形成了商人与养蚕户和商人与织布机户之间的债权债务关系。赊买卖关系的确立基础是买方和卖方之间产生的信用。实际上，守诺言、守契约是商品经济社会中普遍存在的伦理道德和原则规范。

qiàn

甲骨文　　小篆

"欠"，象形字，上似气，下从人。"欠"的甲骨文字形像一个人跪地，昂首张嘴，大打哈欠的样子。小篆字形下面是人，上面像人呼出之气形。

《说文·欠部》："欠，张口气悟也。像气从人上出之形。""欠"就是人张开口，将壅塞、阻滞的气伸散而出。"欠"的本义为打哈欠。打哈欠是因人缺乏休息，所以"欠"又有欠缺、欠安、欠佳、亏欠之意。《集韵·验韵》："欠，不足也。"将此意运用于经济领域，则有欠款、欠债、欠账等。

《仪礼·士相见礼》："君子欠伸。"郑玄注："志倦则欠，体倦则伸。"精神困倦就会打哈欠，身体困倦就会伸懒腰。有研究表明，人之所以会打哈欠是因为人在疲劳困倦时，体内的氧气含量降低，大脑活动减慢。为求自我保护，便会不断打哈欠，借以加深呼吸，提高体内的氧气含量，加速血液循环。此外，我们打哈欠时，通常会闭上眼睛，张开口，面部、颈部、舌头、咽喉以及四肢的肌肉都收紧一下，然后再舒张。这一连串动作可以伸展肌肉，消除疲劳。同时，打哈欠在某种程度上还可以减少人在情感上的紧张。除了疲倦以外，打"哈欠"还可以传递另外一种信息——毫无兴趣！

人因缺氧而打哈欠，所以"欠"由本义延伸指缺乏、不够之意。"欠佳"指事情做得不够好；"欠安"指身体不够健康；"欠勤"指缺勤。《三国演义》里最传神、最精彩的描写是诸葛亮"借东风"一章。赤壁之战中孙、刘两家联合抗曹，根据曹军不善水战，把战船用铁链连接起来的情况，决定采取火攻。可是曹军在长江北岸，只有东南风才能烧到，可当时正值隆冬天气，刮西北风。诸葛亮高筑神台，向天祷告，终于东风刮起，曹军惨败。杜牧《赤壁》诗云："折戟沉沙铁未销，自将磨洗认前朝。东风不与周郎便，铜雀春深锁二乔。"后来人们就用"万事俱备，只欠东风"表示样样都准备好了，就差最后一个重要条件。

当欠缺这一意义反映在经济上，"欠"就有了借而未还或当给未给的含义，如拖欠、欠债。从表面上看，这是一种欠钱的行为。从实质上看，他们欠的是诚信，欠的是做人的原则，欠的是人格，这比欠钱更可怕，也更可悲。

债务

讨债的总是比欠债的记性好。

债 【債】
zhài

"债"，繁体为"債"。形声字，从人，责声。

"人"与其他动物的区别是有思想、有感情、能劳动、能创造；"责"是责任、职责。"债"是人的责任；责任是人所欠的"债"。

与金钱相关的责任为"金钱债"；与感情相关的责任为"人情债"。"债"是双方的责任：债主有追债的权利，负债者有还债的义务。债越多，人的责任越重。"责"是责问、责备、自责。债主对负债者常常带有责备的心态，负债者面对债主大多是自责的心理。《说文新附》："债，债负也。""债"即为亏欠。

汉代晁错《论贵粟疏》："有卖田宅，鬻子孙，以偿债者。"负债累累的百姓已经到了把田宅和儿孙卖掉，用来抵偿债务的地步。宋代范成大《冬春行》："官租私债纷如麻，有米冬春能几家！"官家的租与私借的债多如麻，能够有余米在冬天来春的能有几家呢！

借债即是租钱，故而"债"引申为租赁、借债之意。《管子·问》："问邑之贫人债而食者几何家？"意思是说，询问城中的穷人借债度日的有多少家？"债"由此又引申有索取之意。《广韵》："债，征财。""征财"即索取财物。《百喻经·债半钱喻》："往有商人，贷他半钱，久不得偿，即更往债。"从前有个商人，有人借了他半个钱，很久了都没还，便要亲自去索取。

"债"不仅指金钱上的债务，还泛指一切所欠的东西。白居易《晚春欲携酒寻沈四》："顾我酒狂久，负君诗债多。"大意是说，很长时间以来，我经常酒醉，所以欠了您很多的诗债。所谓"诗债"，既指所欠的诗篇，又指所欠的饮酒作诗之时彼此间的友情。故此处的"债"，既含有诗债，又含情义债，语带诙谐、风雅。

生儿育女、繁衍子孙是人的责任。有一副对联说："夫妻是前缘，善缘恶缘，无缘不合；子女是宿债，讨债还债，有债方来。"

"债"不局限于人与人之间，还可扩展到国家与个人、国家与国家之间。"国债"又称为"公债"。按所借资金的来源，可分为内债和外债；按偿还期限，可分为短期国债（1年期内）、中期国债、长期国债（10年期以上）和永久国债（没有规定还本期限，只规定按时付息）；按举借对象和用途，可分为国库券、重点建设债券、财政债券、国家建设债券、特种国债、保值公债、转换债、特种定向债券、专项国债、定向国债、特别国债等多种债种。

务【務】
wù

小篆

"务"，繁体为"務"。会意字，小篆从矛，从攴，从力，隶变后改从"攴"为从"夂"。

"矛"为古代常用兵器，矛头尖利无比；"攴"的甲骨文像手中执有工具，是执拿的意思；"力"为气力；"夂"的甲骨文是一只从后向前走的脚的象形，意为前进。手中拿着长矛，发力向前走，"務"有行走、趋向之意。《说文·矛部》："務，趋也。"

矛为一种兵器，可引申指工具或方式、方法；"夂"为行走，可引申指行动；"力"为气力，可引申为智力、能力。故"務"表示要致力于某事；又引申为事情，如"要务"、"事务"、"公务"；亦有追求、谋求之意，如"务实"。

"矛"是进攻型兵器，因其矛头尖锐而利于刺中要害。"務"从矛，示意要致力于完成某项事务，必须积极主动，同时要抓住重点，找准突破口，如此才能达成目标。"務"从夂，表示做事情要向前看，踏踏实实，

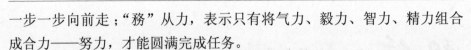

一步一步向前走；"务"从力，表示只有将气力、毅力、智力、精力组合成合力——努力，才能圆满完成任务。

《论语·学而》："君子务本，本立而道生。"其中的"务"，就是用的本义，表示致力于某事。孔子认为，凡事都应该讲究一个本，做事应该从根本做起。由本义引申，"务"可指人所致力从事的工作，如"事务"、"总务"、"任务"等等。《易·系辞上》："故能成天下之务。"其中的"务"，就是指事业。"开物成务"意思是通晓万物的道理并按此行事而得到成功。《周易·系辞上》："夫《易》开物成务，冒天下之道，如斯而已者也。""毛举细务"指烦琐地列举细小事情。宋代陈亮《论励臣之道》："而群臣邈焉不知所急，毛举细事以乱大谋。""识时务者为俊杰"意思是能认清时代潮流的，是聪明能干的人。晋习凿齿《襄阳记》："识时务者，在乎俊杰。此间自有伏龙、凤雏。"

做一番事业，是人们进取、追求的目标，也是人生的价值所在。但生活中的琐碎却总是拖累人们前进的步伐。事业的成功需要人们付出的太多，过程的困难和繁杂往往令人迷失了方向。的确，"成功总掌握在有准备的人手中"。事业的成功，需要事先精心而充足的准备：知识的积累、身体的锻炼、心胸的开拓、心理的磨练、感情的积淀等等，也许还有无数次的失败、无数次面临绝望、无数次咬牙坚持……

既然致力于某事，就应该也一定能够把它做好。由此，"务"字又有必须、一定之义，如"务必"。《尚书·泰誓下》："树德务滋，除恶务本。"德行的培养得从一点一滴做起，而铲除邪恶则必须连根拔起才行。"贪多务得"原指学习上务求尽多地获得知识，后泛指对其他事物贪多并务求取得。韩愈《进学解》："贪多务得，细大不捐。"

中国古代戏剧中有"务头"的概念。元代周德清《中原音韵》："要知某调、某句、某字是务头，可施俊语于其上。"从唱腔方面来说，务头是一首曲子中最动听之处，从内容方面上说，则是曲词中最重要的一些词语。务头表现在平仄的运用上，主要是要求在这些紧要的字眼上避免多个同声调的字连用，特别要注意平、上、去三声字的搭配运用。

租赁

租赁要勇于冒险，善于决断。

租 zū

租 小篆

　　"租"，形声字，从禾，且（jū）声。

　　"禾"既指土地上生长出来的农作物，也可以引申为耕种的土地；"且"为暂且、姑且，表示暂时之意。"禾""且"为"租"，可理解为所耕种的土地只是暂时使用，不属于自己，并且要向土地的所有者交纳产品或捐税。《说文·禾部》："租，田赋也。"本义为田赋，包括征收的农产品以及按田地征收的捐税。"租"是出代价暂用别人的东西。如租房、租车。"租"中有"禾"，借指所得到的金钱、实物等利益；将"且"视作"助"省字，表示帮助、协助、互助。"禾"在"且"前，表明"租"是以一定的利益为前提的。在获得利益的前提下提供帮助的行为是"出租"；而以付出一定代价为前提以求得帮助的行为是"求租"。

　　《广雅》："租，税也。"古代赋、税、租三者各有所指："赋"是兵赋，体现形式为货币；"税"是田税，体现形式为农作物；"租"是地租，体现形式为力租（劳役地租）、谷租（实物地租）和钱租（货币地租）。即所谓"敛财曰赋，敛谷曰税，田税曰租"（《急就篇》）。由于"溥天之下，莫非王土"（《诗·小雅·北山》）的观念和土地王室私有的制度，遂形成了租、税合一的通例，因而二者通称"租税"。

　　秦灭六国后，秦始皇为显大国气象，征调天下百姓，修长城、建阿房宫、造陵墓，致使百姓终年劳役，不得务农，怨声载道，国家元气大伤。刘邦建立汉朝后，吸取秦朝灭亡的教训，勤修内政，休养生息，并连年减免百姓的赋贡，实行无为而治。其后文帝、景帝继续贯彻这一方针。《汉书·文帝纪》载录：文帝在劝农时发布的诏书中，宣称农业是天下之大本，百姓衣食所赖藉，因担心他们为牟利而经商废田，于是"赐天下民今年田租之半"，只收以往田租的半数。这里的"田"是农民所种的帝王之田，"租"便是由此而产生的租税。

"租"为租赁、租用。租赁出现的年代久远，早在原始社会，氏族首领用来出租的财产就有土地、劳动工具、牲畜、货物等，此外也有战争中抓获的俘虏。在古代社会的各种租用现象中，租种土地是最常见的。由于地主占有大部分基本生产资料——土地，农民占有很少的土地或完全没有土地。地主便把土地以不同形式交给农民耕种，通过地租形式剥削农民的剩余劳动和剩余产品。地租是地主实现自己的土地所有权和对农民的不完全占有权的最基本形式。直至明清之际，我国仍约有半数以上的农民都在租种土地。

随着社会的发展和需求的多样性，除土地外，可租之物渐多，有租房的、租车的、租书的等。"租"的目的除了满足基本生活所需，更多是出于纯粹的消费。

赁 【賃】
lìn

賃 金文　賃 小篆

"赁"，繁体为"賃"。形声字，从贝，任声。

"任"的甲骨文像一个人挑担的样子，意为挑担、肩负；"贝"为贝壳，曾是古代通行的货币，代指钱财。"任""贝"为"赁"，意为通过为别人挑担而得到钱财，或付出钱财使人为己挑担。《说文·贝部》："賃，庸也。""庸"者佣也。"赁"的本义为雇佣，给人做雇工或雇人劳动。又，"任"为听任、任用、责任；"贝"也泛指人、财、物。"赁"意为通过支付一定的钱财而获得相应的对事物任用、使用的权力；或收取一定的钱财将自己的所有、责任转移，而听任、任凭别人使用。这种租入、借入或租出、借出的行为就是"赁"。"赁"中之"任"表明：赁，当以互相信任为前提，并相互尽到责任。

"赁"是人与人之间以经济利益为基础而达成的合作关系。本义是雇佣，即劳动者出卖自己劳动力获得报偿的活动。《史记·季布列传》："赁佣于齐，为酒人保。"是说彭越未发迹时非常穷困，在齐地受雇为酒保。《南史·张敬儿传》："家贫，每休假辄佣赁自给。"意思是因家中贫穷，于是每到休假之日便给别人帮佣以赚取生活费。在以农业为主的社会里，除一部分人有少量的耕地外，大多数农民都是以租种土地为生，并向地主缴纳地租或是租金，这就是最早的雇佣关系。中国最早的赁佣关系出现在明朝中后期，典型的例子是在苏杭纺织业发达的江浙地区，每天都有大量的纺织工站在桥上等待着被雇主赁佣。在此以前的"赁佣"关系或是卖身为奴成为佣仆，或是为暂时缓解经济紧张而替人帮工的行为，这与后来的有特定定义的雇佣关系有本质的区别。"赁"也作名词，从贝，指支付工人的工钱。《六书故·动物四》："赁，庸取直也。""直"指价值和工钱。如"赁银"即劳动报酬，工钱；"赁钱"、"赁金"意为租金。

"赁"有出卖、转让之意。租有两层含义，首先是租入，借入，即用资金与物主交换，转让该物一定时间内的使用权。《穆天子传》："赁车受载。"郭璞注："赁，犹借也。"杨朝英《双调·水仙子》："依山傍水盖茅斋，施买奇花赁地栽。"买来奇花异卉再去租来一块好地来栽种。另外一层含义则是租出、借出，即物主将自己所掌控的物资，通过转让给他人使用一定时间获取钱财。如赁屋、赁居。《文明小史》第七回："自己只住得一进厅房，其余的赁与两家亲戚同住。"建立租赁关系后要订立赁约，即租借契约，相当于合同，具有法律约束力。

在市场经济条件下，租赁已经发展成为集融资、理财、促销三位于一体的经济贸易形式。在经济发达国家，租赁业被视为五大经济支柱之一（其他四项为银行、证券、保险和信托）。由于租赁业具有减少资金占用、促进融资、加速技术更新等经济功能，因而具有顽强的生命力。

雇佣

对员工要将心比心，己所不欲，勿施于人。

雇 【僱】
gù

甲骨文　　小篆

　　"雇"，异体为"僱"。形声字，从隹，户声。

　　"户"为门户、檐下、人家；"隹"为"难"的省字，是艰难、困难。"隹"还为"隻"的省字（"隻"同"只"），表示单独、极少的意思，如"只身一人"。"雇"为"户"下有"隹"，示家中只有一个人，势单力薄，缺乏人手，劳作艰难，须请他人帮忙。"雇"是出钱让人为自己做事。《集韵》："雇，佣也。"异体"僱"加"亻"旁，强调了雇与受雇是一种人际关系。

　　"雇"为雇佣，是出钱叫人替自己做事。出钱的人就是雇主，做事的人就是雇工、雇农、雇员，而解雇就是停止雇佣。唐玄宗开元二十一年，都城长安大雨，谷价上涨，此时玄宗将要去东都，于是向时任京兆尹的裴耀卿问起运粮的事情。裴耀卿说，应该停止其他地方的陆运，增置仓河口，使来自江南的漕舟能通过，"县官雇舟以分入河、洛"，即仓河县的县官雇船只分别由黄河、洛水通过。

　　领取钱物替人做事也为"雇"。苏轼《乞罢宿城状》："展筑外城一十一里有余，役兵及雇夫共五十七万有余工，每夫用七十省钱，召募雇夫及物料，合用钱一万九千余贯，约五年毕工。"这是苏轼反驳同僚关于扩建宿州城所提及的一句话，意为扩建工程巨大，所需兵丁、雇夫共57万多人，劳民伤财，费时费力，而实无大用。文中的"雇夫"就是受雇修城的民夫。

　　雇人要付报酬，称为"雇直"。《后汉书·桓帝纪》记载，如果有王侯指使百姓储积五谷者，一律从中抽取 3/10 给予百姓，作为赏赐，"其百姓吏民者，以见钱雇直。"那些积谷的百姓，要给现钱作为雇佣酬劳。

登记雇佣者的簿册称为"雇籍"。《宋史·食货志》："官雇弓手，先雇尝充弓手之人，如不足，以武勇有雇籍者充。"官府雇弓箭手，优先雇佣曾经做过弓箭手的人，如果不够，就以武勇且雇籍上有其名字者补入。这大概就是今天招聘启事上常说的"有工作经验者优先"吧。

现在"雇"字主要运用于经济领域。与古代不同的是，如今的雇佣者和被雇佣者是平等的，互相选择和被选择，而绝不是"劳心者治人，劳力者治于人"的关系。雇佣者并不高高在上，他们都希望能雇到最能干、最得力的助手及工作人员。为此，现代企业一般都设有人力资源部，以更有效地网罗和管理人才。被雇佣者也并非仰人鼻息，他们寻找的是能够发挥自己才能和潜力的良好平台，从而实现自我的价值。为企业寻找合适的被雇佣者的人叫"猎头"。人才更换雇佣者叫"跳槽"。一旦千里马遇上了伯乐，强强联合，合作默契，就能达到双赢的效果。

佣 【傭】
yōng

傭 小篆

"佣"，繁体为"傭"。形声字，从人，庸声。

"庸"从"人"，表示其意义与人的行为相关；"庸"为出卖劳动力。出卖劳动力的人为"傭"，故而"傭"意为受雇佣、出卖劳动力。《说文·人部》："傭，均直也。卖力受直曰佣。""庸"有平凡、平常之意。"傭"由平常、地位低下的人来担当。简化字"佣"从"人"，从"用"。"用"为使用、任用。"佣"为被用之人，为人所用，亦是雇佣之意。

西汉司马迁《史记·陈涉世家》："陈涉少时，尝与人佣耕。"陈涉出身贫苦，只好受雇去给人家耕地，有一天，他对同伴们说："苟富贵，毋相忘。"结果招来了同伴的嘲笑："佣者笑而应曰：'若为佣耕，何富贵也？'"陈涉回答说："燕雀安知鸿鹄之志哉！"后来陈涉和吴广领导了历史上第一次农民起义，给了残暴的秦王朝以致命的打击。"赁耳佣目"指借助于所见所闻。清代钱谦益《复徐巨源书》："流浪壮齿，记滥俗学，侵寻四十，赁耳佣目，乃稍知古学之由来。"

汉代土地兼并加剧，破产农民多数沦为佃客。甚至一些没落的贵族、官僚、地主及其子弟也有潦倒到为人佣作的，使用雇佣劳动的范围也相当广泛。佣工对主人的关系可分两种类型，一种是自愿的雇佣，另一种是依附性的雇佣。"佣书"指中国古代受人雇佣以抄书为业者。魏晋、南北朝时称经生，唐代称钞书人。古代得书不易，书要靠自己抄写。东汉初期，读书人多，对图书的需求量也扩大了，逐渐出现以抄书为业的人。南朝宋范晔《后汉书·班超传》："家贫，常为官佣书以供养。"西晋陈寿《三国志·阚泽传》："居贫无资，常为人佣书，以供纸笔。"即指受官府或豪富人家的雇佣而抄书。有的还在市肆上边抄书边出售。佣书人在长期的缮字过程中，积累了丰富的知识，得以通过推荐或考试进入仕途，更多的佣书人终生抄书默默无闻，但为古代书籍的流传作出了贡献。

"人"和"用"组合成"佣"字，表示这是个有用的人，不管是受雇佣还是做劳役，都是在靠自己的双手劳动。清代洪亮吉《治平篇》中有："八人即不能无佣作之助，是不下十人矣。"其中"佣作"一词指的就是从事生产劳动的雇工。"佣食"指的是靠做雇工来谋生的人。中华民族上下五千年的文明就是由无数的劳动人民创造的。

雇佣劳动都是有报酬的，由此"佣"引申出"工钱"的意思。《旧唐书》："凡三年，运七百万石，省陆运之佣四十万贯。"三年间，利用河道运送了七百万石粮食，节省了陆地运送的四十万工钱。

"佣"也有平凡的意思。《荀子》："心平愉则色不及佣而可以养目，声不及佣而可以养耳。"意思是只要心平气和，即使是不如平常的美色亦可悦目，不如平常的音乐听起来也很悦耳。其中的"佣"就是平凡、平常的意思。"佣士"指平凡的人，而在平凡之人中才能非常突出的则称之为"佣中佼佼"。《后汉书·刘盆子传》："卿所谓铁中铮铮，佣中佼佼者也。"

薪酬

老年的悲伤是年轻时荒芜的结果，晚年的微笑是年轻时耕耘的报酬。

薪 xīn

薪 小篆

"薪"，形声字，从艸，新声。

"薪"为上"艸"下"新"。"艸"为草木植物的统称。"新"的甲骨文像以斤斧斫木，本义为用斧子砍伐木材。《说文·艸部》："薪，荛也。""荛"为柴草。"薪"的本义为做燃料的木柴。人的日常生活不离薪、水二物。无柴无法熟食，无水无法下米。故以"薪水"代称日常生活必需的物质；后泛指工资，简称为"薪"。

"薪"为柴草。白居易《卖炭翁》："卖炭翁，伐薪烧炭南山中……可怜身上衣正单，心忧炭贱愿天寒。"句中的"伐薪"就是砍柴。但卖炭所赚十分微薄，所以卖炭老翁虽然衣着单薄，为了生计却"心忧炭贱愿天寒"。

《代悲白头翁》为刘希夷的代表作，是以落花咏人生悲哀的名篇。其中有"今年花落颜色改，明年花开复谁在。已见松柏摧为薪，更闻桑田变成海"的诗句。作者借花谢花飞、翠柏成枯柴、桑田变沧海来感叹生命的流逝，辞意婉转伤感。

《战国策·魏策三》："以地事秦，尤抱薪救火也，薪不尽，火不灭。"是说用割让土地的办法换取和平，就如同用木柴救火一样，越是添柴，火就烧得越旺盛。后有成语"抱薪救火"，比喻以错误的方法去消灭祸患，不但救不了自己，反而会扩大祸患。此中的"薪"就是木柴。成语还有"薪尽火传"，意思是前一根木柴刚烧完，后一根木柴已经烧着。用以比喻老师传授学问给学生，学问一代一代流传下去。也指种族血统或文化精神绵延传递。而"薪尽火灭"则是指木柴烧尽，火亦熄灭，与"薪尽火传"正好相反。

劳动创造财富，因此"薪"加"水"，就是劳动报酬的意思。"薪水"引申为报酬。如"加薪"即为增加报酬。"薪"也可与其他字组合表示报酬，如薪酬、薪金等。所谓生活七件事，柴米油盐酱醋茶。其中的"柴"为薪，"茶"含水，"薪"、"水"头尾相应，囊括了生活之必需。

"薪"字，上"艹"下"新"，为草木茂盛、欣欣向荣之貌。"薪"是新生的草芽，是新近劳动获得的新报酬。它告诉人们，要通过辛勤的劳动不断创造财富，没有劳动就没有收获，"坐吃"迟早会"山空"。欲求草木生长欣欣向荣、日新月异，就要时刻浇水、施肥，给其生长的动力；若想增加薪水，实现自己的价值，改善自己的生活，也要不断地付出。相信始终保持着饱满的工作热情、敬业的工作态度和突出的工作成绩，最终会获得令人满意的薪水。

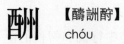

【醻詶酧】

chóu

（酬）小篆　　　（醻）小篆　　　（詶）小篆

"酬"，异体为"醻"、"詶"、"酧"。形声字，从酉，州声。

"酉"的古文像盛有酒的坛子，是宴饮之具；"州"为九州，是传说中的上古行政区划。酒席上的人来自全国各地，客人给主人祝酒后，主人回敬以作答。《说文·酉部》："酬，主人进客也。""酬"是主人为使客人饮酒而进行的一种礼节，故异体为"詶"字，从言。"酧"从守，"守"为遵守、保持。敬酒者遵守主人的意愿，以酒代情。"醻"从寿，"寿"为长寿。可理解为在酒席上敬酒祝人长寿。"酬"后通指劝酒、敬酒。"酬"有应酬、报酬、酬劳、酬谢等。

贾公彦《仪礼》疏："若不先自饮，主人不忠信；恐宾不饮，示忠信之道，故先自饮，乃饮宾，为酬也。"如果主人不先饮酒，是失礼的表现；

担心宾客不饮酒，主人应该示以忠信，先自饮一杯，然后宾客再饮。主人先饮，宾客附和而饮，称为"酬"，如今称为劝酒。《说文解字注》："凡主人酌宾曰献，宾还酌主人曰酢，主人又自饮以酌宾曰酬。"主人先敬宾客称献，客人还敬主人称酢，主人又自饮以谢宾客称酬。

宾主献酬之际，免不了说几句吉祥话，客人自然回敬，因而互致友好。因此"酬"又为应对、对答。《篇海类编》："酬，答也。"《元史·张昉传》："左酬右答，咸得其当。"张昉应对众人都很得当。古代文人常以诗文作为酬答，故古诗文中许多都以"酬和"、"酬答"、"酬唱"、"酬寄"等为题，或直言"酬"、"和"。

《仪礼·士冠礼》："主人酬宾。"注云："饮宾客而从之以财货曰酬。"请宾客饮酒并赠送财物或礼品称为"酬"。主人劝酒或以礼品酬客都是为了报答远来的客人的一片情意，因此"酬"引申为报答。《尔雅》："酬，报也。"郭璞注："此通谓相报答，不主于酒。"这里的"酬"不单指与酒筵有关的报答，所有以物、以行动相报的行为都称为"酬"。李白《走笔赠独孤驸马》："长揖蒙垂国士恩，壮心剖出酬知己。"所谓知己者，应推心置腹，以心相交，肝胆相照。

《史记·刺客列传》中有这样一则故事：豫让曾是中行氏和智伯的臣子，二人先后被赵襄子所灭。豫让发誓要刺杀赵襄子，为主人报仇。为了不被人认出，豫让漆身吞炭，把身子抹上颜色，使人看不出他的本来面目；吞下炭让嗓子变哑，使人听不出他原来的声音。但最终还是行刺失败，被赵襄子捉住。豫让提出请求：请赵襄子把衣服脱下来，自己拔剑"斩衣三跃"，以为报仇。赵襄子问他，你为什么不替中行氏报仇，却为智伯报仇？豫让说，中行氏以众人遇我，我故以众人报之；智伯以国士遇我，我故以国士报之。中行氏把我当普通人看待，我就以普通人的身份酬报他；智伯把我当国士看待，我则以国士应该做的来酬报他。

通过豫让酬知己的故事可知，"酬"是一种相互的行为。《广韵》："酬，以财货曰酬。""酬"是指以钱物报答或回报。《清平山堂话本·羹关姚卞吊诸葛》："命童子取银一锭，以酬润笔之资。""润笔"相当于今之稿费，酬资为一锭银两。

可见，酬是以付出为前提的，有付出才有酬报。"酬"可以是精神的，也可以是物质的。古代之"酬"多没有事先约定，而且通常只是一种表示敬意的行为。现代之"酬"通常是事先针对某种行为的付出而约定的具体酬报，并多以财物来体现，即所谓酬劳、报酬。劳动付出的承受者有支付报酬的义务，劳动的付出者有获得报酬的权利，这是尊重劳动价值的体现。

剩余

剩余价值是资本家对胆量、胃口和仁心的佐证材料。

剩 【賸】

shèng

（賸）金文　（賸）小篆

"剩",异体为"賸"。汉字整理前,"剩"、"賸"二字的意义不完全相同。

"剩"为形声字,从刀,乘声。"乘"在古代指兵车,通常四马一车为一乘,每乘所载人数有限制;"刀"常用作兵器,此处可指代持刀者。"剩"字为"乘"旁有"刀",可理解为乘舆之外的人,乘舆所不能载的,即为多出来的、多余的。《广韵·证韵》:"剩,剩长也。""剩"的本义为多余、余下。《字汇·刀部》:"剩,余也,冗长也。""剩"由多余之意引申指增益、增多。

异体字"賸"从贝,朕声。"贝"指货币与财物;"朕"可视为"縢"省,"縢"是送的意思。二者合而为"賸",意为嫁女时陪送的财物。《说文·贝部》:"賸,物相增加也。从贝,朕声。一曰送也,副也。"古时诸侯女儿出嫁,要同姓娣侄和奴仆陪嫁,这就是"縢",同时也要陪送财物,这就是"賸"。"賸"本义为嫁女陪送财物。《集韵·证韵》:"賸,以财赠送,余也。俗作剩。"

《聊斋志异·狼》:"一屠晚归,担中肉尽,止有剩骨。"清代洪亮吉《治平篇》:"使野无闲田,民无剩力。"其中的"剩"都是剩余、多余的意思。"剩水残山"指的是残破的山河,沦亡或经过变乱后的国土,亦作"残山剩水"。明代王璲《题赵仲穆画》:"南朝无限伤心事,都在残山剩水中。""遗芬剩馥"比喻前人留下的精美文章。明代李东阳《跋〈聚芳亭卷〉》:"而诗书图史,遗芬剩馥,在其子孙者,其来未艾,谓非少保公之贤而至然哉！""残膏剩馥"比喻前人留下的文学遗产。"膏"为油脂；"馥"指香气。《新唐书·杜甫传赞》："唐诗人杜甫，浑涵汪茫，千汇万状，兼古今而有之。他人不足，甫乃厌余，残膏剩馥，沾丐后人多矣。""剩蕊残葩"比喻已被摧残蹂躏的女子。明代凌濛初《初刻拍案惊奇》第三十二卷："虽然一霎之情，义坚金石，他日勿使剩蕊残葩，空随流水。"

　　"剩"还有多的意思。宋代方岳《最高楼》："且容侬，多种竹，剩栽梅。""剩"可以作副词。《字汇》："剩，盖也。""剩"表示程度，相当于"更"、"更加"。宋代欧阳修《蝶恋花》："老去风情应不到，凭君剩把芳尊倒。"这里的"剩"表示无条件限制，相当于"尽管"。"剩磁"是物理学名词，指磁化过的物体不再受外部磁场影响时保留的磁化强度，即永磁体的磁性。

　　在经济学领域，"剩余"使用得很频繁。"剩余劳动"指的是超出劳动者为维持自己及其家庭生活所需要的劳动；雇佣工人的剩余劳动所创造的被资本家无偿占有的那部分价值就叫作"剩余价值"，它体现了资本家对雇佣工人的剥削关系，是资本主义生产关系的本质表现。在资本主义社会，资本家占有生产资料，劳动者虽有人身自由，却被剥夺了生产资料。只有当劳动者把自己的劳动力当作商品出卖并被资本家购买以后，劳动力和生产资料才能结合起来，进行资本主义生产。资本主义生产过程是劳动过程和价值增值过程的统一。从劳动过程的角度看，雇佣工人的具体劳动创造了具有一定使用价值的商品。从价值增值的角度看，雇佣工人的劳动，作为抽象劳动，形成了商品的新价值。雇佣工人创造的新价值，比他自身的劳动力的价值更大，为资本家提供了一个超过劳动力价值的剩余价值。资本家进行资本主义生产，不是为了要享用工人为他生产的商品的使用价值，而是为了攫取工人生产的剩余价值，实现资本增值。资本的本性就是在不断的价值增值运动中，维持、发展和扩大自身。这就是"剩余价值规律"。

　　由美国当代激进派经济学家提出的"经济剩余论"，是关于在垄断资本主义条件下，剩余产量的产生和吸收的理论。它已成为美国"新马克思主义"的经济理论核心。西方经济学家对经济剩余的最简短的定义，就是一个社会所生产的产品与生产它的成本之间的差额。企业的经济剩余是企业的消费者剩余和生产者剩余的总和。

余 【餘】
yú

（余）甲骨文　　（余）金文　　（余）小篆

（餘）小篆

"余"，繁体为"餘"。古代先有"余"而后有"餘"，汉字简化前，"余"与"餘"有时互相通假但意义并不完全相同。"余"为会意字，从亼，从木；"餘"为形声字，从食，余声。

甲骨文中，"亼"像房顶，"木"像去掉枝丫的木柱，故"余"为以木柱支撑的房舍的象形，指先民早期的房屋。"余"的本义为房屋，与"舍"同义。房屋属我私有，是容我之所。我在"余"中，野兽不侵，方可为我。故"余"又是"我"的代称，是"我"的自称。《尔雅》："余，我也。"又，"余，身也。"古人自称为"身"，是因为身体是我的；古代天子以天下只有他一人（位）自居，自称"余一人"。"余"又从人，从禾。"人"为仓顶之形，"禾"为五谷，禾在仓中，表示日用丰足，粮食盈余，因此，"余"也为丰足、宽裕和剩下、多出的意思，后此义加"食"旁写为"餘"，特指"余"中之"禾"为粮食。《说文·食部》："餘，饶也。"后所有事物多出来均泛称为"餘"，如剩余、多余、余粮、余兴等，与表示第一人称的"余"有严格的区分。"余"又可引申为其他的、以外的、区别于本体。

《广雅》："余，皆也。""余"是"除……之外的所有"。《史记·高祖本纪》载，汉高祖刘邦进入秦国都城咸阳，与父老约法三章："杀人者死，伤人及盗抵罪，余悉除去秦法。"意思是说杀人者抵命，伤人、盗窃者抵罪，其他的都从秦国的法律一律废除。秦国法律苛严，故刘邦以废秦法来收买民心。

"余"为丰足、宽裕。《战国策·秦策五》:"今力田疾作,不得煖衣余食。"如今就算在田中拼命劳作,也求不得暖和的衣服、多余的粮食。"余"不仅指衣食宽裕,也指有宽裕的空间。如成语"游刃有余"出自《庄子·养生主》,说的是庖丁从数十年肢解牛尸的经验中悟出了道,遂得以游刃有余,即用没有厚度的刀刃进入有间隙的骨节,刀锋在间隙中有很宽裕的地方可游走。他的一把宰牛刀已用了二十年,还是锋利如初。后用"游刃有余"比喻做事熟练,轻而易举。

"余"为多出来的、剩下的、零散的。《广雅》:"余,盈也。""盈"即充满后溢出。韩愈《答孟郊》:"人皆余酒肉,子独不得饱。"人家的酒肉都有盈余,你却是吃不饱。"余"又可用来形容破落衰败的样子。李白《秋日与张少府》:"日下空亭暮,城荒古迹余。"夕阳西下,留下突兀的孤亭,荒败的城池和残余的古迹。

"余"从人,从禾。"人"为屋顶之象形,会意房屋;"禾"为粮食。有房有粮自然生活丰盈,所谓"衣食足而知荣辱",满足了口腹之需,才能顾及到自尊心,才能有自我,即"余"。此可谓因有"余"而有"余",有了衣食等基本生存条件,才能顾及到个人尊严和自我意识。从社会而言,经济基础决定上层建筑,一个民族要想免受欺侮而屹立于世界之林,就必须拥有坚实的经济实力。而这最基本的条件就是在人人有房住,人人有饭吃。做不到这一点,则个人无"余",国家无"馀"。

砝码

做人要诚实，经商要诚信，待客要诚恳，这才是真正的砝码。

砝 ^{fǎ}

"砝"，形声字，从石，法省声。

"石"是石头，一种坚硬物质，密度大、比重大，比较适合做计量工具，古代最早的秤锤就是用石头做的。"去"表示趋向；又为"法"省，为法度、尺度。"石""去"为"砝"，意为用石头去平衡、去掌握尺度。"砝"是用于衡量的标准、准则；又是砝码，是天平和磅秤上作为重量标准的物体，通常为金属块或金属片，可以显示较精确的重量。

"砝码"也作"法码"或"法马"。《醒世恒言·卖油郎独占花魁》："慌忙架起天平，搬出若大若小许多法马。"现在统一作"砝码"。天津曾出土清代的石质"官砝"，重约250公斤，是清政府办理漕运时用以称粮食的标准度量衡。如今，根据天平类型的不同，所用砝码的质料和规格也各不相同。重一克或大于一克的，常用黄铜制成；一克以下的，常用铝合金制成；丝状小砝码（称为"游砝"），常用白金制成。严格说来，"砝"与"码"是不同的，"砝"是"砝码"这个物质构件的本身，其重量标准为"码"。

"砝"由"法"而来，"法"从水，言法律公平如水，"砝"从石，言此石如"法"中之水一般，人人公平。又"去"为去除、去掉，"砝"以"石"去掉"法"中的水分、虚假的成分，这是砝码所具有的禀性。砝码是公平、公正的标志和象征，用于天平，与磅秤上的秤砣有相通、相同之处，只是天平比磅秤更庄重。天是至高无上的象征，以"至高无上"的"天"来主持公平，一定十分庄严。所以，天平出现在法律的徽章上以象征公平、公正。

传说包公为了惩罚不法商人，制公平秤一杆，于是有人作对联："秤直钩弯知轻识重，磨大眼小粗进细出。"称重应当分毫不差，有砝码作准。做人也应当严明无私，不苟且，不舞弊，其中作准的，就是无形的砝码——人心。有这样一个故事：一个面包师长期从一个农民那儿购买黄油。有一天，他觉得本应是三磅重的一包黄油似乎太轻了，于是他便定期地称一称买来的黄油，发现每回都是分量不足。面包师很生气，便向执法机关提出诉讼。这样一来事情就闹到了法官那里。"你没有天平吗？"法官问农民。"有哇，法官先生，我有一架天平。"农民回答道。"有很准的砝码吗？""没有，法官先生。我不需要砝码。""没有砝码，那你怎么称黄油呢？"农民回答说："这好办，就在面包师从我这儿买黄油的这段时间里，我也一直买他的面包。我总是要同样重量的面包。每次这些面包就作为称黄油的砝码。如果砝码不准，那就不是我的过错，而是他的过错了。"于是，法官判定农民无罪，而面包师不得不承担诉讼费用。

公道自在人心，投机取巧、权谋欺诈，也许可以得意于一时，但最终只能欺害自身，遭受更大的损失。我们如何对待我们周围的世界，世界就会怎样对待世界中的我们；我们怎样对待周围的人，周围的人也会怎样对待我们。所谓"投之以桃，报之以李"，给予的越多，得到的回报也就越多。在经济秩序日益走向规范的时候，良好的信用就是成功最重要的砝码。公正、诚信、遵守承诺、言出必行，既是日常生活中道德自律的要求，也是商业行为中必须遵循的法则。

码 【碼】
mǎ

"码"，繁体为"碼"。形声字，从石，马声。

"石"为宝石，矿物质；"马"为"玛"省。"码"指码磄，一种似玉而次于玉的宝石，后写作玛瑙。这是其本义。《玉篇·石部》："码，码磄，石次玉也。"

"码"音通"摩"。秤砣细摩。摩，摩挲，指用手轻轻按着移动，用秤称东西时手的动作正是如此。是故，"码"音通"摩"。

"石"为石头，可用作建筑材料和制作工具，这里代表用来做计量的器具。"马"为古时的交通工具。马可载石，具体一匹马能载多重的石头，可以计算出来。计算的方法就时以石头作为砝码。三国时，曹冲称象就是用石头，于是"码"就有了作为数目字的概念，引申为表示数目的符号，如：号码、数码、暗码、明码、密码、价码等等。"码"字引申为计算数目的用具。如常见的筹码。天平上有砝码，是一种精确测量的工具。码钱是赌博时用以代现金的筹码。码洋指旧时商品上标的有折扣的定价。"码"还是英美制的长度单位。美制码等于 0.9144 米，在英国，则 1 码等于保存在威斯敏斯特商务部标准局的青铜棒两个金塞子上横线标记之间的距离。

"码"作为量具，必须用不同的规格，以便累积起来方便秤取不同的重量，故"码"有累积、叠加之意。如码砖、码排。

数目有提供参考以划分归类的功能，如数量标准，所以"码"亦有同类、同例的意思，如，一码事儿。

古时候交通工具不发达，在陆地上主要的交通工具是马，在湖海上则要靠船只。所以人们如果坐船走水路的话，先要骑马到水边，然后把马拴在石头上，再上船出行。"码"字右边的"马"代表人出行骑的马，左边的"石"则代表拴马石。"码"表示人拴马登船的地方，也就是船只停靠的地方，即码头。码头是水边供船停靠的建筑，是水路的交通枢纽。码头大多建在交通方便的商业城镇。如南方的大都市上海，南部沿海的广东、香港都建有许多的码头。码头是客运和货运的重要中转站，在旧社会，流氓恶霸常常通过控制和垄断码头来达到牟取暴利的目的，所以码头有时指流氓活动霸占的地盘。

"码"由石而引申为数量、计数，反映了古人结绳为文、累石计数的现实，由数量、计数引申为砝码、计数单位，又映射出人类将实物抽象为概念，以将其拓展到更大应用领域的聪明才智。由此观之，万物有万用，世上没有无用之物，只要发挥聪明才智，废物可变为宝物，平庸的人也能成为圣贤。

"码"作为动词，有按照一定的规则叠加、累积之意。若无规则地堆砌，则"码"的计量、规划意义丧失——一堆砖头与一座房子有天壤之别。是故，人的才智、财富积累也应当有计划、有条理地进行，在人生的不同阶段积累相应的素质，如何积累，积累到什么程度，当因人而异，因时、因地而异——年轻时积累知识、经验、人脉，中年时积累财富和健康，到了老年才能悠闲、安然。

收购

贾出如粪土，贱取如珠玉，说起来容易做起来难。

收 【収】
shōu

弢 小篆

"收"，异体为"収"。形声字，从攴，丩声。

"丩"篆文像绳索缠绕纠结；"攴"为手执鞭杖，表示执法。"收"为拿着武器、带着绳索拘拿犯人，是逮捕、拘押，此为"收"的本义。《说文·攴部》："收，捕也。""丩"也为刀的象形，收割季节，农人挥刀收割谷物，"攴"是敲打、敲击。"攴""丩"为"收"表示：以"丩"收割庄稼，以"攴"鞭打脱粒。"收"表示的是丰收后的农忙情景，是收获、收割。"春生夏长，秋收冬藏，此天道之大经也。"秋天收获是为了冬天储藏，是把散于田间的粮食收聚于自家仓中，"收"又引申为收集和收回。粮食丰收，意味着一年的劳作有了一个完结，"收"也是结束、终止。

《后汉书·张衡传》："阴知奸党名姓，一时收禽，上下肃然。"张衡暗中得知奸党的名姓，一网打尽，上上下下尽皆肃然。此"收"谓逮捕、拘捕。罪人被收捕、拘留，是将其约束、控制起来，故"收"又引申为约束、控制，如收束、收伏。王勃《上刘右相书》："朽索充羁，不收奔马之逸。"用朽腐的绳索做缰绳，约束不了逃逸的奔马。

"收"为收获、收割。李绅《悯农》："春种一粒粟，秋收万颗子。"春天种下一粒谷种，秋天收获万颗子实。"收"又指收获物或收成。《礼记·月令》："藏帝籍之收于神仓。"把天子田中收获的谷物收藏于仓库中，因这些谷物用来祭神，故仓名"神仓"。曹操《步出夏门行》："钱镈停置，农收积场。"铁铲和锄头闲置着，田中的收成堆放着。后"收"的意义扩大，一切成果皆可言"收"。成语"失之东隅，收之桑榆"比喻虽开始在某一方面有所失，但最终却在另一方面有所得。

"收"为收集、收藏。传说大禹治水后，"收九牧之金，铸九鼎"，即收集九州金铁，铸造九座大鼎，分镇于华夏各地。秦始皇统一中国后，曾收缴天下兵器，铸成金人，"收天下之兵，聚之咸阳，销锋镝，铸以为金人十二，以弱天下之民"，是说收缴天下的兵器，集中到咸阳，销熔刀箭，将其铸为十二个金人，以此削弱百姓的力量。古代科举考试时，专门有负责收卷的官员，称"收掌"。

"收"是把散乱的东西放置好，或把贵重的东西收藏好。白居易《长恨歌》："花钿委地无人收，翠翘金雀玉搔头。"花、钿、翠翘、金雀都是古代女子头上的饰物。这句诗写杨贵妃在马嵬坡前香消玉殒的凄惨情状，其中"收"的字面意思便是将散落的东西放好。

收获、收割是把田地中的粮食取回，"收"引申为收回、取回。传说姜太公年老而贫穷的时候，其妻嫌贫爱富，不肯与他一同吃苦，便离开姜太公。后姜太公封相，辅佐武王姬发伐商，其妻又请求和好。太公拒绝了她，说："谁言离更合，覆水定难收。"哪有分开了又结合的，倒出去的水难以收回呀。成语"覆水难收"形容事情已成定局，难以挽回。

杜甫《闻官军收河南河北》："剑外忽传收蓟北，初闻涕泪满衣裳。"剑门外忽然传来收复蓟北的消息，刚刚听到时，激动得哭了。这里的"收"是把先前丢失的领土、城池收回，是收复。粮食归仓，百姓一年的劳作终告完结。由此"收"又引申为结束、终止。《礼记·月令》："是月也，日夜分，雷始收声。"在仲秋之月，日夜的时间开始相当，雷声开始停止。股市中有"收盘"一词，谓交易市场营业结束时最后一次报告行情。

购 【購】
gòu

購 小篆

"购"，繁体为"購"。形声字，从贝，冓声，简化后声旁为"勾"。

"购"的本义为以财物征求。《说文·贝部》："购，以财有所求也。"秦朝末年，项羽兵败后被韩信逼到乌江岸边，在进退无路、身处绝境之际，项羽对吕马童、王翳说："吾闻汉购我头千金，邑万户，吾为若德。"这句话的意思是说：我听说刘邦以千金、万户侯来悬赏取我的头颅，我就成全你们吧！由重金征求之意，"购"引申为购买。

繁体"購"中之"冓"为"構"的本字，"構"又通"篝"，"篝"的本义是盛物的竹笼，上大下小而且长。"購"为负篝执贝，即去买东西。"冓"为篝火，极言购物场面热闹如火。"购"也通"媾"，为讲和。意为购买物品需要买卖双方达成协议。

简化字"购"由"贝""勾"组合而成。"贝"为古代所用钱币；"勾"，其形弯曲，用于探取物体，后引申为勾引、招引。"购"是以"贝""勾"物，即用钱买物，购买。"勾"用法同"够"，为"够"的省字。物不"够"才要"购"，钱"够"才有购买力。

《旧唐书·褚遂良传》："帝方博购王羲之帖。"说的是唐太宗李世民极爱王羲之书法，曾以重金广购天下王帖，供自己与臣下临赏。当他得到《兰亭集序》一帖时，如获至宝，命虞世南等书法家与能书巧匠临摹数本，并在驾崩后将原帖作为陪葬，可见其对王羲之书法的痴迷。引句的"购"是重金购买。后"购"又泛指任何购买的行为。龚自珍《病梅馆记》："予购三百盆，皆病者，无一完者。"我买了三百盆梅花，没有一株生长正常。这里的"购"即为一般意义的买，并非一定是重金。

"购"通"媾"，是"讲和"的意思。古代一国向另一国提出息兵的请求，为表示诚意并收买对方的重要人物，一般会送去大量的珠宝财物，故"购"通"媾"。《史记·韩世家》中讲述韩国与秦国交战，打了败仗，被秦俘虏了两员大将，韩王非常着急，相国公仲出主意，让他与秦割地交好，共同伐楚，韩公认为此计可行，"乃警公仲之行，将西购于秦。"于是让公仲准备行程，西去与秦国交好讲和。古代常用"和亲"的政治手段，即通过国与国皇室之间的联姻而达到边疆稳定或维系友好关系的目的，也称为"购"。如魏晋时期拓跋氏与匈奴的和亲、后秦与北魏的和亲、北魏与前燕的和亲；西夏与吐蕃的和亲；蒙元与高昌、西夏及金的和亲等。

虽然"购"与"买"在一定意义上是相通的，但也略有不同。"购"通常指相对比较大的采买行动，而"买"则显得有些平民化，一分一角之花费亦可言"买"。"购""买"连用，意义也偏向"购"多些。随着国民经济的发展，"购买力"成为衡量一个国家百姓富裕程度的标准之一，也成为一个国家经济发展走向的风向标。

损耗

经商做生意的时候，必须目光远大，不计一时得失。

损

【損】

sǔn

損 小篆

"损"，繁体为"損"。形声字，从手，员声。

"手"表示敲、打等动作；"员"表示完整、整体。"手""员"为"损"，意为将完整的东西打破，造成残缺不完整。《说文·手部》："损，减也。"本义为减少，如损益、损耗。又，"手"、"口"、"贝"组成"损"："手"可代指行为，"口"是说话的器官，"贝"意为钱财，三者相合为"损"，意为一言一行都是为了钱，为了钱忘恩负义、不择手段、利欲熏心也为"损"。"损"是因语言或行为而造成的某种伤害。之于物质，是损失；之于精神，是损害。相关词语有损人利己、损公肥私、损兵折将等。

从经济层面看"损"字，也可有如下理解。

"手"为人手，代指劳动者，是企业创新的根本；"口"为口碑、品牌；"贝"为企业能够运作起来的资金。此三者，是当今企业赖以生存的基础。由此，人员流失或人才浪费为"损"；口碑、信誉和品牌形象欠佳为"损"；资金运作不合理为"损"。任何形式的损，都具有破坏性。一损尚可亡羊补牢，二损则伤及元气，三损便在商界上无立足之地了。因此，企业应以人员为本、创新为本（手），以本身的行动获得良好的声誉与品牌（口），以正确的经营理念盘活资金（贝），使之运转顺畅，如此方能扭亏为盈，守正固本，得而不损。

"手"为人的行为，"员"是"圆"的本字，是圆满、完整。表示"损"可以损毁原本完整圆满的事物。而若想不损、避损、纠损，则须规范自己的行为。即以道德来规整心性，以礼仪来修饰行为，使自己的德行圆满，如此便可以不损他人。人人规整修正自己的言行，人人不损人，则人人不受损。做买卖是损买者之钱而益买者之物，或损卖者之物而益卖者之钱，损益之间各有所得。若以重价卖贱物是损买者，以贱价买贵物是损卖者，二者均不得长久，最终必将损及自身。所以经商还是要秉公正之心，设双赢之局，调节好买与卖、损与益之间的关系。"员"为人员，对于企业来说，人员的损失是最大的损失；"员"又是幅员，对于国家来说，领土的损失是最大的损失。

《农政全书·牧养》中说，把羊圈建在鱼塘边，每天早晨把羊粪扫进鱼塘喂草鱼，而草鱼的粪便又可以喂鲢鱼，"如是可以损人打草"，这样就可以减少养鱼的人员，使空出来的人去割草。这里的"损"是精减人员，与人员流失不同。

"损"为伤、害。《字汇》："损，伤也。"《论语·季氏》："益者三友，损者三友。友直，友谅，友多闻，益矣。友便辟，有善柔，友便佞，损矣。"有益的朋友有三种，有害的朋友有三种。与正直、诚实和见闻广博的人交朋友，这是有益的；同奉承谄媚、阳奉阴违、花言巧语的人交朋友是有害的。企业亦然，所聘用的员工应有良好的品德，企业本身也要树立好的口碑，如此可避免受损。

"损"常与"失"连用。《字汇》："损，失也。""损"有丧失、损失之意。《商君书·慎法》：百姓放下实际的事务而说些浮夸之辞，就会使出力的人减少而使是非增多。所以，国家不能有不务实的百姓，企业更不能有不务实的员工。

"损"中有"口"，用"口"损人是用刻薄的语言贬低人，"损"为刻薄、恶毒，指道德的缺失，多用于口语中。如"这句话真损"、"你这招儿太损了"。"损"是刻薄、恶毒的体现。"多行不义必自毙"是行不端的恶果，"祸从口出"是言不善的恶果。恶行恶言者最终损害的是自己的利益。

"损"为《周易》六十四卦之一，卦形为下兑（泽）上艮（山），泽深山高，损其深以增其高，损下而益上，所以卦名为"损"。商人经商也是如此，即积有余而待贫乏，损有余而补不足，"夏则资皮，冬则资絺，旱则资舟，水则资车，以待乏也"，此为经商之道。

耗 ^{hào}

"耗"，形声字，从耒，毛声。

"耗"本作"秏"，从禾，从毛。"禾"表示农作物，"毛"有细小的意思。《说文·禾部》："秏，稻属也。从禾，毛声。"本义是一种稻类植物。后"耗"从耒，从毛。"耒"是古代一种像犁一样的劳动工具；"毛"指粗糙、粗劣，没有加工，或做事毛手毛脚、毛毛糙糙。耕作是为了播种，播种才能有收获。犁具粗糙低劣，必将耗时费力；耕作过程中毛里毛糙，必将耗时费事；做事毛手毛脚，必将事倍功半。"耗"是消费财物、花费精力和时间，如耗费、耗资、耗时。"耗"也表示比正常情况付出更多的时间和财物，有削减之意，如损耗、消耗。此外，"耗"还指消息、信息。李商隐《即日》："赤岭久无耗，鸿门犹合围。""耗"特指令人吃惊的不幸的消息，通常指亲朋好友或敬爱的人逝世的消息，如噩耗、凶耗。

"耗"的本义是一种细小的稻类。"耗"从毛，可理解为表示农作物长得细小如毛，故"耗"可引申为歉收的意思。《广韵·号韵》："耗，减也。"即消耗、减少，尤指农业歉收。《礼记·王制》："五谷皆入，然后制国用。用地小大，视年之丰耗。"收成所得各种粮食都入国库，用于治理国家的财富。每年动用耕地的多少，根据每年收成的好坏而定。

贫瘠的土地上生长出来的作物都比较细小，收成自然好不到哪里去，所以"耗"由庄稼歉收引申为土地贫瘠。《大戴礼记·易本命》："息土之人，美；耗土之人，丑。"肥沃土地上生活的人比较丰美，而贫瘠土地上的人则容貌丑陋。无论是农业歉收还是土地贫瘠，最终都会导致粮食的减产以及收入的亏损。

《苍颉篇》："耗，消也。""耗"由此引申为减损、消减、亏损。"损耗"指货物由于自然原因或运输因素而造成的消耗损失；"消耗"指因使用或受损而逐渐减少。

"耗"是古代的一种赋税。如"耗米"。历代都会通过水道转运米粮，每担在正额外另加数斗米，作为沿途耗损之用；相对于定额所收的正米而言，则称之为"耗米"。古时交赋税往往是实物，如谷物，丝织物等，但有时也会改征银两和铜钱，而熔锻碎银的时候可能会有损耗，官府就用这个名义来征收多余的银两，这些多征的赋税就称为"火耗"。无论是"耗米"还是"火耗"，都是把负担转嫁到老百姓身上，剥削百姓罢了。老鼠吃田里的农作物和家中收藏的粮食，是对粮食的消耗与浪费，故人们将老鼠称为"耗子"。这一俗称体现了人们对粮食的重视。

从古至今，"耗"从农业领域的"歉收"之意发展到商业领域的"亏损"之意，这浓缩了中国社会从重农抑商到大力发展市场经济的历史变迁过程，其间承载着社会物质与精神领域的巨大变化。社会的进步是历史的，而历史本身也应当是进步的。商人一向以作为生产和消费的媒介而存在，以商品的流通差价为盈利手段，看似"不事生产"，实际上投入是巨大的，不但常常奔波跋涉，饱受颠沛之苦，而且须要审时度势，掌握时机，更要承担巨大的风险。任何一丝失误，都可能带来严重的损耗。

盈亏

评价真正的成功者，不是看他做了什么，而是看他没做什么。

盈 yíng

小篆

"盈"，形声字，从皿，夃声。

"夃"古同"赢"，意为有余、多出；"皿"为器皿、盛具。"盈"的字形以器皿之中盛有有余之物表示充满之意。《说文·皿部》："盈，满器也。""盈"引申为丰满、足够、增加等意。

"盈"又可视为由"乃"、"又"、"皿"组成。"乃"的字形像孕妇，腹中有子，腹部饱满；"又"为重复之辞，概言其多。"皿"中有"乃"、"又"，极言满溢、满足、增加之意。

"盈"由充满容器之意引申，表示一般意义上的满。《广雅》："盈，满也。"《诗·小雅·车攻》："大庖不盈。"意思是厨房里面堆满了猎获的猎物。这是描写周宣王会合诸侯田猎的诗句，描绘出隆重盛大的场面。成语"车马盈门"指门前停满了来宾的马匹车辆，形容主人家中宾客满堂，非常热闹。"盈月"指没有残缺的满月。"盈量"指达到所能容纳或经受的最大限度。"盈把"指满把。"把"是一手握取的数量。《续晋阳秋》："陶潜无酒，坐宅边菊丛中，采摘盈把，望见王弘遣送酒，即便就酌。"后世遂以"盈把"为采菊之典。"小器易盈"意思是器物小，容易满，原指酒量小，后形容器量狭小，容易自满。汉代吴质《在元城与魏太子笺》："小器易盈，先取沈顿。""方丈盈前"指吃饭时食物摆满一丈见方的地方。形容饮食奢华。汉代杜笃《祓禊赋》："于是旨酒嘉肴，方丈盈前，浮枣绛水。""朝盈夕虚"指早上充盈，晚上空虚。形容对人忽冷忽热，反复无常。汉代应劭《风俗通·穷通》："愿君勿怨，请于市论，朝而盈焉，夕而虚焉，求在故往，亡故去。""居盈"指过富贵生活。明代沈德符《野获编·佞幸·同邑二役》："二人俱起胥吏，徒手致富，固非碌碌者。然以非道得之，又不善居盈，遂皆不良死。""贯盈"指以绳穿钱，穿满了一贯，多指罪恶极大。《尚书·泰誓上》："商罪贯盈，天命诛之。"

"盈"由器物的满可以引申指人身体的丰满、丰盈。"盈肥"指丰满肥腴。"盈容"指容色庄重。女人身体匀称丰盈是美貌的标志。由此，"盈"又引申为美好的意思。"盈盈顾盼"形容举止、仪态美好。"盈盈在目"指美好的形象犹在眼前。"春水盈盈"形容春天的河水非常清澈。"盈盈秋水"形容女子双眼含泪的眼神。"盈盈起舞"形容舞蹈的动作非常轻盈。少女的动作是非常轻盈的，由此"盈盈"又可以表示 15 岁的少女。

"盈"为满，可以指真正的满，也可以是自以为的满，"盈"又可以引申为自满、满足，如"盈厌"指满足。"盈荡"指自满。《左传·庄公四年》："邓曼叹曰：'王禄尽矣。盈而荡，天之道也。先君其知之矣。故临武事，将发大命，而荡王心焉。'"

"盈"表示容器已经装满了水，如果继续添加下去，水就会溢出来了，这些后添进去的水显然是多余的。由此，"盈"引申为有余、多余，和"赢"字相通。《九章算术·盈》："今有共买物，人出八，盈三：人出七，不足四。"这是一道数学题，意思是许多人共同买东西，如果每人出 8 文钱的话，和货物的定价相比，超出了 3 文钱；如果每人出 3 文钱的话，则还差 3 文钱。在经济学上，如果收获多于成本的话，就意味着盈利了。"盈利"作为一个经济学名词，表示利润。"盈亏"指的是赚钱或赔本。

《吕氏春秋·博志》："全则必缺，极则必反，盈则必亏。"俗话说："物极必反。"容器的容量是有限的，一旦盈了，就很容易溢出。如果我们掌握不好，则可能摇晃而出，使之亏损，所谓"谦受益，满招损"。"溢"为满，为自满，自满必将招致损失。

亏 【虧】
kuī

（亏）小篆　　（虧）小篆

"亏"，繁体为"虧"。形声字，从亏，雐声，篆书或从兮。

"雐"为古书记载的一种虎头、短尾的鸟，非常稀少，取其稀少意，"亏"为气损。段玉裁《说文解字注》："亏、兮皆谓气。"所以"虧"表示少气，其本义为气损。《说文·虧部》："虧，气损也。""雐"由"虍""隹"组成："虍"即老虎，"隹"为鸟雀。虎想捕捉跳跃之鸟，未果，力损气亏。因此"虧"是缺损。

简化字"亏"为会意字，从二，从勹。"二"为上，为天；"勹"为人弯腰之形。故"亏"为人顶不住天而弯腰，没了气概，损也。

缺损为"亏"。《史记·范雎蔡泽列传》："日中则移，月满则亏。"太阳行到中天就会向西偏移，月亮满圆则会渐渐有缺。这句话说明了物极必反、盛极必衰的道理。气亏是气有缺失，月亏是月有缺损，功亏是事情遭到失败，"亏"引申为损失。苏洵《六国论》："赂秦而力亏。"说的是因为一味地割地给秦国而造成国力的损失。俗语有"吃亏"，是指人在某件事情上受到损失；又有"吃小亏占大便宜"，意思是吃亏未必是坏事，小亏只是局中的"弃子"，应着眼于大处，不可被眼前小利所蒙蔽。"亏空"是指在经济上入不敷出，也就是钱财上遭受了损失。

"亏"又为差欠、减少。《尚书·旅獒》："为山九仞，功亏一篑。"是说要筑成一座九仞（八尺为一仞）高的山，却因只差最后一筐土石而没有筑造成，比喻做事只差最后一步而未能完成。此是"亏"所表示的差欠之意。李白《古风》之五十九："田窦相倾夺，宾客互盈亏。"此处"亏"指减少。武安侯田蚡与魏其侯窦婴是西汉的两大权臣，二人权力斗争剧烈，互有浮沉，门下的宾客随着二人的升迁和贬降而奔走趋攀，升迁者其宾客增多，贬降者其宾客减少。

"亏"又为亏负、对不起。董解元《西厢记诸宫调》："我几曾梦见人传示，我亏你，你亏人。"这里是指我亏负了你，你又亏负了别人。"亏

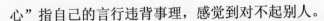

心"指自己的言行违背事理，感觉到对不起别人。

"亏"做副词，是侥幸之辞。如多亏、幸亏等。《红楼梦》第九十七回："亏了紫鹃还同着秋纹，两个人搀扶着黛玉到屋里来。""亏"又为语气词，做反语用，表示斥责或讥讽。《红楼梦》第二十回："凤姐啐道：'亏了你还是个爷，输了一二百钱就这么着。'"

日有中昃，月有圆缺，商有盈亏。在经济活动中，"亏"引申为做生意收不回本钱，是赔钱、蚀本。如"亏本"是本钱投入后而没有赚回来。家庭有亏空还可以顶一时，商家亏本则损及百千人的利益，若国家有亏空则成赤字，殃及国计民生。商道无常，亏本并非亏在本钱，很可能亏在经营之道，如地理位置不好、经营人员不善、管理有漏洞等。及时修正这些过失，方能扭亏为盈。至于国家的亏，则多是因行政不力、国策不明所致，若能及时查缺补漏，富国强民，亦可扭转"亏"局。

贵贱

事业无贵贱，人格有尊卑。

贵

【貴】

guì

甲骨文　 小篆

"贵"，繁体为"貴"。甲骨文为会意字，小篆为形声字，从贝，臾声。

"臾"是"腴"的古字，意为肥沃、肥美，引申为多的意思；"贵"从贝，表示与财富有关。《说文·贝部》："貴，物不贱也。"本义为物价高，与"贱"相对。

物有价格高低，人有身份贵贱。"贵"的小篆像一人叉腰立于"贝"上。因此，"贵"用于人，表示有经济地位和社会地位，如显贵、权贵、富贵。"贵"下有"贝"，表示拥有雄厚的物质财富也可以成为贵人。楷书"贵"从中，从一，从贝。"中"为不偏不倚，做人中庸，为人中和；"一"为一心一意，心无杂念。中正归一、为社会创造物质和精神财富的人为贵人。"贵"字用"一"将"中""贝"分开，可理解为：一是在做人和获利发生矛盾时，以做人为上，以做人为本；二是既会做人又有充分物质财富的人受人尊重，能成为贵人。

"贵"从臾，指贵人、地位高的人。俗话说：贵易交，富易妻。一贫一富，乃知交态；一贵一贱，交情乃见。贵与贱的变奏曲可以揭示人情的冷暖，世态的炎凉。有的人，在人际交往中，以声气相求，以德义为重，贫贱不移交，富贵不忘友。光武帝刘秀为其新寡的姐姐另择佳婿，选中了"威容德器，群臣莫及"的宋弘，宋弘不为权势富贵所动，以"贫贱之知不可忘，糟糠之妻不下堂"为由，婉言谢绝，实在是令人感佩。冯谖在孟尝君得意时，要求食有鱼，出有车；孟尝君落难时，他不离不弃，奔走呼号，西说秦王，东劝齐君。他同样是不因权势的兴衰而轻于去就的典型。然而，以利相合、利尽交疏的例子也是比比皆是。有贫贱时离散，富贵之后团圆者。《史记》记载，苏秦离家出游，数次上书秦王而不见用，资用绝乏，受挫归家。妻不下衽，嫂不为炊，兄弟亲戚冷落嘲笑。可是，等到他贵为重臣，路过家门时，家人委蛇蒲服，恭敬如仪。苏秦因此发出"富贵则亲戚畏惧之，贫贱则轻易之"的慨叹。无独有偶，卓文君和司马相如私奔，家徒四壁，贫困难挨，其父卓王孙贵为临邛首富，却不肯接济女儿女婿分文。而司马相如高官得做、炙手可热之时，卓王孙又百般逢迎，其前倨后恭的态度同样起于贫贱富贵之别。也有贫贱时结刎颈之交，富贵后泯情灭义者。陈胜称王之前，与友佣耕，交情甚笃。身贵之后，便以"愚无知，颛妄言，轻威"为由斩杀挚友。魏人张耳、陈馀，乃战国俊杰，名重当时。身处逆境时肝胆相照，生死与共，二人皆封侯拜相后，却据国争权，彼此倾轧，互相猜忌，隙末成衅。居高官，享富贵，居然使之利令智昏。还有富贵时相交，贫贱后疏淡者，在位时宾客阗门，失势时门庭冷落。因此，司马迁在《史记》中不止一次发出"苟富贵，毋相忘"的呼声。

"贵"的本义是物价高。春秋时期的齐国用严刑峻法镇压人民的反抗，以至于"国之诸市，屦贱踊贵"（《左传》），"屦"是鞋子，而"踊"则是一种特殊的鞋子，专供受过刖刑的人穿着。刖刑是古代一种很严酷的刑罚，就是锯掉人的脚。齐国受刖刑的人太多，市场上"踊"供不应求，以至于"踊"的价格比正常的鞋子还要高，这里的"贵"和"贱"就分别表示物价的高低。成语"洛阳纸贵"出自《晋书·文苑·左思传》，说的是晋代文学家左思写下了名篇《三都赋》，人们争相抄录，洛阳的纸价也因此上涨了。后来，人们便用"洛阳纸贵"来形容文章作品脍炙人口，广为流传。

"贵"与"贱"是价格的两个方面。昂贵、贵腾（物价飞涨）说的皆是商品价格。商人买卖得利，人贱我取，人贵我予，这是最早的对于经商营利原理的阐述。《汉书·食货志》："遂白令边郡皆筑仓，以谷贱时增其贾而籴，以利农，谷贵时减贾而粜，名曰常平仓。"意思是说命令白令边郡地区广筑粮仓，以便在谷物粮食价格低时，以高于市场价的价格大量买进，以施利于民；在谷物价格上涨后，又以低于市场价的价格广泛进行抛售，称之为"常平仓"。

贱 【賤】
jiàn

賤 小篆

"贱"，繁体为"賤"。形声字，从贝，戔声。

繁体"賤"字从"贝"表示与金钱、财富有关；"戔"字本义为残杀，也有小、少和细微之意。"貝""戔"为"賤"，意为不值钱或钱财极少。《说文·贝部》："賤，买少也。"本义为价格低。钱少则没有经济地位，身份卑微，故"贱"引申指地位低下，如卑贱、贫贱、微贱等。

"戔"为双"戈"。"戈"是古代的一种兵器，双戈相叠，表示争斗，又引申指行为、手段等。"貝""戔"为"賤"，表示为了争夺财富而大动干戈，甚至发动战争，这种行为让人看不起。"贱"有轻视之意，如贱货等。"贱"还可视为一切行动以"贝"为前提，见钱眼开，认钱不认人；亦可视作为了钱财没有自我，一切受人指使、听人摆布，使自己处于卑微的地位、失去正常人的尊严。因此，"贱"也针对人品低下、低劣而言，如低贱、下贱等。

纵观古今大大小小的战争，皆因财物、资源、土地而起。"賤"中的"戔"也可以理解为贪婪的欲望。有这种欲望的人，一切以"利"为出发点，整天琢磨的都是利，有这种欲望的人，为了满足贪欲和私利，亲人可骗、朋友可欺、公款可贪、国宝可盗，致使节操失守、尊严扫地、人格丧失。"賤"字"貝"在前，"戔"在后，意为那些把财物和私利看得重于一切，让钱牵着鼻子走的人"贱"；见钱眼开者"贱"；以钱为先者"贱"；以钱为重者"贱"；因为钱与亲朋好友翻脸动戈者"贱"；以不正当的手段获得财富者"贱"。

"贱"是价格低。《说文·贝部》："贱，贾（价）少也。"成语"谷贱伤农"是指粮食的价格过低，使农民的利益受到损害。粮食的需求量一般比较平稳，因此，当粮食丰收的时候价格会大幅度滑落，国家往往通过以保护价收购的方法来防止谷贱伤农。

商业在古代社会是一个很低贱的行业，从商的人没有任何社会地位。

有的朝代明文规定商人的后代不允许参加科举考试，使其失去由此获得官位的机会。唐代大诗人李白才华过人，但一辈子都没有应过科举，据说就是因为他出身商人之家。商人就如同价格低廉的商品一样，在当时始终没有受到人们的重视，故"贱"由价格低廉引申为地位低下。

当然，人也不能因自身的卑贱而自惭形秽，身份卑微更要卧薪尝胆、胸怀大志，要"穷且益坚，不坠青云之志"。战国时的管夷吾、百里奚、孙叔敖等非贱即奴，却都心有鸿图、胸怀大志，最终安邦定国，拜相封侯。刘邦起身于亭长，刘备贩履于市井，朱元璋行乞于街头，但此三人怀珠握玉，终成帝业。齐桓公时候的大夫宁戚曾经当过牛贩子，吴王夫差时候的武将伍子胥甚至在市场上吹箫乞讨，汉武帝时候的太守朱买臣在发迹之前挑担卖柴二十年，但此三人最终都能经世济民，叱咤风云。所谓"英雄不问出处"，在等级森严的古代尚且如此，现代社会的人更不应被出身绊住了手脚。虽然经济飞速发展造成的社会分工越来越细，并且地位不同，贫富各异，但人格上却无高低贵贱之分。只要坦然地面对人生，面对挫折，不懈地向更高的层次迈进，同时不忘为人的基本准则，就能取得成功，做到无愧天地，俯仰自得。

缴纳　　生意场上的失败是成功必须缴纳的学费。

缴【繳】
jiǎo　zhuó

繁（小篆）

"缴"，繁体为"繳"。形声字，从糸，敫声。

"糸"的甲骨文像一把束丝形。在古代，拥有丝帛是富有的象征。"敫"从白，表示明白事理；从放，可视为表示流动："方"是方法、方式，"攵"为督促、落实。故"缴"意为财物从一方流向另一方的过程。让人把自己的财物交给他人，应当使人明白为何而交，交到何处，有何用处，故从"白"；要想顺利地进行物资的交纳，必须采取一定的方法措施，故从"方"；财物的流转过程需要在严格的监督管理下进行，故从"攵"。此"缴"为缴纳、缴款、缴税、缴械、缴获，是交出、交纳、交付之意，因履行义务或被迫而为之。

究其根源，"缴"的本字为"弋"。其甲骨文像揳入地中的尖木橛形，用以拴系牲畜等，上为歧头，以免滑脱，本义指木橛。因系牲畜的木橛很像系有绳子的短箭，后用以表示系有绳子的短箭，引申表示缴射。因"弋"做了偏旁，缴射之意便在其右侧另加义符"隹"来表示，或是以"缴"字来表示。"缴"为此义项时读音为"zhuó"。《正字通·糸部》："缴，谓生丝系箭以射飞鸟也。""缴"为系在箭上的生丝绳，用来射鸟。《孟子·告子上》："一心以为有鸿鹄将至，思援弓缴而射之。"意思是，一心以为有只天鹅要飞来了，想着拿弓箭去射它。

"缴"也有缠绕之意。《广雅·释诂四》："缴，缠也。"《史记·太史公自序》："名家苛察缴绕，使人不得反其意。"名家刻细烦琐，纠缠不清，使人不能反求其意。唐代诗人白居易早晨梳头的时候，看到缠绕在梳子上的花白的头发，不禁感慨，作《早梳头诗》："年事渐蹉跎，世缘方缴绕。"岁月蹉跎而一事无成，人间俗事纠缠于心，就像这些头发一样。或许每个人到了中年都会有此感慨吧。

"缴"又读"jiǎo"，为交纳、交付。刘鹗《老残游记》第二十回："共得三分，岂不发财吗？宫保的一分，是万不能退的，人瑞同阁下的，都当奉缴。""缴"用做使动，指迫使交出。从敌方夺得的装备、物资、马匹和文件等统称为缴获；收缴枪支弹药、解除武装则为"缴枪"、"缴械"；把东西收回然后注销为"缴销"；交付规定的现金或实物是缴纳。可以看出，"缴"的行为多是履行义务或被迫使然。

缴税是公民应尽的义务。税收是国家财政收入的重要组成部分，是国家建设的重要物质保障，缴税是公民应尽的义务和责任。我们应该牢固树立纳税意识，为国家建设作出自己的贡献。

纳 【納】
nà

金文　小篆

"纳"，繁体为"納"。形声字，从糸，内声。

"糸"的本义指细蚕丝；"内"为进入、放入，是"纳"的本字。"纳"为将丝放进水中。《说文·糸部》："纳，丝湿纳纳也。"纳为丝湿润的样子，即丝绸纳入水后被浸湿。

"内"又引申指内心，"纳"又为千丝万缕的感情进入内心，即有对人的接纳之意。"内"又可指代女人。旧时男子把妻子称为"内人"，是因为男主外，女主内。男人在外奔波生计，女人在内操持家务。而男人娶妇、纳妾，是从外把女人娶回家，居内室，理内务。故"纳"有娶妇、纳妾之意。南朝宋范晔《后汉书·皇后纪上·光烈阴皇后》："更始元年六月，遂纳后于宛当城里，时年十九。"

古人把上等的丝当作礼物互相馈赠，把精美丝匹放入柜中，小心收藏，所以"纳"有收纳、收藏之意。《诗·豳风·七月》:"九月筑场圃,十月纳禾稼。"九月里平整晒场,十月里收粮食进仓。"纳"引申为接受、接纳。接受的一方为"纳",相对的另一方则为"交纳",即把事或物交给人收纳。《周礼·地官·泉府》:"终则会其出入,而纳其余。""纳币"亦称纳成、纳征,是中国古代婚姻制度六礼中的第四礼,就是男方向女方送聘礼。《礼记·昏义》孔颖达疏:"纳征者,纳聘财也。征,成也。先纳聘财而后婚成。"男方是在纳吉得知女方允婚后才可行纳征礼的,行纳征礼不用雁,是六礼唯一不用雁的礼仪。历代纳征的礼物各有定制,民间多用首饰、细帛等项为女行聘,谓之纳币,后演变为财礼。"出纳"是指财务上现金或票据的付出和收进,现在已经是一种职业的简称。"纳税"指交税。"半筹不纳"意思是半条计策也拿不出来,比喻一点办法也没有。"筹"是古代计算工具,引申为计策;"纳"是缴纳。元代李文蔚《燕青博鱼》第一折:"往常时我习武艺学兵法,到如今半筹也不纳。"

"纳"进一步可以引申为吸收、采纳。"纳差"为中医病症名,属于脾胃病,由伤食、湿阻、消化功能低下等引起。中医称为脾胃虚弱,临床除见到纳食减少外,还伴有食后腹胀、面色萎黄、气短懒言、大便稀等症状。在中国养生学中,有"吐故纳新"之说。"吐纳"就是呼吸,尤指传统的养生方法中吸收天地、日月、花草、树木的精气。《庄子·刻意篇》中提出了"吐故纳新"的养生之法,《老子河上公注》也主张"呼吸行气"。魏晋时期,此法更加盛行。"纳气"也就是采气,采天地万物之精华灵气收纳于自身体内。纳气主要是依靠人的意念来完成的。吸纳的气体可以从身体的某一个穴位进入体内,稍高一点的则应该用全身的每一个毛孔、每一个细胞来完成这个吸气的过程。纳气的最高境界就是自身已与天地融为一体。吐纳服气有利于调和血脉,融通津液,起到强身健体的作用。我们应该正确认识古人留下来的养生之术。

"纳"还有容纳、包容之意。"藏垢纳污"的意思是包藏容纳肮脏之物,比喻隐藏或包容坏人坏事。《左传·宣公十五年》:"谚曰:'高下在心,川泽纳污,山薮藏疾,瑾瑜匿瑕。'国君含垢,天之道也。""纳"还有穿的意思。"正冠纳履"指端正帽子,穿好鞋子。古时讲李树下不要弄帽子,瓜田里不要弄鞋子,以避免有偷李摸瓜的嫌疑。亦作"正冠李下"。《乐府诗集·相和歌辞七·君子行》："君子防未然，不处嫌疑间。瓜田不纳履，李下不整冠。"

"纳"可通"衲"，指密针缝纫。明代吴承恩《西游记》："那婆子又拿了一件破衣，补补纳纳。""纳"由密针缝纫引申为罗织。"锻炼周纳"指罗织罪名，设法使之周密而无遗漏。汉代陆温舒《上书言宜尚德缓刑》："故因人不胜痛，则饰辞以视之，吏治者利其然，则指道以明之，上奏畏却，则锻炼而周纳之。"

"纳甲"为汉代易学术语。是由西汉易学家京房创造的筮法，具体做法是将十干纳于八卦，并与五行、方位相配合。即乾纳甲，坤纳乙，甲乙为木，表示东方；艮纳丙，兑纳丁，丙丁为火，表示南方；坎纳戊，离纳己，戊己为土，表示中央；震纳庚，巽纳辛，庚辛为金，表示西方；乾纳壬，坤纳癸，壬癸为水，表示北方。甲为十干之首，举一以概其余，故名"纳甲"。

珠宝

做人以信用为重，处世以诚信为本。

珠 zhū

珠 小篆

"珠"，形声字，从玉，朱声。

"珠"从玉，表示"珠"与玉有相似之处，也如玉一般珍贵；"朱"的本义指赤心的木，从朱，可强调其内在与众不同。"玉""朱"为"珠"，本义指珍珠。《说文·玉部》："珠，蚌之阴精。"按："水精也，或生于蚌，阴精所凝。"意思是珍珠为蛤蚌体内阴精所化。珍珠产于蚌壳体内，犹如蚌壳的心，其外表如玉般光泽鲜亮，可作装饰品。古人认为珍珠和玉都具有辟邪御灾的能力。《春秋国语》："珠以御火灾。"珍珠可入药。

珍珠在古代是一种和金银宝石并列的贵重稀有物，主要靠人工采集获得。珍珠越大，光泽越圆润，价值就越高。珍珠分淡水珍珠和海水珍珠，分别由淡水贝类和海中贝类孕育而成，其中尤其以海水珍珠最为珍贵。古时沿海地区有会水者，以到海中采集珍珠为生，这是一种十分危险的行业，因为若要采集到个大、色泽润泽的名贵珍珠非下到深海不可，而海中有各种肉食动物，对人的生命会造成威胁。此外，大的珍珠长在巨大的老蚌内，当老蚌受到惊扰时，会立刻合上蚌盖，力道大得足以将人的肢体牢牢夹住，只有那些肺活量大，水下憋气时间长，且又会熟练地用刀割断蚌内韧带的人才能安全取得珍珠浮出水面。这也可能是海珍珠名贵的一大原因吧。

世界上海水珍珠的产地主要有西亚波斯湾地区、南亚印度洋等地，这些地区所产的珍珠个大，乳白色，其中南洋地区出产的珍珠被称为"银光珠"，是世界名贵品种。我国也有著名的南珠（合浦珠），七大天然珠池分布在东南沿海合浦一带。明朝中期郑和七下西洋，从南亚和西亚地区带回一些珍珠，被国人称为西洋珠，被朝廷当作赏赐品分赐给臣下，后又流落到民间。因此西洋珠也一直被看作是无价宝中的一种，直到现代，各国贸易往来频繁后，西洋珠神秘的面纱才逐渐被揭开。

研究者发现，珍贵的珍珠主要成分是中心一点核和包绕核外一圈又一圈的碳酸钙壳组成的同心圆。而珍珠的形成原理是这些蛤蚌张开盖子时，泥沙等小颗粒物进入体内，渗到肉质夹层中，由身体分泌的碳酸钙逐渐覆盖包裹形成的，珍珠上的每一个同心圆就代表了一个生长季节，因此完全可以说珍珠是蛤蚌历尽痛苦煎熬的产物。现在人们已经掌握了珍珠形成的原理，可以人工养殖珍珠。珍珠有极高的药价值。在我国用珍珠治病的历史十分悠久，历代医药古籍和药典上都有记载。其功效可以概括为止咳化痰、镇惊安神、清热解毒、杀菌消毒（对金葡萄球菌的杀灭力最大）、止血生肌、明目去翳等，还可以美容，防止衰老，直到今天还有许多化妆品都是打着珍珠美白养颜的旗号来开拓市场的。研究表明，珍珠确实有抑制人体肌肤褐色素、增强细胞活力的作用。

"珠"常用来比喻美好的事物、高尚的品德或很高的才华。"蚌病成珠"比喻因不得志而写出好文章来。《淮南子·说林训》："明月之珠，蚌之病而我之利。""被褐怀珠"指身穿粗布衣服而怀抱宝珠，比喻虽是贫寒出身，但有真才实学。《老子》第七十章："知我者希，则我者贵，是以圣人被褐怀玉。""沧海遗珠"指大海里的珍珠被采珠人所遗漏，比喻埋没人才或被埋没的人才。唐代牟融《寄永平友人二首》："青蝇点玉原非病，沧海遗珠世所嗟。"《新唐书·狄人杰传》："仲尼称观过知仁，君可谓沧海遗珠矣。""珠还合浦"比喻东西失而复得或人去而复回。"合浦"为汉代郡名，在今广西合浦县东北。《后汉书·循吏传·孟尝》："（合浦）郡不产谷实，而海出珠宝，与交阯比境……尝到官，革易前敝，求民病利。曾未逾岁，去珠复还，百姓皆反其业。"

"隋珠"与和氏璧同称稀世之宝，也写作"随珠"，或称"灵蛇珠"。《淮南子》高诱注："隋侯，汉东之国，姬姓诸侯也。隋侯见大蛇伤断，以药傅之。后蛇于江中衔大珠以报之，故曰隋侯之珠，盖明月珠也。""朝珠"指清代朝服上佩带的珠串，状如念珠，计108颗。朝官凡文官五品、武官四品以上，以及五品官命妇以上，才得挂用。根据官品大小和地位高低，用珠和绦色都有区别。"珠履"指珠饰之履。《史记·春申君列传》："春申君客三千馀人，其上客皆蹑珠履。"后以"珠履"指有谋略的门客。宋代陆游《题郭太尉金州第中至喜堂》："帐前犀甲罗十万，幕下珠履逾三千。"

像珠状的宝石也称为"珠"。《正字通·玉部》："历山楚水多白珠；蜀郡平泽出青珠，左思云'青珠黄环'；西国琅玕碧珠；皆宝石名之以珠者也。"这些都是依据其色泽而命名的宝石。另外还有一种"夜明珠"，在传说中的地位也丝毫不亚于珍珠，因为这种石头多被琢成球体，且可以在黑暗中发光，故其在人们心目中的地位比黄金还要贵重和稀罕，简直达到了价值连城的地步。夜明珠有大有小，大的可重至一吨左右，小的也有如眼球大小，如俗称的"猫眼石"。近代夜明珠一度被人们热炒，然而实验研究表明夜明珠之所以能发光是因为它里面具有磷光物质，这种石头在受到日照之后，可以吸收外来能量，然后又在黑暗中释放出来，形成银白的光晕。这种萤石在自然界并不十分罕见。人们原来以为它可以持续在黑暗中发光，这是没有根据的。

"珠"也用来指圆形颗粒状的东西，如水珠、露珠、眼珠、泪珠、算盘珠。宋代苏轼《六月二十七日望湖楼醉书》："黑云翻墨未遮山，白雨跳珠乱入船。""珠"在这里指的水滴。

"珠"还泛指女子所佩带的首饰，如"珠花"指古时妇女头上戴的用珍珠攒结成花状的发饰；"珠翠"指珍珠和翡翠做的装饰品；"珠履"指缀有珍珠的鞋子。成语"珠联璧合"本指华美毕集的天象，后来比喻人才或是美好的事物齐集在一起。"珠"后来又引申为珠宝的泛称，既可指珍珠，也可以用来指那些稀有的色泽光亮的宝石。

"珠"有光润的外观，做形容词，引申为圆润的意思，如"珠圆玉润"。"珠喉"形容清圆宛转的歌喉；"珠歌"指圆润流转的歌声。

古时闽粤一带，人们称小孩子为珠，男孩为"珠儿"，女孩为"珠娘"。植物学中亦把种子胚基部的圆颗粒称为珠，如"珠被"、"珠心"等。后人也用成语"珠胎暗结"比喻女子怀孕。

宝 【寶寶】
bǎo

甲骨文　　金文　　小篆

"宝"，繁体为"寶"，异体为"寶"。会意字，从宀，从玉，从缶，从贝。

"宀"为房间、覆盖，表示深藏、收藏；"玉"为美石，古时归王者所有，是王者腰间所佩之物，并非常人所能拥有，属珍贵的物品；"缶"的本义是瓦器，为圆腹小口有盖的盛器，秦时还指一种瓦制的乐器；"贝"为贝壳，古代曾作为货币流通，代表价值、财富。"宀"、"玉"、"缶"、"贝"合而为"寶"，可理解为家内藏有珍贵之物，即宝物、珍宝，俗称宝贝。

"寶"通常深藏不露，稀有难求，如玉石一般精美，无论是谁得到后均会善加珍藏，故从"宀"。古人认为玉有仁、义、智、勇、洁五德，常佩戴在身上以比君子；又因玉石是藏于深山的珍稀之物，人们得到后便视若珍宝，故从玉。"缶"由土壤烧制，本是极普通的物品，但它可以演奏动听的乐曲，"寶"从"缶"说明珍宝除本身的价值之外，还有附加的人文价值，便如玉之有五德、缶之能奏曲。"寶"从"贝"表示珍宝具有很高的价值。异体字"寶"从珎，"珎"为"珍"的异体字，是珍贵、精美、难得、珍爱，表示"寶"是价值贵重、品质精美、稀有难求、被人爱惜珍藏的东西。简化字"宝"为家中藏玉、家中有玉，亦是宝贝、珍宝的意思。

"宝"的本义指珍宝。《说文·宀部》："寶，珍也。""宝冕"即宝冠，是用宝石装饰的帽子；"珠宝"指珍珠宝石一类的贵重物品，多用作装饰；"珠光宝气"指珠宝闪耀着光采，形容装饰华贵。《山海经》："玉石珍瑰之器，金膏烛银之宝。"玉通透滑润，玉石的开采及玉器的加工、雕琢等过程非常复杂，因此成为人们珍爱的宝物，并将"宝"作为玉器的总称。《公羊传·庄公六年》："冬，齐人来归卫宝。"意思是说冬天时，齐国人就来归还卫国的玉器。

　　"宝"也指有象征意义的珍贵之物。如日月星之于天、水风火之于地、精气神之于人是十分珍贵的，故曰：天有三宝日月星，地有三宝水风火，人有三宝精气神。

　　古代天子诸侯以圭璧为符信，泛称宝，故"宝"也特指印信、符玺。"宝札"指玺书，是古代以印章封记的文书、私人书信；"宝符"指朝廷用作信物的符节。由此扩展，"宝"亦作敬称：可称与帝王或神仙有关的事物，如"宝字"指帝王、神仙所写的字；"宝位"指帝位；也可敬称与佛教、道教有关的事物，如"宝忏"是僧道祝祷时念诵的经文；"宝诀"指道教修炼的秘诀。

　　"宝"还特指与佛教有关的事物。"宝塔"指佛教徒所建用以藏佛舍利的塔，因装饰有佛教七宝，故称宝塔。"宝鼎"指香炉。佛教有"三宝"之说，指的是佛、法、僧；还有"七宝"之说，指的是金、银、琥珀、珊瑚、砗磲、琉璃、玛瑙。佛家认为，七宝蓄纳了佛家净土的光明与智慧，蕴藏着深刻的内涵，是珠宝中的灵物，故得三宝而国泰，得七宝而民安。

联盟

艄公们都懂得这样的道理：所有人都站在一边不是好事，因为这样最容易导致翻船。

联 【聯】
lián

聯 小篆

"联"，繁体为"聯"。会意字，篆文从耳，从丝。

《说文·耳部》："聯，连也。"本义为连接。"耳"古有耳孙之称，指从我辈往下数到八世孙为耳孙，八代人血脉相连，一脉相承；"丝"为蚕丝，丝丝缕缕，绵延不绝，编为绳线，用以接续。篆文"联"从耳，从丝，意为血脉相连、接续不断。"耳"也指耳朵。战国时期，诸侯国之间战争频繁，为便于统计杀敌的数量，便于庆功、领赏，将士们想出了"献耳计功"的方法：杀死敌人后割下耳朵，用丝绳穿起来献给统帅，既便于携带，又方便计算。故以"丝""耳"组合表示连接之意。

繁体"聯"字左为"耳"，用于听声音；右半部分上"丝"下"卝"组成一字，读音为"guān"，本义为以梭子带动纬线穿过经线，表示贯穿之意。"耳"、"丝"、"卝"三者相合，会意将相关事物贯穿起来，故"联"表示联结、联合、连接等意思。

东方朔《七谏》："联蕙茞以为佩兮。"意思是把香草连接在一起做成装饰品。《汉书·赵充国传》："臣恐羌复结联他种，宜未及然为之备。"意思是我担心羌人会联合其他的少数民族侵犯我们中原，应该在他们没有联合之前做好防范。成语"珠联璧合"本指一种天象，说的是日月、五星同时出现在天空的一方，好似连接在一起。后来比喻众美毕集，相得益彰。

简化字"联"从耳，从关。"关"为相关、关连。"耳""关"为"联"可理解为，耳朵听到一些声音，就会想到与其相关的事物，因此"联"也表示联系、关联、联想。两个或两个以上的事物才有可能存在着相关性，所以人们把诗词中相对偶的两句叫做联句或一联，把门楣上所贴的成对联语叫做对联。

通过联结，可以把零碎的事物组合成一个整体；通过联合，可以使弱小的事物拥有强大的力量。在国际政治中，弱小的国家为了摆脱被动局面，维护本国的权益，常采取若干国家联合起来的方式而形成了某种联盟，如"东盟"。"东盟"是"东南亚国家联盟"的简称，包括文莱、柬埔寨、印度尼西亚、老挝、新加坡等 10 个成员国。

联合国是第二次世界大战结束后于 1945 年成立的国际组织。1943 年 10 月，中、美、英、苏四国在莫斯科发表了《普遍安全宣言》，提出有必要建立一个普遍性的国际组织。1945 年 4 月，来自 50 个国家的代表在美国旧金山召开联合国国际组织会议，6 月通过了《联合国宪章》，同年 10 月，中、法、苏、英、美和其他多数签字国递交批准书后，宪章开始生效，联合国正式成立，总部设在美国纽约。联合国的宗旨是：维护国际和平与安全；发展国际间以尊重各国人民平等权利及自决原则为基础的友好关系；进行国际合作，以解决国际间经济、社会、文化和人类福利性质的问题，并且促进对于全体人类的人权和基本自由的尊重。

联合起来并非只是弱小力量所采取的一种策略。如今，强国之间为了政治、军事、经济目的也会结成联盟，强大的经济组织之间为了获得优势互补以及规模效应也会结成联盟，如此联盟为"强强联合"。

盟 méng

甲骨文　金文　小篆

"盟"，会意字，从明，从皿。"明"为表明、明示、明确、明白，"皿"为盘、盆一类的盛器。"盟"为古代诸侯在神前誓约、结盟。

举行盟誓仪式时，割牛耳取血，盛于盘中，由主盟者执掌，加盟者歃血为盟，表明各自的心意、诚意，之后将盟约形成文字明示天下。结盟要有明确的方向、目标，所订立的誓约必须清楚、明白，不得模棱两可，故从"明"。盟誓仪式中有盟主，有盟友，故"盟"中有日、月，日为主，月为辅；日、月为天，表示加盟者向天明志。日月共处于"皿"上，表示盟主与盟友一衣带水、同声相应、同气相求。"皿"一般用来盛装饭食，表示结盟之人拥有共同的利益追求。

"盟"还是内蒙古自治区的行政单位，下辖旗、县、市。如内蒙古自治区的伊克昭盟、呼伦贝尔盟、锡林郭勒盟等等。

战国时候，七雄争霸，国与国之间战争不断，而国家之间的盟约也很多。最著名的就是齐、楚、燕、韩、赵、魏六国的合纵之盟，即合六国之众以抗强秦。"毛遂自荐"的故事就发生在楚赵结盟抗秦的背景下。秦兵包围赵都城邯郸，毛遂自我推荐出使楚国，凭着三寸不烂之舌陈说利害，并威胁要以命相抵，楚王被迫答应。结盟签约时要维护国家利益不受损害，并争取到有力的盟友，不但需要远见卓识，更需要大智大勇。而与他国结盟事关国家信用和威望，不得轻易反悔、出尔反尔。现在一些组织、国家视盟约为废纸，说撕就撕，翻脸不认账，这些背信弃义的国家和组织，必将被国际社会孤立，并成为众矢之的的。

"澶渊之盟"是我国古代著名的盟约。公元1004年，辽大举侵宋，兵锋直抵澶州（今河南濮阳）城下。宋真宗采纳宰相寇准的建议御驾亲征，宋军士气大振，一举大败辽军，战局对宋十分有利。然而，宋真宗却胆小怕事，甘愿破财免灾，向辽国求和。结果宋、辽订下盟约：宋每年向辽输送岁币银十万两，绢二十万匹。

古代，国家之间、集团之间、组织之间为了共同行动而订立盟约所结成的集团叫作联盟或同盟。这些结盟多是出于政治和军事上的考虑，且往往针对其他国家。著名的刘、关、张桃园三结义，其实就是通过宣誓结成生死与共的铁杆盟友。现今，人们意气相投，也常通过拜把子结为肝胆相照的盟兄弟。在生活中有些人热恋时也都信誓旦旦，海誓山盟，过后却跳不出移情别恋的窠臼。看来，真正的"盟"不仅要保持清醒理智，还要保证真挚永恒。

使用

不懂生意经，买卖做不通，经济活动成功的关键就是对理论的活学活用。

使 shǐ

甲骨文　　金文　　小篆

"使"，形声字，从人，吏声。

甲骨文"使"、"事"、"吏"为一字，像手有所执之形，表示人有职司，可差使他人，具有命令、派遣之意。《说文·人部》："使，伶也。""伶"即"令"，命令之意。

"使"从"人"，表明与人的行为有关；"吏"为官吏，是有职责、有权力的人。官吏的主要职责是管理百姓、处理公务，充分调遣分配人力、物力以达到治理的目的，"使"的字形为官吏发号施令调动、遣派的行为，意即命令、派遣，"吏"也有治理之意，"人""吏"相合即表明治理百姓或支配百姓，因此，"使"也有支使、支配之意。官吏本身亦是被委以命令、承受派遣之人，其行为往往直接影响国家的兴衰、百姓的安宁，因此，"使"是官吏的行为，有让、致使之意。

"使"中有"人"有"吏"，有民有官：官与民在一起必是官使唤民，即"吏"命令"人"，"使"为支使、役使；同时又是民被官用，"人"受命于"吏"，"使"又为听从、受命行事。

"使"为命令，用在上级对下级、长辈对晚辈之间。西汉司马迁《史记·魏公子列传》："魏王使将军晋鄙将十万众救赵。"魏王命令将军晋鄙率领十万兵众前去救赵。由此意延伸，"使"又引申为被命令之人，特指使者、使臣。如特使、信使、形象大使等。古代称使者为"信"或"使"，后合称为"信使"。西汉司马相如《巴蜀檄》："故遣信使，晓喻百姓。"使者或信使是被奉派传达消息或担任使命的人。古语有"两国交战，不斩来使"之说，我国自古是礼仪之邦，即使是交战双方，也不会为难或斩杀敌国派来转告消息，或劝降、劝和的使臣，否则将被列为不义之举，遭世人鄙视。古代使者要身佩领牌，以明身份。据史料记载，宋太宗太平兴国三年（公元978年），李飞熊盗用驿马，诈称使者，阴谋作乱，后被朝廷识破并处斩。后来，为防止再有人假冒使者，朝廷规定给每位使者颁发一枚刻有特殊标记的银牌，入朝晋见或执行任务时佩戴于身，以作为标识，并使之成为一种加强军政事务管理的手段。而到了金代，女真族对于不同地位的使者佩以不同质地的领牌，贵者戴金，次者戴银，以证明使者身份和地位。元朝则设置驿站，专门接待原本日夜兼程、风餐露宿的使者们，并特制了牌符，行人见牌而纷纷让行，即使当地的官员亦得好好招待，不敢阻挡。使者代表的是朝廷的形象，所以一举一动备受关注，被委以重任的使者虽然有一定的特权，但也必须行事谨慎，以免侮辱了朝廷或国家的形象。《论语·子路》："使于四方，不辱君命，可谓士矣。"受命出使四方，不辱没君王的使命，可以算作士了。今天，商业化时代的来临，使者的身份已经普及化，民间、商家、医院甚至政府机关等，纷纷选择一些有名人士作为形象大使，以明确企业或商家的营销理念，并借名人效应来达到商业目的。

"使"为派遣、差使。西汉贾谊《过秦论》："乃使蒙恬北筑长城而守藩篱。"于是派遣蒙恬北上建筑长城守御边疆。又如指使、役使。成语"颐指气使"形容神情傲慢，端着架子指手划脚，把人吆来喝去。这样的人往往官职不大架子大，能力不高眼光高，支配欲极强，生怕别人不把自己当个人物捧着，连常人的素质和教养都不具备，却谁都看不起，里里外外一派官僚作风。"使"作名词时，代表奴隶、仆从。如使女、使婢。

"使"相当于"令、让"，如使人难堪，使人下不了台，唐代杜甫《蜀相》："出师未捷身先死，长使英雄泪满襟。"诸葛亮一生忠勇智慧，可惜天不假年，还未来得及完成北伐曹魏、恢复汉室的统一大业，已经身死五丈原，这种壮志难酬的命运，千百年来，让无数英雄豪杰扼腕叹息，泪流满面。

"使"从支配之意延伸出使用之意，多用于物。如"散漫使钱"，意为大手大脚地花钱。"使费"，即使用钱财；"使不着"，即用不着，是方言用法；"使民"，即使用民力；"使弊幸"，指用心计，玩花招。"使贤任能"，指任用有品德有才能的人。

使者作为一国之代表，具有较高的身份，到达各地或各国时，备受款待，尤其是大国的使者，更是有如君王本身，所以很多使者难免言行放纵。"使"可引申为任意放纵。如使性子，意为赌气，不听劝告。《史记·季布栾布列传》："复有言其勇，使酒难近。"司马贞认为："因酒纵性谓之使酒，即酗酒。"又有人说他十分勇猛，尤其是酗酒后耍起酒疯来，谁也不敢和他接近。

"使"表示假设，假使，即设想某一种状况下可能发生什么样的事情。梁启超《少年中国说》："使举国之少年而果为少年也，则吾中国为未来之国，其进步未可量也。"假使全国的年轻人真是如少年之生机勃勃、神采焕发，那么我们中国在未来就足以屹立于世界之林，进步程度无可限量啊！

用 yòng

甲骨文　金文　小篆

"用"，象形字。

"用"的甲骨文的字形像桶的样子，带着把手，表示实用、有容。《说文·用部》："用，可施行也。"意思是有用、可施行之物。桶作为容器是最常用的工具，故用桶之形状借代世间一切可用之物。

"用"有使用、利用、用途的意思。"饱食终日，无所用心"的意思是整天吃饱饭，什么事也不关心。《论语·阳货》："子曰：'饱食终日，无所用心，难矣哉！'"《六韬·文韬·兵道》："圣王号兵为凶器，不得已而用之。""覆瓶之用"的意思是用来盖瓶，形容著作没有什么价值，只能用来盖盛酱的瓦罐。《汉书·扬雄传下》："空自苦，今学者又禄利，然尚不能明《易》，又如《玄》何！吾恐后人用覆酱瓶也。"

"用"还指费用。《荀子·天论》："强本而节用，则天不能贫。""强本节用"的意思是加强农业生产，节约费用。"厚生利用"指富裕民生物尽其用。语出《书·大禹谟》："正德，利用，厚生，惟和。"宋代蔡沈集："利用者，工作什器，商通货财之类，所以利民之用也。厚生者，衣帛食肉，不饥不寒之类，所以厚民之生也。""用"由使用引申为运用的意思。"用兵如神"指调兵遣将如同神人，形容善于指挥作战。"用间"指运用间谍，"用计"指运用计谋、出谋划策，"用奇"指军事上运用出人意料的策略。无论是国家还是企业，最重要的是用人，"用人"就是使人尽其才。用人唯亲、用人不当是覆国灭家的祸根。"用"由使用引申为"任用"，指委派人员担任职务。三国蜀诸葛亮《出师表》："用于昔日。""大材小用"指用人不当，"重用"指把某人放在重要的岗位上，"起用"指重新任用已退职或已免职的人员。"用行舍藏"指被任用就行其道，不被任用就退隐，语出《论语·述而》："子谓颜渊曰：'用之则行，舍之则藏，唯我与尔有是夫。'""楚材晋用"意思是楚国的人才为晋国所用，指一国的人才外流到别的国家工作。《左传·襄公二十六年》："晋卿不如楚，其大夫则贤，皆卿材也。如杞梓、皮革，自楚往也。虽楚有才，晋实用之。""用"进一步引申为治理、管理、执政。《荀子》："仁人之用国，将修志意，正身行。"其中"用"是"治理"的意思。西汉司马迁《史记》："孔子用于楚，则陈蔡用事大夫危矣。"其中的"用"是执政。

庄子认为，有用和无用是相对而言的。《庄子》中讲了一个故事，庄子和弟子在山林里见到一棵大树，枝叶茂盛，伐木工人却不去砍伐它，庄子问为什么，伐木工人说它一点用处也没有。庄子就告诉弟子一个道理，因为无用而得以享尽天年，这就是大用。庄子和弟子下山后，到了一户人家，主人杀鹅款待，仆人问，两只鹅一只会叫一只不会叫，到底杀哪只呢？主人说当然杀那只不会叫的。弟子问庄子，树因无用而得以保全，鹅却因没用（不会叫）而遭杀身之祸，那么到底是无用好还是有用好呢？庄子笑答："我将处在有用、无用二者之间。"在现实中，一个人是有用还是无用，主要是看对外界的影响。于家于国于社会有用，做有用之人、有用之材，都是以得到社会认同为前提的。有用与无用不是绝对的，看似身残无用的人有的时候却有大用。汉代司马迁《报任安书》："人固有一死，或重于泰山，或轻于鸿毛，用之所趋异也。"

归属

归属是心灵的栖息地，是精神的家园。

归 【歸】
guī

毕 甲骨文　　毕 金文　　歸 小篆

"归"，繁体为"歸"。会意字，从垖，从止，从帚。

甲骨文"垖"是人坐地所留的痕迹，具有居住、止息之意；"止"为脚的象形，意为行走；"帚"是"婦"的本字，已婚女子称为"婦"。也可将"歸"的左半部分理解为原来的地方就此为止，引申为离开、出门。故"歸"的字形表示女子离开本家而嫁往夫家定居。正如《说文》所解："归，女嫁也。"本义为女子出嫁。古人称自己的妻子为"箕帚妾"，意思是操持箕帚的奴婢，借作妻子的谦称。一个女子嫁人了，就要拿起扫帚操持家务了。"归"字表示的就是女子出嫁后到了夫婿的家里操持家务。简体"归"由草书演变而来。

古时候，女子稍微知事，就要整日待在家里，几乎足不出户，只有出嫁那天，才是她人生中第一次远游。《诗·周南·桃夭》："桃之夭夭，灼灼其华。之子于归，宜其室家。"桃树茂盛嫩枝发，枝枝绽放鲜艳花，这个女子要出嫁，婚后可以持其家。又如，"归适"指出嫁，"归女"指嫁出女儿，"归妹"指嫁出妹妹。《周易》六十四卦中就有"归妹"一卦。"于归之期"指姑娘出嫁的日子。

女子出嫁后，就要长期地居住在夫婿的家中，但偶尔也可以回家看望自己的父母。由此，"归"引申为出嫁女儿返回娘家。《左传·庄公二十八年》："凡诸侯之女归宁曰来，出曰来归。"诸侯的女儿回家看望父母称为"来"，从父母家回到夫婿家称为"来归"。又如，"归安"、"归宗"都是指旧时出嫁的女子回娘家省视父母。《孔雀东南飞》中的刘兰芝被夫家休了之后，阿母大拊掌："不图子自归！"她的妈妈拍着手掌，很是气愤，你怎么能自己就回来了呢？过去女子要回娘家，必须由自己的亲兄弟、或堂兄弟等前去夫家迎接，才能回来。这里刘母责备女儿不待去接就回来了，其实言下之意是：你怎么能被人休了呢？这对古代女子来说可算是奇耻大辱了。

女子出嫁是由自己的家转到夫婿家的过程，回家看望父母则是又回到了自己的家。由此，"归"引申为归还、返回、回来。《广雅》："归，返也。"西汉司马迁《史记·高祖本纪》："大风起兮云飞扬，威加海内兮归故乡。安得猛士兮守四方。"这是刘邦称帝后，衣锦还乡时的得意之作。又如，"归升"指回归天界，用作对死的讳称。"归朝"指回朝。成语"完璧归赵"典出《史记·廉颇蔺相如列传》。蔺相如智勇双全，将和氏璧完整无缺地从秦国送回赵国，后用来比喻将事物完好无损地送回到它原来的地方。"宾至如归"指客人到这里就像回到自己家里一样，形容招待客人热情周到。《左传·襄公三十一年》："宾至如归，无宁灾患，不畏寇盗，而亦不患燥湿。""归"在古代还特指回归田园或山林隐居。"挂冠归隐"意思是把官帽取下挂起来，比喻辞官归隐。"归老林泉"指回到林间幽境安度晚年。明代周楫《西湖二集·愚郡守玉殿生春》："赵雄因见满朝之人都生忌妒，遂上表辞朝而回，归老林泉。""归"进一步引申指死亡。"白首同归"原意是一直到头发白了，志趣依然相投，形容友谊长久，始终不渝，后用以表示都是老人而同时去世。晋代潘岳《金谷集作诗》："春荣谁不慕，岁寒良独希；投分寄石友，白首同所归。"

"返朴归真"指去掉外饰，还其本质，比喻回复原来的自然状态。西汉刘向《战国策·齐策四》："归真反璞，则终身不辱也。""鹤归华表"的典故出自《搜神后记》卷一："丁令威，本辽东人，学道于灵虚山。后化鹤归辽，集城门华表柱。时有少年，举弓欲射之。鹤乃飞，徘徊空中而言曰：'有鸟有鸟丁令威，去家千年今始归。城郭如故人民非，何不学仙冢垒垒。'遂高上冲天。"后人以"鹤归华表"感叹人世变迁。

"归"由归还之意引申为归附、向往。《资治通鉴》："况刘豫州王室之胄，英才盖世，众士慕仰，若水之归海。"以水归大海的流向来比喻人们争相归附的大趋势。"众望所归"意思是大家一致期望的，指得到众人的信任。其中"众望"指众人的希望;"归"指归向。《晋书·列传三十传论》:"于是武皇之胤,惟有建兴,众望攸归,曾无与二。""归"又可引申为归属、专任,如"责有攸归",意思是责任各有各的专门归属。有罪的人投案自首也叫"归",如"归诚"指归服投诚,"归首"指投案自首。

"归"作名词,表示归宿、结局。《史记·老子韩非子列传》:"喜刑名法术之学,而其归本于黄老。"韩非子喜欢刑名法术,但他的学说最终的旨意仍是黄老之学。佛教中的"皈依"有时也写作"归依",即信奉的意思。人信奉佛教后,就要按照佛教的教义修行,佛教可以说是他的归宿。佛教中有"三皈依",指对佛、法、僧三宝的归顺依附。

属【屬】

zhǔ shǔ

小篆

"属",繁体为"屬"。形声字,从尾,蜀声。

小篆体"属"从尾,蜀声。"尾"指尾巴,意指后面;"蜀"的本义为桑木中形状像蚕一样的害虫,这种虫子成群行动时,通常是头尾相接。"尾""蜀"为"属",意为像蚕虫一样头尾相连。《说文·尾部》:"属,连也。""属"的本义指连接、连续,读为"zhǔ"。"属"引申指连缀、缀辑,如"属文"、"属句"、"属辞"。

可将繁体字"屬"视作从"尸",从"水",从"蜀"。"尸"表示范围;"水"表示水域;"蜀"后用为地名,也含范围、区域之意。故"尸""水""蜀"为"屬",表示归属、隶属之意,读为"shǔ";进而引申指同一家族的人,也指类别。

简体字"属"从"尸",从"禹"。"禹"字本义为虫。"属"由这两部分组成,意为归于虫类的这一个范围,强调了"属"的归属、类别之意。

"属"本义为连接,读"zhǔ"。《尚书·禹贡》:"泾属渭汭。"泾水连接了渭水而合流。《后汉书·张衡传》："衡少，善属文。"张衡年少的时候，擅长撰写文章。"属文"指连缀文字，即撰文。"属缀"指著作。《晋书·张亢传》："亢字季阳，才藻不逮二昆，亦有属缀，又解音乐伎术。""辩说属辞"指用诡辩的言论撰写文章。"属辞"指撰写文章。《韩非子·存韩》："辩说属辞，饰非诈谋，以钓利于秦，而以韩利窥陛下。""比物属事"指连缀相类的事物，进行排比归纳。汉代枚乘《七发》："于是使博辩之士，原本山川，极命草木；比物属事，离辞连类。""波骇云属"比喻连续不断，层见叠出。《北齐书·文苑传序》："至夫游夏以文词擅美，颜回则庶几将圣，屈宋所以后尘，卿云未能辍简。于是辞人才子，波骇云属。""貂狗相属"指真伪或优劣混杂在一起。唐代崔倬《叙石幢事》："倬自幼学慕习鲁公书法……惜奇高踪堙没，遂命攻治其伤残，补续其次，虽真赝悬越，貂狗相属，且复瞻仰鲁公遗文，昭示于后矣。""冠盖相属"形容政府的使节或官员，一路上往来不绝，也指世代仕宦，相继不断。"冠盖"指古代官吏的冠服和车盖，代指官吏。《史记·平准书》："遣使冠盖相属于道，护之，下巴蜀粟以振之。""了不相属"意思是完全不相干涉，指毫无关系。宋代陈亮《谢留丞相启》："苟其有少或似，所当明辩于十目之严，至于了不相干，宁肯依违于众口之铄。"

"属"由连接的意思引申指聚集、集中。《左传·哀公十三年》："属徒五千。"意思是集拢了手下5000人。"属目"指集中目光关注一点；"属意"指专注于某一人；"属望"即期望、期待。"属"在古代汉语中还可同"嘱"。"属托不行"指托人办事行不通，形容为官清廉，不谋私利。其中"属"即同"嘱"。《晏子春秋·外篇》："前臣之治东阿也，属托不行，货赂不至，陂池之鱼，以利贫民。"

"属"表示属于、归属等意思时，读"shǔ"。同一家族的人是由血缘关系连接在一起的，故"属"由连接之意引申指亲属。物以类聚，人以群分。不同的事物归属于不同类的群体中。"属"可引申为类、类别。《周礼·考工记·梓人》："小虫之属，以为雕琢。"词语"属性"指事物所具有的性质、特点，如导电、导热和延展性等是金属的属性。在生物学中把同一科的生物群按照彼此相似的程度再分为不同的群，也叫"属"，如猫科有猫属、虎属等，禾本科有稻属、小麦属等。

　　"属"引申为隶属。"属地"指隶属或附属于某国的国家或地区；"属国"指古时作为宗主国的藩属的国家。"属"还指归属。《史记·项羽本纪》："项羽由是始为诸侯上将军，诸侯皆属焉。""属"还引申有系、是之意，表示确凿肯定，如"查明属实"指调查之后确实是事实。

　　"属相"即指生肖。我国古时用天干地支纪年，十二地支配十二种动物，人们就用十二属相记生年，如生于甲子年就属鼠，生于乙酉年就属鸡。

界限

不理性扩张打破了经营的界限，就像风筝断了线。

界 jiè

小篆

"界"，形声兼会意字，从田，介声。

"田"指田地、土地，意会为区域范围；"介"的甲骨文似片片皮革两两相连、块块折叠而联成的甲衣，起护身作用，后引申为介绍、介于，表示在两者之间；"介"字又形似一人跨开两脚站立状，介于两块田地之间，也就是区分两地的界限。"田""介"为"界"表示分界、界限。《尔雅》："界，垂也。"

"垂"为边疆、边陲，"界"指相交的地方，如边界、国界。田地被界线分开后，各自拥有属于自己的地域并受到一定的保护。"界"又指在特定的范围、领域内，如文艺界、学术界、业界等。在佛教中还有"三界"之说——欲界、色界、无色界。"界"表示分界、界限。《急就篇·顷町界亩》："田边谓之界。"田地的边缘被称为"界"，这是本义。《史记·魏公子列传》："迎公子于界。"意思是在赵国的边界迎接信陵君。文天祥《〈指南录〉后序》中也有"境界危恶"的句子，意思是蒙古人入侵中原，边疆的情况非常紧急。"界约"指两国为明定疆界的界址而缔结的条约；"界贼"指扰乱国境的盗贼；"界碑"指作为地界标志的石碑；"界标"指表示地界的标志。

由本义引申，"界"泛指其他事物的分界、界限。《荀子·正议》："是非之封界，分职名象之所起。"这里的"界"指的是对与错之间的界限。《后汉书·马融传》："奢俭之中，以礼为界。"意思是在奢华和简朴之间，要以礼数为界限。

土地有分界，说明被划分成了许多部分，"界"又引申为划分、分开的意思。孙卓《游天台山赋》："瀑布飞流以界道。"意思是飞流直下的瀑布划分开道路。"界别"指划分、区别；"界朱"指用红笔划成行格；"界路"指交叉路口；"界断"指划断、分开。

"界"给土地规定了一个范围，因此，"界"也表示范围、领域。如可以将自然界中的动物、植物、矿物等分为无机界、有机界；可以将人类社会中人们所从事的事业分为政治界、经济界、商界、法律界等。"世界"一词是宇宙观在社会科学方面的应用。"世"为世世代代，是时间概念；"界"为疆界领域，是空间概念。

"界"字上面的"田"表示范围，明示做任何事情都要有一个界限，如果越过了这个界限，违背了自然规律，就要受到惩罚。下面"介"的古义为铠甲，有防护、戒备的意思。一个国家的领土、领空、领海的疆界都已经划定了，凡属于这个范围内的利益，是不容许别国侵犯的。

佛教术语中有"三界"之分，即欲界、色界、无色界。欲指财、色、名、食、睡五欲，世间男女众生多不能免除这些欲望。因此，所居之地称为"欲界"，是三界中最低的一层。色界位于欲界之上，为离欲的众生所居。色的意思是指物质，色界也就是摆脱世俗欲望的众生所居之地。无色界又在色界之上，其中所居的众生无形无色，已经达到了空无的最高境界。俗语所说"跳出三界外，不在五行中"之"三界"，即是此三界。在佛教理论中，不同派别对三界的描述和解释略有不同，是他们相互区别的理论基础之一。

限 xiàn

限 金文　限 小篆

"限"，会意字，金文从阜，从目，从人。

"阜"为大山；"目"为眼睛；"人"即人类。"限"的字形以人的目光被大山阻挡而表示阻隔、限制之意。《说文·阜部》："限，阻也。"今"限"从"阜"，从"艮"，"艮"为八卦之一，其象为山。山者止也，逢山必止，"艮"象征着停止。"限"的字形为左右皆是山，进不得退不能，视野局促，行为受限，亦是阻隔、限制之意。"阜"又表示地区、区域。自古以来，国与国或地区与地区之间多是以山为界划分界限。故"限"可表示疆界、界限，引申为限度。

"限"表示有所阻隔。《战国策·秦策一》："南有巫山、黔中之限。"南边有巫山和黔中的阻隔。三国魏曹丕《燕歌行》："牵牛织女遥相望，尔独何辜限河梁。"古时"限"也专指门槛。唐代孟郊《征妇怨》："渔阳千里道，近如中门限。""门限"、"户限"都是门槛的意思。"户限为穿"意思是门槛都踩破了，形容进出的人很多。唐代张彦远《法书要录》："智永禅师住吴兴永欣寺，人来觅书者如市，所居户限为穿穴。"

"限"为限制、限定。唐代杜甫《别赞上人》："是身如浮云，安可限南北。"唐代白居易《琵琶行（并序）》："说尽心中无限事。"北宋沈括《梦溪笔谈》："不可限以时月。""不可限量"形容前程远大。"限量"指限定止境、数量。清代吴敬梓《儒林外史》第二十六回："鲍文卿向知府着实赞这季少爷将来不可限量。""大限临头"用以指寿数已尽，注定死亡的期限落到身上。"大限"指生命的极限，即死期。元代无名氏《施仁义刘弘嫁婢》第三折："若是你为官称了平生志，有一日大限临头，那时若你个小解元得为官，将你这双老爷娘放心死。""严限追比"指要求任务定期完成，否则将受重罚。旧时地方官吏严逼百姓限期交税完粮，逾期受杖责叫"追比"。清代蒲松龄《聊斋志异·促织》："宰严限追比，旬余，杖至百，两股间脓血流离，并虫不能行捉矣。"对某一事物的限制、限定实际上是将其规定在一定的范围之内，所以"限"还有界限的意思。表这层意思时，"限"与"线"可相互通用，如"界限"同"界线"。西晋陈寿《三国志·吴志·陆逊传》："夷陵要害，国之关限。"对事物的限定可以是在空间上的，也可以是时间上的。唐代房玄龄《晋书·傅玄传》："六年之限，日月渐进。"六年的期限，日子一天天逼近。

"务限法"是宋时的一种审判制度，主要是规定在农忙季节禁止民事诉讼，以免影响生产。"务"就是指农务，即农业生产劳动。具体期限是农历每年的二月初一开始，叫"入务"，即进入了农忙季节，到九月三十日结束。这一段时间是务限期，在这个期限内，各个州县官府停止对于田宅、债务、地租等民事案件的审理。到了十月初一时，叫作"务开"，这时才可以受理民事案件。

限制虽然是一种束缚，但对于人类社会的进步来说，却有一定的积极意义。从某种意义上说，人类的文明史就是人类不断懂得限制的过程。从原始社会的群居到五服之内不得通婚的限制；从率性而为到伦理道德和法律的限制；从核扩散到核限制；从肆意砍伐捕猎到保护生态平衡的限制……人类正是在一个又一个合理的限制中从蒙昧走向开化，从野蛮走向文明，从战争走向和平，从局部利益走向全球利益，从单赢走向多赢。当然，限制也是有限度的。限制的前提必须是合理的、有效的，过度的限制就违反了限制的初衷。限制的目的实际上是为了获得更多的自由。如果因为限制而捆住了人们的手脚，钳制了社会进步的脚步，阻碍了人类文明的进程，那么这样的限制就是羁绊，就是束缚，必须坚决冲破。

任何事情都不是绝对的，不管是空间上的限制还是时间上的限制，都是相对而言的。人们将无限的世界规定了种种有限的范围，其目的都是为了人类社会的便利。人再伟大，在无限的宇宙当中，还不及一粒灰尘；人再伟大，在无限的时间长河中，也只是一闪而过。所以我们每个人都应该把握好自己有限的生命，做一个有用的、充实的、不虚度年华的人。

顾客

善待顾客，因为支付员工薪水的不是老板，而是顾客。

顾 【顧】
gù

顧 小篆

"顾"，繁体为"顧"。形声字，从页，雇声。

"顧"为九雇，是一种候鸟，寒冷而飞走，过冬后返回；"頁"表示头部。"雇""頁"为"顧"，意为回转头部。《说文·页部》："顧，还视也。""顾"的本义为回首、回视。

简体"顾"从厄，从页。"厄"有困苦、险阻等意，"顾"字可理解为遇到险阻而回头，故而有回转之意。

"顾"本义为回头看。"顾影自怜"指回头顾盼着自己的身影，自怜自爱。"顾盼生辉"指一回首，一注目，都有无限光彩，比喻眉目传神。三国魏嵇康《赠秀才入军》："风驰电逝，蹑景追风；凌历中原，顾盼生姿。""顾盼自雄"指看着自己的身影，觉得非常自豪，自我感觉良好。"顾望"指回视、观望，有谦让、畏忌或踌躇不前的意思。顾有照顾、顾念之义，此时顾中的雇、厄都有付出劳动或代价之义，可表述为一个人要照顾他人是需要付出劳动和代价的。更不用说全心全意地、奉献般地照顾一个人了。"伯乐一顾"比喻受人知遇赏识。有人卖骏马，连三天立于市都没人过问，就请擅长相马的伯乐去看一看，伯乐于是到市上"环而视之，去而顾之"，一天之内马价涨了10倍。"鸱视狼顾"指如鸱鸟举首而视，如狼反顾，形容人的凶狠贪戾。汉代马融《长笛赋》："鱼鳖禽兽闻之者，莫不张耳鹿骇，熊经鸟伸，鸱视狼顾拊噪踊跃。"

东汉士大夫互相标榜，称郭林宗、宗慈、巴肃、夏馥、范滂、尹勋等八人为八顾，又田林、张隐、刘表、薛郁、王访、刘祗、宣靖、公绪恭亦称"八顾"。"顾"谓能以德行引导他人之意。

"顾"由回头看引申为观看，瞧之义。"相顾一笑"指相互望着笑。《聊斋志异·促织》："徘徊四顾，见虫伏壁上。"在四周来回看了看，发现要找的蟋蟀竟然在墙壁上趴着。"顾左右而言他"指看着两旁的人，说别的话，形容无话对答，有意避开本题，用别的话搪塞过去。《孟子·梁惠王下》："曰：'四境之内不治则如之何？'王顾左右而言他。"成语"顾名思义"指看到名字就想到它的含义，原用以激励人努力做到名实相符，后形容事物的名称与涵义之间的关系简单明了。《三国志·魏书·王昶传》记载，三国时期，太原晋阳人王昶曾任魏国司空。他为人注重名节，给侄子和儿子取名也都依照谦虚求实的原则，希望对他们能起到教育意义。他给侄子取名是王默字处静，王沈字处道，给儿子取名是王浑字玄冲，王深字道冲。王昶告诫他们说："起这样的名字是为了让你们顾其名而思其义，时刻勉励自己啊！"

"顾"引申为访问、拜访之义。"顾聘"指拜访聘请；"顾访"指探视访问。成语"三顾茅庐"出自《三国志·蜀书·诸葛亮传》，指三次到草屋中拜访，用以指恭敬地一再邀请。东汉末年，天下大乱，刘备乘机募集军队，企图恢复汉朝王室。起初，刘备力量十分单薄，于是四处寻找贤才。经谋士徐庶推荐，刘备亲自来到襄阳隆中草屋拜访隐居在此的旷世之才诸葛亮。前两次，诸葛亮故意外出避而不见，当刘备第三次前来求见时，诸葛亮终于被刘备的真诚所打动，答应出山并最终辅佐他建立蜀国，成就帝业。诸葛亮《出师表》："先帝不以臣卑鄙，猥自枉屈，三顾臣于草庐之中。"后世用"三顾茅庐"来形容邀请人的渴望和诚恳的心情。

"顾"有照顾、关怀之义。"顾家"指照顾家庭；"顾恤"指照顾体贴。人们对自己照顾、关怀的人总是十分眷恋，故"顾"由此引申为眷恋、顾及之义。"顾哀"指眷念哀怜；"顾思"指眷顾思念。《史记·屈原贾生列传》："屈平既嫉之，虽流放，眷顾楚国，系心怀王。""眷顾"即眷恋。

"顾"还有顾虑、考虑之义。"顾忌"指因某种顾虑而不愿直言径行。"顾命"指顾虑性命。"顾全大局"指为了照顾全局，不为本人或本单位的利益斤斤计较，能够为了长远的全局利益而牺牲眼前的局部的利益。一个人在涉及自身利益时能够顾大局、识大体相当难得。

"顾"还可作名词,商店或服务行业称来买东西的人或服务对象为"顾客"。

"顾"为姓氏,《广韵·暮韵》:"顾,姓,出吴郡。"

客 kè

金文   小篆

"客",形声字,从宀,各声。

"客"从"宀",表示与户、室有关;"各"表示彼此不同。一家人相亲相爱,不分彼此,是一个整体,若在家中需要分别彼此、以礼相待者即为客,故"客"为"宀"中有"各"。"客"本义为宾客、客人。因客人只是暂留他处,故"客"引申有寄居之意。《说文·宀部》:"客,寄也。"

古人非常重视待客之道。《礼记·曲礼》:"主人敬客,则先拜客。"儒家的待客之道极为讲究,从客人入门一直到进餐,都有详细规定。"一客不烦二主"意思是一位客人不用劳烦两位主人接待,指一件事情由一个人全部承担,不用找别人帮忙。宋代释惟白《续传灯录·堂远禅师》:"一鹤不栖双木,一客不烦两家。""闭门谢客"指关闭家门,谢绝客人来访。

寄食于富豪权贵门下为其所用的人被称为"门客",也叫"食客"。春秋战国时期,有一定权势且财力雄厚者,都在家中供养门客,为自己出谋划策,巩固并提升自己的地位。战国时期,齐国人冯谖因贫穷潦倒寄食在孟尝君门下,起初没有受到重视。冯谖非常不满,借弹剑说事,索要鱼肉、车马和补贴。孟尝君一一满足其要求后,冯谖才对自己的朋友说:"孟尝君以宾客的礼仪招待我。"由此可见,"客"理应受礼遇、受尊敬。

"夜半客"比喻关系亲密的人。《后汉书·彭宠传》:"王莽为宰衡时,甄丰旦夕入谋议,时人语曰:'夜半客,甄长伯。'""座上客"指在席上的受主人尊敬的客人,泛指受邀请的客人。《后汉书·孔融传》:"坐上客恒满,尊中酒不空,吾无忧矣。""骚人墨客"指诗人、作家等风雅的文人。

屈原作《离骚》，因此称屈原或《楚辞》的作者为骚人。"墨客"指文人。唐代李白《古风》："正声何微茫，哀怨起骚人。"汉代扬雄《长杨赋》："墨客降席，再拜稽首。""槎客"指乘槎泛天河之人，典出晋代张华《博物志》卷十。传说天河与海通，年年八月有浮槎来去，有一人乘浮槎走了十余日，至一城，见一男子在河边饮牛，便问此是何处，男子回答："君还至蜀郡访严君平则知。"此人后至蜀，问严君平，严君平说："某年月日有客星犯牵牛宿。"计年月，正是此人到天河时。"掌客"为古代官名。《周礼》谓秋官司寇所属有掌客，设上士二人，下士四人及府、史、胥、徒等人员，掌接待四方宾客，按其等级，规定礼数。

旅居他乡称为"客居"。"客家人"指在西晋末年、唐朝末年和南宋末年从黄河流域逐渐迁徙到南方的汉人，现分布在广东、福建、广西、江西、湖南、四川、台湾、海南等地，侨居海外南洋一带。安土重迁是国人的传统，"客居"总有悲凉之感。佳节是亲人重逢团聚之日，寄寓他乡的游子不能归家，难免会有"独在异乡为异客，每逢佳节倍思亲"之叹。可以说，一个"客"字蕴涵了游子的诸多人生坎坷和对亲人的无限牵挂。更有不幸者，一生颠沛流离，最后客死他乡。

从事某种特殊活动或具有某种专长的人，往往与众不同，也称为"客"，如"樵客"、"剑客"、"刀客"等。为了生活，人们四处奔波，谁又不是"客"呢？"天地者，万物之逆旅；光阴者，百代之过客。"人的一生无非是匆匆过客，世间的繁华富贵如过眼云烟，值得留恋的只有人间的真情而已。

"客"与"主"相对。看问题不能"主观"，要"客观"。"客观"立足于事实，没有人为因素的干扰。"客观"真实可信，是照亮人主观世界的一盏明灯。同时，"客观"的真实需要人们的主观认知，这便是"主观"和"客观"的统一。人是社会的"主体"，而社会是被改造的"客体"。人要从"客观"的角度去看问题，又要"主观"地去改造"客体"，使其为人所用。

推广

推广需要选择手段，而不是不择手段。

推 tui

推 小篆

"推"，形声字，从手，隹声。

"推"从手，表示与手的动作有关；"隹"是小鸟，鸟只会前进不会后退，所以"推"是一种手向前的动作，本义为手向前用力使物体前移。"隹"也为"难"省。物体难以前移，需要手向前用力，这个动作就是"推"。

"推"的目的都在于使事物移动，因此"推"亦可解释为变化、移动、发展。这就不限于具体的事物，还更为广泛地涉及精神层次。成语"推陈出新"，就是推动旧有事物向前发展，使之适应社会前进的步伐，产生更有生命力的新事物，这也是人类不断向前发展的基本要求。"推"代表的是主动行为，就如我们今天的改革开放，就是主动去学习和接受先进的文明。

"推"可以引申为进一步想，或者是由已知点想到其他。既然要进一步，就必须反复地进行思考，琢磨。"推敲"就很形象地表达了这个意思。"推敲"的典故与唐代诗人贾岛有关。贾岛到京师参加科举考试，一日他骑着驴在大街上行走，琢磨着一句诗："鸟宿池边树，僧敲月下门。""敲"字又想换成"推"，主意不定，就在驴背上反复做着"推"和"敲"的动作，不觉入迷，不料冲撞了时任京都长官韩愈的车队，贾岛忙赔礼，并将因"推"、"敲"二字专心思考不及回避的情形讲了。韩愈听了深思后便说"敲"字好，在万物入睡、沉静得没有一点声息的时候，敲门声更显得夜深人静。贾岛连连拜谢，把诗句定为"僧敲月下门"。"推敲"的典故由此而来，引申意为斟酌文字，反复琢磨。如此"推敲"的精神很值得推广，而所谓推广之"推"有使事物展开的意思。尤其是对好的新事物，开始在小的范围内被认可，经过推广则可达到普及的程度。现在我国提倡说普通话，要推广普通话，因为这是文明发展的需要，使南方人和北方人能够正常交流，不再局限于方言的限制，避免交流障碍。同此意的还如"推销"，就是通过将产品或者服务介绍给他人，以实现购买的行为。

"推"之方向是前移，可以是推动事物、思想，也可以是"推"某一个人，这就是推许、推荐。宋神宗还是太子的时候，太子司文书事韩维总能发表一些高见，太子每每赞同那些意见，韩维就说："此非臣之意见，乃王安石之意见耳。"在未来皇帝面前常说这种话，无疑对王安石晋升是再好不过的铺垫。韩维推荐王安石，这为他日后得到神宗信任，以进行大刀阔斧的改革提供了良好的机会。

当然"推"字有向前之推移，就有向后之推延，有推进便有推出。其中"推延"之"推"是往后挪的意思；"推出"之"推"则是辞让、脱卸。对于后者，生活中经常遇到，找个借口脱逃责任，强调客观原因，以此逃避主观责任，实非堂堂正正之行为。另外"推"还有让出、献出的意思。汉武帝时期为了加强中央集权，就采用主父偃的计策，对各诸侯王国采用"推恩令"。所谓"推恩"就是将皇帝的恩情推及子孙后代。因为按照当时汉朝诸侯王的世袭规则，王侯死后，他的地位财产都只能由若干子孙中的一个继承，而"推恩令"后就必须将一切平均分配给所有子孙，这样权力和财富的不断分割，使地方王侯势力日益弱小，几代之后就再无办法同中央抗衡了，国家也就得以安定。

"推"引申为推让的意思。"解衣推食"指把穿着的衣服脱下给别人穿，把正在吃的食物让别人吃，形容对人热情关怀。《史记·淮阴侯列传》："汉王授我上将军印，予我数万众，解衣衣我，推食食我，言听计用，故吾得以至于此。""推"有推究的意思。"三推六问"旧时指反复审讯。元代孙仲章《勘头巾》第三折："有他娘子将小人告到官中，三推六问，吊拷绷扒，打的小人受不过，只得屈招了。""推"又有推诿、推托的意思。"半推半就"意思是一面推辞，一面靠拢上去，形容装腔作势假意推辞的样子。元代王实甫《西厢记》第四本第一折："半推半就，又惊又爱，檀口揾香腮。""东推西阻"指找各种借口推托、阻挠。"推推"指勇于上进的样子。《灵枢·阴阳二十五人》："少阳之上推推然。"张志聪注："推推，上进之态，如枝叶边上达也。"

　　"推引"为刺法用语。推指进，引指退。《素问·离合真邪论》："推之则前，引之则止。"王冰注："言邪之新客，未有定居，推针补之，则随补而前进；若引针致之，则随引而留止也。""廷推"为明代的任官方式。高级官员经大臣推荐皇帝任用，称廷推。内阁大学士、吏部尚书廷推或皇帝特旨任命，侍郎以下及祭酒，吏部尚书会同三品以上官廷推，外官则总督、巡抚廷推。此制度到清康熙年间废止。"推官"为古代官名，唐代始置，为节度使、观察使之属官。宋代沿用此制，实际上成为一郡之佐官。元明于各府设推官，以掌理刑狱。清初仍设推官，后废。

广 【廣】

guǎng　ān

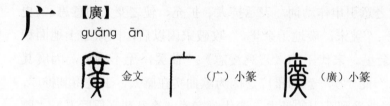

金文　　（广）小篆　　（廣）小篆

　　"广"，繁体为"廣"。汉字简化前，"广"与"廣"的意义并不相同。

　　"广"为象形字，本读"yǎn"，甲骨文和金文的写法像屋墙屋顶，其含义是依山崖建造的房屋。作为偏旁，从"广"的字多与房屋有关。"广"还读作"ān"，同"庵"，多用于人名。

　　"廣"为形声字，从广，黄声。《说文·广部》："廣，殿之大屋也。"清代段玉裁注释说："殿谓堂无四壁……覆乎上者曰屋，无四壁而上有大覆盖，其所通者宏远矣，是曰廣。"古人认为天玄地黄，天是黑色的，地是黄色的，"黄"代表着大地。"广"下有"黄"，意为屋顶之下即是大地，四周没有墙壁做支撑，"廣"为四周无壁的大屋。明代高攀龙《水居记》："漆湖之干有州焉，可二十步，三分赢一以为廣。"其中"廣"字用的就是本义。

　　由"四周无壁的大屋"引申，"廣"可表示与大相关的很多意思。《书·周官》中说："功崇惟志，业廣惟勤。""崇"为高，而"廣"在此则为大之意。大的意思扩展开来，又有盛大、远大、高尚、众多等意。《水浒全传》第八十九回："大设廣会，犒劳三军。"其中，"廣会"即盛会，"廣"即为盛大的意思。《左传·僖公二十三年》："晋公子廣而俭。"这里的"廣"意为远大，意思是说晋公子志向远大而生活上却很节俭。唐代韩愈在《论淮西事宜状》中说："兵多而战，不速所费必廣。"这是说，派大部队出去作战，应该速战速决，否则粮草等供给的消耗就太多了。

"廣"由本义引申，泛指面积、范围的宽阔，与"狭"相对。《诗经·周南·汉广》："汉之廣矣，不可泳思。"汉水河面很宽阔，不可能游到对岸。唐代孟郊《偶作》："道险不在廣，十步能摧轮。"道路难走不在于路途遥远，真正险要的路，不出十步之远就能使车轮毁坏。这里的"廣"指路途遥远。作广泛、普遍义解时，"廣"既可作形容词，也可作副词。三国时魏国的王粲《俞儿舞歌》中有"仁恩廣覆，猛节横逝"，此处的"廣"为副词，"广覆"就是广泛倾洒之意。

"廣"由大之意引申作动词，表示扩大、扩充、使之变大的意思。《史记·乐毅列传》："破宋，廣地千余里。"攻破宋国以后，国家的土地面积一下扩大了千余里。宋代王灼《碧鸡漫志》："曲罢，无不感泣，因廣其曲，传于人间。"此"廣"意为推广。因为歌曲实在感人，于是将其推广，使更多的人都能感受到其中的魅力。清代黄宗羲《答万冲宗质疑书》："聊述所闻，以廣来意。"根据所见所闻的事情来推导其中的意义，"廣"于此作推衍解。《汉书·食货志》："薄赋敛，廣畜积。"薄为减少，"廣"则是增多之意。另外，让人原本紧闭的心胸变宽，从而心宽气顺，也是使之大的意思，所以"廣"还可表示宽慰之意。《史记·屈原贾生列传》："自以为寿不得长，伤悼之，乃为赋以自廣。"这句话是说，知道自己的寿命不多，于是伤心难过，作赋来安抚自己的内心。其中的"廣"，即为宽慰。

唐代杜甫《醉时歌赠广文馆学士郑虔》："诸公衮衮登台省，广文先生官独冷。甲第纷纷厌梁肉，广文先生饭不足。"据《新唐书》记载，唐玄宗爱郑虔才，为置广文馆，以之为博士。广文馆设博士、助教等职，主持国学。明清时因称教官为"广文"，亦作"广文先生"。

"廣"还是古时对广州的称呼。现在人们所说的"两广"，是广东和广西的合称。

"廣"还可作姓氏。根据《通志·氏族略四》的记载，广氏是广成子的后代。

在现代汉语中，"廣"简化为"广"，而"广"的原始意义已经被忘却了。

折扣

再大的折扣也只是价格的折扣，而不能是质量的折扣。

折 【摺】
zhé shé zhē

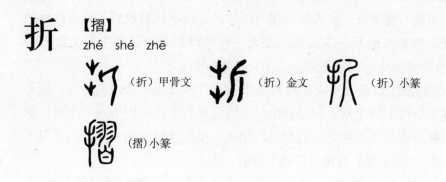

（折）甲骨文　（折）金文　（折）小篆

（摺）小篆

"折"，异体为"摺"。会意字，从手，从斤。

"折"的甲骨文从断木，从斤。"斤"为斧，会意斧斫而木断。金文字形讹断木为断"屮"，会以斤断草之意；隶变后舍"屮"为"手"而为"折"。《说文·手部》："折，断也。"本义为断掉、弄断。如折断、骨折、腰折。

今体"折"字中有"手"，表示与人的行为、动作有关；"斤"为斫木之斧。"手""斤"为"折"，表示手中执斧能斩断物体。"斤"也为斤两，表示分量，又是"近"的省字，意为要想折断东西，须要用力与之接触。被折断的物体已经不是原来的模样，故"折"为折损、挫折。从经济上来说，价格比原价降低，就是打折、折扣、折损、折本。"折本"中的"折"音读"shé"。若强迫缺乏韧性的物体弯曲则容易使之折损，故"折"有曲折之意，如"折跟头"既表示一种动作，也比喻失败。"折跟头"中的"折"音读"zhē"。

战国时期著名思想家荀子在《劝学》中写道："锲而舍之，朽木不折；锲而不舍，金石可镂。"其中的"折"为折断、断开。"锲"为雕刻之意，"镂"在此表示凿空、凿穿。整句话的意思是，如果只雕刻一会儿就放弃了，即使是枯朽的木头也不会被折断；但若是坚持不懈地雕刻下去，即使是金属或石头也能够凿穿。可见，无论做小事还是成大事，贵在坚持。做任何事情只要有信心、有恒心、有百折不挠的意志，朝着目标努力地做下去，即使是铁杵也能磨成细针。

"折五鹿角"形容口才出众，轻松击败对手。典出《汉书·朱云传》："汉元帝时，少府五鹿充宗显贵受宠。"汉元帝让他研究梁丘氏关于《易经》的阐述，然后元帝命他与其他儒生去辩《易》理，但很多儒生都假称有病，不敢与他交锋。鲁人朱云很有辩才，一向不畏惧权威，他勇敢地站了起来。辩论开始后，朱云咄咄逼人，连续辩倒充宗。儒生们为此总结道："五鹿充宗头上的角高高的，朱云把他折断了。"

东西折断了以后会变成零碎的段节。"折"字又是一个戏曲名词，指元杂剧剧本结构中的段落。元杂剧中，每戏大多四折，每折用同一个宫调的若干曲牌形成一个整套，一韵到底，相当于现代话剧中的一幕，但不限于一时一地。"折子戏"即指可单独上演的一折戏。

"折"又可表示挫折、损失等意。成语"百折不挠"形容意志坚强，无论受到多少挫折都不会屈服、动摇。又如"损兵折将"指作战失利，兵士和将领都有所损失。这个"折"表示损失。一件东西在折断之前，一定会发生弯曲，"折"又引申表示弯曲。《淮南子·览冥训》："河九折注于海。"河水经过九个大弯，流入大海。陶渊明是东晋后期的大诗人，也是名人之后。他的曾祖父陶侃是赫赫有名的东晋大司马。他生性淡泊，为人注重名节，任彭泽县令之时，因为不愿为五斗米折腰而辞官回家务农。此后，"不为五斗米折腰"成为中国后世文人所推崇的气节。这里的"折腰"即为弯腰。

由弯曲之意引申，"折"又可用来表示反转、转变方向。如"走到半路又折回来"，这句话中的"折"就是反转、改变方向的意思。"折"又可引申出折服，指让人钦佩不已。如"心折"表示对于自己所佩服的人，会诚心地拱手作揖，弯腰行礼，口里还不停地念叨："佩服！佩服！"

东西弯曲或折断后，两端能够合并在一起，由此"折"又有折合、折扣之意。《红楼梦》第九十七回："外面也没有预备羊酒，这是折羊酒的银子。"其中的"折"就是折合的意思，表示银两刚好能买到需要的羊酒。将商品以打折的方式优惠于顾客是商家经常采取的促销手段。对商品价格可以打折，但是对待工作、对待学问、对待事业却不能打折扣。"不折不扣"是一种精益求精、恪尽职守的工作态度，这不仅是对工作负责，也是对自己负责。

扣 kòu

 小篆

"扣"，形声字，从手，口声。

"扣"从手，表示行为、动作；"口"为口腔，这里表示像口腔一样呈环状且中空的东西。"扣"为用手将某物体系成一个像"口"一样的形状。《说文》："扣，牵马也。"本义是用绳子把马拴住。

"扣"引申泛指用环状物套住或拢住某物，例如"环环相扣"、"扣上门"等。"手""口"为"扣"，又意为手呈中空形或手持口朝下的器物放置或覆盖别的东西，例如"把碗扣在桌子上"。

"口"为发声器官，亦有关口、要害之意。以手敲击物体使之发声为"扣"，因而"扣"引申为敲击。"扣"作此义讲时又假借为"敂"，即现在的"叩"。《墨子·公孟》："譬若钟然，扣则鸣，不扣则不鸣。""扣"指敲击。宋代苏轼《石钟山记》："于乱石间择其一二扣之。"又如词语"扣扉"、"扣户"、"扣门"、"扣阍"、"扣扃"都是指敲门。南朝梁钟嵘《诗品》："白马与陈思答赠，伟长与公幹往复，虽曰以莛扣钟，亦能闲雅矣。""莛"是草茎，"扣"是敲击。"以莛扣钟"意思是用草茎打钟，毫无声响，用来比喻应答的双方才学悬殊。类似的成语有"以羽扣钟"，用羽毛敲钟，比喻才疏学浅却不自量力地做根本办不到的事情，也比喻拿浅显的东西向学识渊博的人请教。清代王夫之《姜斋文集·君相可以造命论》："臣以意欲造君命者，干君之乱臣；子以意欲造父命者，胁父之逆子。至于天而徒怀干胁之情，犹以羽扣钟，以指移山，求其济也，必不可得已。"成语"扣槃扪籥"或作"扣槃扪烛"，比喻认识片面，未得要领。该成语出自苏轼《日喻》："生而眇者不识日，问之有目者。或告之曰：'日之状如铜槃。'

扣樂而得其声。他日闻钟，以为日也。或告之曰：'日之光如烛。'扪烛而得其形。""扣壶长吟"借指抒发壮怀或不平之气。清代唐孙华《题薪禅弟〈击壶图〉》诗："扣壶长吟心未厌，惜哉狂竖徒骄盈。"

"手""口"为"扣"，还有开口求教、探问的意思。明代魏禧《大铁椎传》："扣其乡及姓字。"问他的家乡和姓名。"扣问"指向人请教，询问；"扣发"指启发，提出意见。扣问并不是普通的求教，是自己苦苦思索仍不得其解，带有很强求知欲的询问，如"扣问自己"、"扣问真理"、"扣问苍天"等，都含有一种极其强烈的感情，想探问的内容也不是普通的问题，常是不易求解的重大疑惑。

"扣"由本义延伸泛指"套住"。例如《警世通言·王娇鸾百年长恨》："取原日香罗帕，向咽喉扣住。"成语"攀辕扣马"中的"攀"即牵挽，"扣"即套住，拉住车辕牵住马匹，形容热情挽留，不肯放行。该成语出自《东观汉记》："第五伦为会稽太守，为事征，百姓攀辕扣马呼曰：'舍我何之？'""扣"由此又可引申表示减去其中的一部分，即扣除。明代冯梦龙《醒世恒言·卖油郎独占花魁》："从明日为始，逐日将本钱扣去，余下的积攒上去。"

"扣"做名词时，由本义延伸指扣子，因为旧时的衣扣都是用绳带套制而成的，也写作"釦"。《新唐书·高丽传》："王服五彩，以白罗制冠，革带皆金扣。"我们现在仍然用扣子、衣扣，只是现在的扣子已经很少是用布绳套制而成的了，大多为塑料或金属制品，但是形状仍多为环状，而且无论扣子是何形状，扣眼儿总归是环状的。

"扣"本指用绳子套马，生活中如果人触犯了法律，也要被绳之以法，限制其自由，扣押、扣留等。"扣留"是指用强制手段把人或财物留住不放；"扣押"是指拘禁或扣留。这两种行为都属于法律手段，由执法人员按规定手续来进行，其他个人或组织无权进行，否则就是非法扣押。扣押要以法律为准绳，以事实为依据。对有违法事实者，执法必严，否则就是玩忽职守；对无辜者不能随便扣押，否则就是滥用职权。法律的尊严到任何时候都是神圣不可侵犯的，每个公民都要遵纪守法，不能以身试法，法律的准绳是全社会的行为规则。

媒介

交易媒介在整个经济活动和人类社会发展中都具有重要作用。

媒 méi

媒 小篆

"媒"，形声字，从女，某声。

"女"为女性；"某"指一定的人、事、物、地，又可视为"谋"省，指谋求，谋划。"女""某"为"媒"，会意在一定的区域内、在一定的人群中为女子谋求男人或为他人谋求女人，此为媒人之职业。"媒"指媒人，即撮合男女婚事的人。"媒"为"女""某"，是某个女人，古代媒人多为女人，并以年长者为主。《说文·女部》："媒，谋也，谋合二姓。"

"某""女"组合成"媒"，它的本义是做婚姻介绍的人，通常称之为"媒人"，或者"媒婆"，作为一个职业一直被女性所垄断，男性偶有做媒的时候，但都是非职业的，没听说历代有哪位男士以做媒为职业，因此"媒"要以"女"为偏旁。《说文》中对"媒"这个字的解释实际上就是对媒婆职业的简约描述，曰："媒，谋也。谋合二姓。""谋合"两字，表明做媒是需要一定的智慧，或者说技巧更为恰当。根据职业需要必须在男女两家之见穿针引线，必须运用一定的语言发挥擅长的口才出谋划策，这应和了"媒"右边的"某"，媒婆善言，"某"加"言"旁则为谋划的"谋"。比如《西厢记》中的红娘，若不是这丫头的机灵和智慧，怎能成就的了张生和崔莺莺这一对郎才女貌呢。因此媒婆不是光一张嘴就可以成事的，更重要的还是有个能参能谋的脑袋。不过从另一个角度讲"某"也是不确定某人的意思，古代婚姻的当事人也就是男女双方洞房前一般都互不相识，在男方或女方的心中对彼此也就是某个人的概念，这某人在媒婆的帮助下成为夫或者妻，如是在"媒"右边为"某"也。

中国是尊儒的，而孟子又把"父母之命"同"媒妁之言"划到同一高度，做媒就有了理论上的不可推翻性，实际上在《诗经》中就有"取妻之如何，匪媒不得"的句子，表明在西周时期媒人就已经在婚姻中扮演相当重要的角色了。而《管子》曰："自媒之女，丑而无信"意思是自己做媒不用媒婆的女子，既丑陋又没有信用。

"媒"还有"介绍""招致"的意思，这是从媒婆的职业特点上引申出来的意思。比如说"媒怨"这个词的意思就是招来的愤恨；"媒孽"比喻挑拨是非，陷人于罪。见于《汉书·司马迁传》中"随而媒孽其短。"意思就是说在挑拨离间背后揭人小短。而伴随着新事物的出现、成长、成熟，现在来说"媒"已经成了大众传媒的代称，比如"传媒"、"媒介"等名词，指的都是信息传播的介质。

介 jiè

甲骨文　　小篆

"介"，会意字。

"介"的甲骨文字形像人身上穿着铠甲形，中间是人，两边的四点像联在一起的铠甲片，本义是铠甲，一种用来防身的战衣。"介"由人处于甲胄之中会意为处于二者之间。

从现在的字形看，"介"中有"人"，表示与人类和人的特性有关；"介"中有"丿"、"丨"，形似人站立的两腿。"介"为人直立于天地之间，头顶天，脚触地。中国传统文化认为天、地、人合一，天为规律，为大道；地为自然现象；人为天地中一分子，要符合天道，顺乎自然。人处于天地之间，起着联通维系作用，故"介"为连接。"介"中"丿"为斜，"丨"为正，一斜一正由"人"字连接起来，而"人"不偏不倚，兼顾二者，需要做到公平正直，故"介"有正直、卓越、有操守之意。《孟子·尽心上》："柳下惠不以三公易其介。"代李白《雉子班》："乍向草中耿介死，

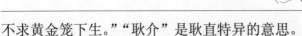

不求黄金笼下生。""耿介"是耿直特异的意思。

"介"由本义铠甲进而引申指披甲之人。《诗·郑风·清人》:"驷介旁旁。"《诗·大雅·瞻卬》:"舍尔介狄。""介"指披甲之人。西汉司马迁《史记·老庄申韩列传》:"急则用介胄之士。""介胄"是铠甲与头盔,指披甲戴盔的人。"介士"为穿着甲胄的兵士;"介卒"指甲兵;"介人"指武士、甲士。

《集韵·怪韵》:"介,间也。""介"为夹在中间,即处于二者之间,可表示地点、时间、方向、方式等。《左传·襄公九年》:"天祸郑国,使介居二大国之间。"老天降大祸于郑国,使其处于两个大国之间。"介入"是指进入事件之中进行干预。《玉篇·人部》:"介,绍也。"表示处于两者之间起到沟通作用。"介"又指居中传言或传言的人,如"媒介"。处于二者之间即居于其中,"介"由此引申为停留、放在(心里),如"介意"。介意不介意,往往显示一个人的胸怀。有的人几乎什么都不介意,整天乐呵呵的,人称"无忌",主要是因为心胸开阔。

"介"又通"个",如"一介书生"。唐代王勃《秋日登洪州滕王阁饯别序》:"勃三尺微命,一介书生。"不称"一个"而称呼"一介",因为"介"中包含有很多意思,"介"有孤独之意,又有正直之意。称书生为"介",因为文人孤高正直。

"介"由居间之意又进一步引申为阻碍,如《庄子·田子方》:"其神经乎大山而无介,入乎渊泉而不濡。"元代陶宗仪《辍耕录》卷二十八:"惟见巨蛇介道。"只看见一条巨蛇阻碍着道路。据说看到蛇横过马路,那是大大的不吉利,巨蛇挡路当然更是凶多吉少,不说预兆什么,弄不好当下就得被其所害,所以古人路上遇蛇,绝不客气,必杀之而后快。历史上斩蛇的故事肯定不少,但只有刘邦斩蛇起义的故事流传最广。据说那条蛇是白帝的化身,而刘邦是赤帝转世,赤帝杀白帝取而代之,这就暗示刘邦起义成功并当上皇帝,是上天注定。

"介"由铠甲引申喻指动物身上的甲壳,如"介虫"。《吕氏春秋·孟冬纪》:"其虫介,其间羽。"高诱注:"介,甲也。""介"又为戏曲术语,是南戏、传奇剧本里关于动作、表情、效果等的舞台指示,如"打介"、"饮酒介"等。

用户

客失了信，百客不登门，拥有客户的信任要努力一生，失去信任却只需一次。

用 yòng

用 甲骨文　　用 金文　　用 小篆

"用"，象形字。

"用"的甲骨文的字形像桶的样子，带着把手，表示实用、有容。《说文·用部》："用，可施行也。"意思是有用、可施行之物。桶作为容器是最常用的工具，故用桶之形状借代世间一切可用之物。

"用"有使用、利用、用途的意思。"饱食终日，无所用心"的意思是整天吃饱饭，什么事也不关心。《论语·阳货》："子曰：'饱食终日，无所用心，难矣哉！'"《六韬·文韬·兵道》："圣王号兵为凶器，不得已而用之。""覆瓿之用"的意思是用来盖瓿，形容著作没有什么价值，只能用来盖盛酱的瓦罐。《汉书·扬雄传下》："空自苦，今学者又禄利，然尚不能明《易》，又如《玄》何！吾恐后人用覆酱瓿也。"

"用"还指费用。《荀子·天论》："强本而节用，则天不能贫。""强本节用"的意思是加强农业生产，节约费用。"厚生利用"指富裕民生物尽其用。语出《书·大禹谟》："正德，利用，厚生，惟和。"宋代蔡沈集："利用者，工作什器，商通货财之类，所以利民之用也。厚生者，衣帛食肉，不饥不寒之类，所以厚民之生也。""用"由使用引申为运用的意思。"用兵如神"指调兵遣将如同神人，形容善于指挥作战。"用间"指运用间谍，"用计"指运用计谋、出谋划策，"用奇"指军事上运用出人意料的策略。无论是国家还是企业，最重要的是用人，"用人"就是使人尽其才。用人唯亲、用人不当是覆国灭家的祸根。"用"由使用引申为"任用"，指委派人员担任职务。三国蜀诸葛亮《出师表》："用于昔日。""大材小用"

指用人不当，"重用"指把某人放在重要的岗位上，"起用"指重新任用已退职或已免职的人员。"用行舍藏"指被任用就行其道，不被任用就退隐，语出《论语·述而》："子谓颜渊曰：'用之则行，舍之则藏，唯我与尔有是夫。'""楚材晋用"意思是楚国的人才为晋国所用，指一国的人才外流到别的国家工作。《左传·襄公二十六年》："晋卿不如楚，其大夫则贤，皆卿材也。如杞梓、皮革，自楚往也。虽楚有才，晋实用之。""用"进一步引申为治理、管理、执政。《荀子》："仁人之用国，将修志意，正身行。"其中"用"是"治理"的意思。西汉司马迁《史记》："孔子用于楚，则陈蔡用事大夫危矣。"其中的"用"是执政。

庄子认为，有用和无用是相对而言的。《庄子》中讲了一个故事，庄子和弟子在山林里见到一棵大树，枝叶茂盛，伐木工人却不去砍伐它，庄子问为什么，伐木工人说它一点用处也没有。庄子就告诉弟子一个道理，因为无用而得以享尽天年，这就是大用。庄子和弟子下山后，到了一户人家，主人杀鹅款待，仆人问，两只鹅一只会叫一只不会叫，到底杀哪只呢？主人说当然杀那只不会叫的。弟子问庄子，树因无用而得以保全，鹅却因没用（不会叫）而遭杀身之祸，那么到底是无用好还是有用好呢？庄子笑答："我将处在有用、无用二者之间。"在现实中，一个人是有用还是无用，主要是看对外界的影响。于家于国于社会有用，做有用之人、有用之材，都是以得到社会认同为前提的。有用与无用不是绝对的，看似身残无用的人有的时候却有大用。汉代司马迁《报任安书》："人固有一死，或重于泰山，或轻于鸿毛，用之所趋异也。"

户　hù

甲骨文　小篆

"户"，象形字。"户"的甲骨文像一个单扇门。

《说文》："户，半门曰户。"本义为单扇门。引申泛指"门"，即房屋的出入口，如门户、窗户。

后来，"户"的含义逐渐演变出一些其他义项："户"指房屋，如"足不出户"；"户"指人家，一家为一户；"户"又引申指计算"人家"的单位，如"三百户人家"。《字书》云："一扇曰户，两扇曰门。""门"者大，"户"者小，此为"门"、"户"之别，其区别见于很多场所。例如，在祭祀用的庙堂建筑群组中，只有庙门为双扇，其他均为单扇。故"户"又有门第之意，如门当户对。

《说文》："户，护也。""户"起到防护的作用。门户关闭起来，里面的人和财物就有了安全感。成语"路不拾遗，夜不闭户"就是形容社会治安稳定，人们思想淳朴。在路上，见到别人丢失的东西，也不捡起来据为己有；夜晚睡觉的时候，也不用关门，不必担心强盗小偷的侵扰。据甲骨文记载，商王朝已开始实行人口登记制度，有"登人"或"登众"，即临时征集兵员的记载。这可以视为我国户籍制度的萌芽。掌管户籍的专门机构始于唐代，称为"户部"，主管户部的最高官吏为"尚书"。以后历代沿用，直到清末才改为度支部。我国现行户口管理法律法规规定，户口是户籍管理的具体对象。户口的基本含义应当是指经依法登记的户及依法隶属于本户的人口。"户口"中的"口"与一般意义上的"人口"不尽相同。"口"是从属于"户"的"口"，是经依法户籍登记的"户"中的人口。

我国《中华人民共和国户口登记条例》第五条规定："户口登记以户为单位。同主管人共同居住一处的立为一户，以主管人为户主。单身居住的自立一户，以本人为户主。居住在机关、团体、学校、企业、事业等单位内部和公共宿舍的户口共立一户或者分别立户。"从我国户口制度来看，"户"应理解为经户籍管理机关依法登记，由共同居住在一起的若干有婚姻、血缘、收养关系或有工作、学习等特定关系的人组成，并具有一个共同主管人的基本生活单位。从这个意义上说，户与家庭不可混为一谈。家庭是以婚姻、血缘或收养关系为纽带的组织。家庭成员可以居住在一起，也可能分居异地。而从我国户口管理角度来看，"户"以居住场所为标志依法设立，却不一定受婚姻、血缘、收养关系的限制。只要经户籍管理机关依法登记，由共同居住在一起的若干有婚姻、血缘、收养关系或有工作、学习等特定关系的人组成，并具有一个共同主管人的基本生活单位都可称为"户"。因此，同一个户中的成员之间不一定是家庭成员，同一个家庭中的成员也不一定都居住同一场所。正因为如此，户与家庭之间有时一致，即一家为一户；有时不一致，同为一户却分属几家，或者本为一家却分为几户。

参加

行动是思想的果实，参与其中才能获得真正的经验和收获。

【参葠薓】

cān　cēn　sān　shēn

甲骨文　　金文　　小篆

"参"，象形字，从厶，从大，从彡。繁体为"參"，异体分别为"葠"、"薓"。

"参"字甲骨文字形的上面是三颗星星，会参宿三星之意，下面是一个人。金文另加义符"彡"，表示星光闪射。可见"参"的造字本义和天文有关。古人为了识别星辰和观测天象，以若干恒星为单位，把天上的群星分为四个大的区域：即东方的青龙，西方的白虎，南方的朱雀，北方的玄武；这四大区域每部分再细分为七个小的单位，故称"二十八宿"。《说文》："曑，商星也。""参"的本义就是参星，读为"shēn"。因其形状似猿，故名"参水猿"，为西方白虎七宿之一。

"参"的字形像人参的形状。其根须肥厚，错落有致似人形，又因为"参"下面的"彡"极像参的须，故以"人参"命名。人参产于我国东北，是一种具有温煦作用的补药，以根部入药，有补气生津、兴奋中枢神经等作用。"参"用作中药的名称，如"丹参"、"党参"、"沙参"、"苦参"等。海洋里有一种腔肠动物，是名贵的食品，亦可入药，形状略似人参，故而命名为"海参"。

"参"表示人参之意时，另有两个异体字"葠"、"薓"。

"葠"从"艸"，从"侵"。"艸"即草，说明"葠"与草本植物有关；"侵"的本义为渐进。"艸""侵"相合，说明"葠"是一种某些方面（例如生长、习性、功能等）逐渐形成固定规律的草本植物。"葠"字意为人参。人参的生长习性很特别。一年生的人参只长出一个三片掌状的复叶，俗称"三花";二年生的人参长有一枚五片掌状复叶,俗称"巴掌";三年生的人参有两枚掌状复叶,称"二甲子";四年生的人参有三枚掌状复叶,称为"灯台子";五年生的人参有四枚掌状复叶,称"四品叶";六年生的称"五品叶",六品叶以上则称为"棒槌王",叶子数量也不再增加。

"侵"也有侵入内部之意,意寓掠夺、霸道。"艹""侵"合一,表明"蓡"在草本植物中称王称霸,可见其药性强。除此之外,还可用于烹饪、制糖、浸酒、制烟及制成营养性高级化妆品等。

人参毒性霸道,用量需要十分谨慎。人参的栽培也极有讲究,需要进行移栽,即育苗1-3年,要将参苗从苗田移栽到本田,在本田生长2-5年后,方可采收。

异体字"蔢"从"艹",从"浸"。"浸"有渐渐之意。"艹""浸"表示人参生长习性循序渐进,有一定的规律。"浸"也表示滋润、恩惠,表明"蔢"是一种有利用价值、可以挽救生命、施惠于人的草本植物。"浸"也表示渗入、渗透或灌溉之意。人参具有喜阴凉、忌强光、较耐寒、需要有充足的水分的生长习性,对地势、温度、水分、土壤等条件要求较高。

因参宿中三颗亮星排成一排,故又读"sān",表示数目。后来根据此意义另写作"叁",作为阿拉伯数字"3"的大写。"参"的另外两个读音是"cān"和"cēn",其中以"cān"这个读音用途最广。

繁体"參"由"厶"、"人"、"彡"三部分组成。"厶"为私,三个"厶"为多为众。古人认为,"道生一,一生二,二生三,三生万物",因此"三"在古代是个虚数,意思是多个。孔子说:"三人行,必有我师焉。"这里的"三"不单单是指三个,而是很多个,是说很多人一起,其中一定有可以作为老师值得效法的人。"三思而后行"也并不是说必须想三次才能做出决定,可能要想很多次。这里的"三"是告诫人们凡事要反复地思考,想明白了然后再去做,这样才不至于做错事。

"厶"下是"人",所以,三个"厶",表示有很多人,会众人之意。"彡"与须发有关,意为"理顺"。众人共同参与一件事,其目的是把所参与之事调理顺当。而"参"的另外一层意思就是若要参与某件事,自己头脑要清醒,思路要清晰。这是要以人们的参与精神为前提的。当今社会上有无数的青年志愿者，他们就是"参与"者。这种参与，不是为了肤浅的物质利益，而是更宝贵的东西——精神感受。在奉献社会的同时，他们在感情上觉得被需要，在良心上觉得有付出，得到了双重满足。

社会需要参与者，无论是乡村还是城市，也无论是哪行哪业。这种参与是一种热情，是一种强烈的责任心。现代的社会环境，给了现代人一个极其广阔而自由的空间。为官的也好，为民的也好，只要是投身于社会的人，都在不同程度上受益。其实每个人在受益的同时，也在通过发挥个人的聪明才智，共同为社会的发展当着参谋，出着点子。至关重要的是这个参谋当得好不好，这个点子出得妙不妙。上升到一个高度，叫作"国家兴亡，匹夫有责"。一个集体，一个家庭，身边的每个人，都是在参与中度过难关、解决难题的。一个好点子，可以救国家于水火之中，使其复兴；一个好点子，可以救人于危难乃至拯救其心灵。但是要做到这些首先必须做到一点，就是要有积极的参与精神。

从一些古代官职的名称上来看，"参"官占极大比例。比如"参知政事"，曾经是宋代最高级别的官员，相当于宰相；官吏的部下、属员就叫作"参佐"，行使参与、辅佐的工作；明清两代，军事上设有"参将"一职，以"参"为名，大约是参与一些重大的军事决策；"参赞"是清代"参赞大臣"的简称，是皇帝的智囊，后来则成为外交官的一种职务，沿用至今。一样被沿用的还有"参军"，即"参军事"的简称，本来是虚职，指参与军务的随员，晋代以后始为官名；在现代汉语中作为官职名称的原义已经消失，"参军"一词专指公民依照法定程序服兵役，适龄青年参加军队，而参军的本义则被"参谋"这个词替代。"参谋"本指军中帮助出谋划策的人，始于唐，原来也是虚职，宋时为节度使及各路统帅的幕僚军队干部，到清代也有掌管水利的。演变到现代，"参谋"指军队中各级指挥单位里的主要工作人员，依据任务性质分为"作战参谋"、"侦察参谋"、"通信参谋"等。我国的军队建制中，团以上的部队均设参谋长，既是首长在军事工作上的主要助手，也是部队的指挥者之一。可见"参"官的职务性质要求其具有极高的智慧。

古时历代政府都有严密的监察机构，用以监督官吏的行为言论有无过失。谁的言行有失，他们就要酌情向皇帝"参奏"，也就是弹劾。这里所说的"参"的职务便有别于前面的"参",这是名正言顺的"弹劾",假若不用来假公济私、借刀杀人,而是能够"参"除痼疾,把那些尸位素餐的庸官墨吏赶下高位,对于国家和人民来讲定然是好事。如若不然,便是奸臣当道,忠臣遭殃。共同参与国事,政见相合固然很好,不合则求同存异,或者少数服从多数,都是解决之道,但很多欠缺德行之人却藉此机会或报私仇,或泄私愤,一旦逮到对政敌不利的口实,定要"参"他一本。此等品行的人不可用,此风不可长。

古人仰观天象,心怀虔敬,"参"字含有"虔诚、敬畏"的意味。所以旧时下级进见上级时要口称"参见",是恭敬的意思。明代吴承恩《西游记》:"拜了佛祖金身,参了罗汉。"这个"参"就指"参拜",有这样几种意思:一是晋见,二是行礼,三是心怀虔敬。又如词语"参承"指参拜侍候,"参请"是参拜请教,都表示恭敬、虔诚。

仰观天象是为了观测研究,需要思考、琢磨以"参悟"其本质。所谓"参考",就指人们为了学习或研究而查阅有关资料,或者是利用有关材料了解情况,只是看资料就是"参看"、"参阅",都是边看边思考的行为。有些则需要反复参悟,比如我国禅宗佛教讲究"参禅",即通过静心思虑、排除杂念,来参悟佛教的"妙谛"。反过来,需要被仰观、被"参谒"的人或事物必然是地位或形象高大,由此引申出"参"的"高大"之意。比如我们形容树或建筑物高耸就是"参天"——天"高"地"远",普通的高度是"参"不到的,所以才有了"参天大树"及"参天高耸"的建筑。

"参"念 cēn 时和"差"(音 cī)联用。"参差"是联绵词,表示长短不齐的样子,如"参差不齐"。《诗·周南·关雎》:"参差荇菜,左右流之。"荇菜有高又有低,左挑右选忙采起。"参差"也可以用如副词,表示近似。唐代白居易《长恨歌》:"雪肤花貌参差是。"洁白的肌肤和如花的容貌看起来很相像。"参差"也指一种古代乐器,类似于排箫。屈原在《九歌》里写道:"望夫君兮未来,吹参差兮谁思?"多情的湘夫人盼望的夫君没有来到,参差虽然动人,可吹给谁听呢?

加 _{jiā}

古 金文　　朏 小篆

"加",会意字,从力,从口。

"力"为力气、力量;"口"代指声音,也为人口。一个人的力气有限,多个人一起合作则力量增加。多人一起出力时,喊口号还可以协调用力的节奏。"力""口"相合而为"加",会意二者互相激发能增加力气,也能增加声势。所以有增长、增益、增加之意。"口"又为突破口,是一个局部,则"加"的字义为力量聚于一处便可发挥出更大的威力。"力""口"为"加"还可以作这样的理解:一为口出力,边出力边呐喊,边干活边喊口号,增加全身的力量;二为尽力寻找突破口,才能增加成功的可能;三为力量要用在刀口(关口)上。不过"加"的本义却不是这样。《说文·力部》:"加,语相增加也。"认为诬枉、夸大是"加"的本义。《左传·僖公十年》:"不有废也,君何以兴?欲加之罪,其无辞乎?"

"加"是数学的一种运算方法,与减法相对。即两个或两个以上的数合成一个数的计算方式。《尔雅·释诂上》:"加,重也。"《郝懿行义疏》:"加者,增也,益也,故为重。"大意是说,"加"还可以表示增加重量、增加数量、增益、增级等。《左传·隐公五年》:"公曰:'叔父有憾于寡人,寡人弗敢忘。'葬之加一等。""加一等"即按原等级增加一等。《荀子·劝学》:"登高而招,臂非加长也,而见者远;顺风而呼,声非加疾也,而闻者彰。"在生活中做事善假于物,就可以增益己所不能。现代科技的发展,极大地改善了人们的生活条件,先人想象中的千里眼、顺风耳在今天都已成为现实。科学的进步使我们接触的世界更丰富多彩。

"加"由增加之意进一步引申指外加,即把原本没有的添加上去,如"加注解"、"加花边"。《左传·昭公三年》:"足以昭礼命事谋阙而已,无加命矣。"意思是只要能够明礼仪、发布命令、商议补救缺失就行了,没有额外、外加的命令。清代吴敬梓《儒林外史》第十二回:"所以众人就加了我这一个绰号。""加"由添加引申为放、披上等意。"佛头加秽"比喻不好的东西放在好东西上面，玷污了好的东西。宋代释道原《景德传灯录》卷七："崔相公入寺，见鸟雀于佛头上放粪，乃问师曰：'鸟雀还有佛性也无？'师曰：'有。'崔曰：'为什么向佛头上放粪？'师曰：'是伊为什么不向鹞子头上放？'""爱则加诸膝，恶则坠诸渊"意指不讲原则，感情用事，对别人的爱憎态度，全凭自己的好恶来决定。"加诸膝"指放在膝盖上；"坠诸渊"是推进深渊里。《礼记·檀弓下》："今之君子，进人若将加诸膝，退人若将坠诸渊。""以手加额"意思是把手放在额上，表示欢欣庆幸。"加"是搁、放的意思。唐代裴庭裕《东观奏记》："墀就敏中，厅问其事，皞益不挠。墀以手加额手皞，赏其孤直。""黄袍加身"原指五代后周时赵匡胤在陈桥兵变，部下诸将给他披上黄袍，拥立为天子，后比喻发动政变获得成功。《宋史·太祖本纪》："诸校露刃列于庭曰：'诸军无主，愿策太尉为天子。'未及对，有以黄衣加太祖身，众皆罗拜呼万岁。"

由外加、添加之意引申，"加"指夸大、诬枉。《左传·庄公十年》："牺牲玉帛，弗敢加也，必以信。"祭祀用的牺牲玉帛，不敢虚报夸大，一定如实反映。《左传·襄公十三年》："及其乱也，君子称其功以加小人。"逢到乱世，君子夸耀自己的功劳凌驾在小人之上。"添枝加叶"、"添油加醋"，表示为了夸张或渲染的需要，在叙述或转述时，增添原来没有的内容；"加诸"指诬谤、乱说；"加诬"指虚构诬陷。

"加"用作副词，表示程度，相当于"更加"、"愈加"。《礼记·儒行》："孔子至舍，哀公馆之，闻此言也，言加信，行加义。"哀公表示自己知道儒者的言论更加可信，行为更加合理，一直到死也不敢拿儒者开玩笑了。唐代封演《封氏闻见记·第宅》："则天以后，王侯妃主，京城第宅，日加崇丽。"自从则天皇帝死后，王子侯爵妃主在京城的宅第，愈加崇尚华丽奢靡。"变本加厉"指比原来更加发展，现指情况变得比原来更加严重。南朝梁萧统《文选·序》："盖踵其事而增华，变其本而加厉，物既有之，文亦宜然。""加"还有加以之意。"有则改之，无则加勉"意思是对别人给自己指出的缺点错误，如果有，就改正，如果没有，就用来勉励自己。其中"加"是加以的意思。《论语·学而》："曾子曰：'吾日三省吾身。'"宋代朱熹《集注》："曾子以此三者日省其身，有则改之，无则加勉，其自治诚切如此，可谓得为学之本矣。"

"加"又有施加、强加之意。《老子》第六十二章："美言可以市，尊行可以加人。"大意是说嘉美的言词可以用作社交，可贵的行为可以见重于人。西汉司马迁《史记·廉颇蔺相如列传》："强秦之所以不敢加兵于赵者，徒以吾两人在也。"强大的秦国之所以不敢强加兵力、发动战争就是因为有我们两个人在的缘故啊！"强加"多指不顾对方感受和意愿强行加给的意思，所以"加"又有侵凌、凌驾之意。《广韵·麻韵》："加，陵也。""陵"指凌驾。《论语·公治长》："我不欲人之加诸我也，吾亦欲无加诸人。"这就是我们常说的"己所不欲，勿施于人"。这里的"欲无加"，体现了一种人与人之间的相互尊重和体谅，这是以能进行换位思考，能以己度人为前提的。

成语"强加于人"，是指把自己的意愿强加给别人。无论是人与人相处还是国与国相交，讲究的都是平等、友好。将自己不想要、不想做的强加于人，就是不仁。然而现实中，这样的处世方式不在少数。朋友之间，彼此总是苛求对方与自己同仇敌忾，言行统一，意见无差别，否则就是不够朋友；夫妻之间，总是要求对方没有隐私，没有私人空间，否则就是不忠不贞；上下级之间，总是要求部下一切以自己的意志为准则，稍有不同意见，就定之为"异党"，坚决打击；有些父母，甚至要求自己的子女与自己有一样的兴趣、爱好、习惯，稍不服从，轻则唠叨不停，重则打骂。如此种种强加于人的行为，就是"施霸"，是一种不能或根本不愿体会对方感受的霸道行径。即便是出于关心、爱护、保护等良好的愿望，也一样是侵犯了他人。没有人喜欢被人强迫着去做一件事，一个主权国家更是如此。国家与国家之间应该坚持互惠平等、互不干涉的原则。个别总想凌驾于他国之上的国家，把自己的是非标准强加于人，并以此作为衡量别国文明进步与否的依据，处处对别人横加指责。这种把自己的意志强加于其他国家的做法，是无视他国主权的表现。这种以强凌弱的行为，只能招来国际社会的不满，损坏其国家的形象。中华民族讲究"以德服人"，尊重世界的多元文化和各国的平等主权，赢得了各国的友谊和普遍赞誉。事实证明，国与国之间惟有和平共处，求同存异，彼此帮助，才能在相互促进和共同发展中，增强国力，增加往来，增进友谊。

股份

价格的波动对精明的投资者而言是增加股份的机会。

股 ^{gǔ}

小篆

"股"，形声字，从肉，殳声。

"股"从"肉"表明与身体的某个部位有关；"殳"是古代的一种长柄武器，形状修长。"肉""殳"为"股"，即身上形状修长的部位。"股"指整个腿部，即胯至足踵部分的通称。后特指大腿，是自胯至膝盖的部分。《说文·肉部》："股，髀也。"腿脚是用来行走的，而车靠轮辐行走，因而"股"又指车辐近毂的部分。

人的大腿上的肉是比较肥厚的，据说战国时齐国有两位勇士就用大腿上的肉下酒。两个被当地人封为勇士的人在街上不期而遇，他们就想比试一下，看谁才是真正的勇士，于是就商量出比试的方法。他们到酒馆买了酒带到旷野去较量。其中一个人说，喝酒不能没有菜，于是就拔出刀来，割下自己的大腿上的一块肉给对方吃。另一位也毫不示弱，也拔出刀来割下自己大腿上的一块肉给对方吃。这样割来割去，一块比一块大，两个勇士都送了命，至死也没有分出胜负。战国时期的苏秦彻夜在读姜太公的《阴符》之谋，极其喜欢。看得久了便困了，忍不住打盹。为了使自己集中精力读书，就用锥子中自己的大腿，使自己清醒。由于苦读研修前人的谋略，苏秦最终成了战国时期著名的纵横家。人体解剖学中"股三角"指由腹股沟韧带、缝匠肌和长收肌围成的部分，内有股神经、股动脉、股静脉、股鞘和股管。"股掌"指大腿和手掌，比喻在操纵之中。《国语·吴语》："大夫种勇而善谋，将还玩吴国于股掌之上，以得其志。"南朝宋范晔《后汉书·张玄传》："然后显用隐逸忠正之士，则边章之徒宛转股掌之上矣。"也比喻得力的辅佐之臣。《战国策·魏策》："需，寡人之股掌之臣也。""股肱之力"意指自己的所有力量，形容做事已竭尽全力。"股肱"指大腿和胳膊。《左传·僖公九年》："臣竭其股肱之力，加之以忠贞。其济，君之灵也；不济，则以死继之。""股弁"指大腿发抖，形容极端恐惧。东汉班固《汉书·严延年传》："夜入，晨将至市论杀之，先所桉者死，吏皆股弁。""渠股"即罗圈腿。《山海经·海内经》："韩流擢首，谨耳人面，豕喙鳞身，渠股豚止。"

"股"还是胯至足踵部分的通称，这就是腿部。《广雅·释亲》："股，胫也。"王念孙注："凡对文，则膝以上为股，膝以下为胫……散文则通谓之股。"《诗·小雅·采菽》："赤芾在股，邪幅在下。"赤红蔽膝盖腿，绑腿缠绕膝下方。宋代陆游《战城南》："诏书许汝以不死，股栗何为汗如洗。"

"股"还指事物的分支或一部分。"八股文"是中国明、清科举考试用的文体，它包括八个部分，文体有固定格式，由破题、承题、起讲、入手、起股、中股、后股、束股八部分组成。八股文内容空洞，形式死板，后用以比喻空洞死板的文章、讲演等。"股"也泛指机关、团体中的一个部门。如：人事股、财务股、总务股。

股可作量词，用于成条成批的东西；还用来指一阵气味，如"一股清香"；或指喷出、吹出的气体或液体。如"从烟斗喷出的股股浓烟"。

"股"亦是数学名词，指直角三角形直角边的长边。《周髀算经》记载，西周初年商高提出了"勾三股四弦五"。这是勾股定理的一个特例。勾股定理就是直角三角形斜边上的正方形面积，等于两直角边上的正方形面积之和。

"股"亦是现代商业名词，是"股份"的简称。指把公司资本总额按金额分成相等的单位。

份 fèn

 小篆

　　"份"，形声字，从人，分声。

　　"份"从人，表示与人的行为有关；"分"为分开、分配。原始社会里，人类以狩猎为生，将所得猎物分开，大家平均分配，各人所得即为一份。"份"即为整体里的一部分。

　　"份"泛指任何整体中的某一部分，或者是组成一个整体的各个部分。把一个整体分成数量相等的份数叫"等份"；一年之中的各个月叫"月份"；某一年在整个时间范畴里可以称为"年份"。现代汉语中还有"份额"、"股份"等说法。

　　旧时戏班通常把演出利润等分成一百个"份儿"，演员们每人按主角、配角和出力多少拿一定份数，叫作"吃份儿"。"吃份儿"可不是吃大锅饭，明星大腕儿们仗着品牌效应和高超的演技，一场演出下来吃的份儿可能比跑龙套的一辈子吃的都多。当然，如果和戏班领导关系搞不好，或是吃青春饭的人老珠黄，或是演技蜕化，人气儿不旺，却非要赖在这一行里，就会遭遇"跌份儿"的命运，"跌份儿"用现在的话说就是降工资，后来比喻境况、地位大不如前，或事情做得丢身份、没面子。

　　"份"字在口语中使用率极高。"人人有份"是"大锅饭"时代的典型思维。"凑个份子"多是变相送礼的体面说法。《红楼梦》中的贾老太太年岁虽大，馊主意却不少，她竟然想出了让小姐、太太、丫鬟、婆子们凑份子给当家主事儿的王熙凤过生日。想那帮姑娘们有穷有富，富的还好，可以乘机巴结一下权贵，穷得却拿不出钱来，十分作难。而且是给腰包里银子鼓鼓的大管家凑份子，要是叫刘姥姥晓得了，岂不又要埋怨"阎王爷不嫌鬼瘦"？在现代生活中经常要"凑份子"，遇到亲戚朋友的红白喜事时，凑份子成了一件联系感情表示祝福或哀悼的事情。礼轻情义重，"凑份子"是要表达意思，但是由于攀比之风的盛行，"凑份子"的数额越来越大，开始成为工薪阶层的负担。"份"又是行贿受贿者们极为熟悉的词儿，"这份礼我收下了"通常说得心安理得，估摸着能帮人家把事情搞定，或已经搞定时才会这么说。"一式两份"多用来指合同、协议等一类起制约作用的法律文书，有时一式数份，都有各方的签字、盖章。民间借贷时常有借贷协议，中间有个"保人"，一旦借方赖账时就要拿他是问。当然，更为重要和正规的合同、协议需要公证机关的公证，以防哪一方说话不算数，翻脸不认账。

"份"还常用在"省"、"县"、"年"、"月"的后面，表示划分的单位，如省份、县份、年份、月份等。

独占

不知道分享和奉献的人是自己把自己逼进死胡同。

独 【獨】
dú

獨 小篆

"独"，繁体为"獨"。形声字，从犬，蜀声。

"犭"同"犬"，本义为狗，古时特指大狗；"蜀"为蛾蝶类的幼虫。犬性好斗，且不喜与他犬分享食物，不喜群居；蛾蝶类幼虫生于蛹中，一蛹一虫。"獨"以独来独往之"犬"与单独而生之"蜀"相合而表示单独、单一之意。简化字"独"为会意字，从"犬"，从"虫"。"犬"代指兽类；"虫"为爬行动物。兽类和昆虫不可同流，都是各自独往独来，互不侵犯。故而"独"为单一之意。

《礼记·礼器》："君子慎其独也。"有德的君子注重自己的德行修为，即使是一个人独处时，也非常谨慎，决不放松对自己的要求。"独"由单独、单一又引申为孤独、寂寥之意。《楚辞·屈原·涉江》"哀吾生之无乐兮，幽独处乎山中。"南宋李清照《蝶恋花》："独抱浓愁无好梦，夜阑犹剪灯花弄。"独自怀着忧愁做不成好梦，直到夜深人静，还在那剪玩着灯花。宋代朱淑真《减字木兰花·春怨》："独行独坐，独唱独酬还独卧，伫立伤神，无奈清寒著摸人。"一连用到五个"独"字，将女主人公凄清的内心世界表露无遗。

"独"还特指缺少亲属依靠的人。"鳏寡孤独"中的"独"就是指无子孙的老人。《释名·释亲属》："老而无子曰独，独，独只也，言无所依也。""独"的本义是单个、一个，独唱、独白、独舞、独奏、独处，这些都是独角戏，不干涉旁人的。还有一种"独"，则是专断、独裁，是把自己的意志强加到别人身上。明代冯梦龙《古今小说·临安里钱婆留发迹》：

"钱王生于乱世，独霸一方，做了十四州之主。"

"独创"是个人智慧的体现；独当一面的人才可委以重任；管理者需要独具慧眼，善于发现和挖掘人才；独具一格、独辟蹊径、独具匠心，在艺术上才能独树一帜。古人云："达则兼济天下，穷则独善其身。""独善一身"指只顾自己，不管别人。唐代白居易《新制布裘》："丈夫贵兼济，岂独善一身？""一时独步"形容非常突出，一个时期内没有人能比得上。唐代房玄龄《晋书·陆喜传》："文藻宏丽，独步当时；言论慷慨，冠乎终古。""卓尔独行"指超越众人，不随俗浮沉。南朝宋范晔《后汉书·东海恭王彊琳传》："王恭谦好礼，以德自终，遣送之物，务从约省，衣足敛形，茅车瓦器，物减于制，以彰王卓尔独行之志。""块然独处"指远离尘俗，孤独地生活，也指孤单地住在某地，形容孤寂无聊的生活。"块然"是孤独的样子。《淮南子·原道训》："所谓一者，无匹合于天下者也。卓然独立，块然独处，上通九天，下贯九野。"

"独体"为一种汉字字体的结构，与合体概念相对。独体字指汉字结构中，仅含有一个单独形体、不可分析为两个或两个以上形体的字，其形体结构完整，难以拆解分析其读音或字义，包含六书中的象形、指事字。宋代郑樵《通志·六书略》："独体为文，合体为字。""独化"是中国西晋时期哲学家郭象思想体系中的一个核心概念，意思是天地间任何事物的生成变化，外不依靠道，内不由于己，都是各自独立、无原因无根据的。郭象《庄子注·大宗师》说："无之后生者，独化也。"

"独"也作代词，表示疑问。"独"作副词，可以表示范围，从多数中举出一个，相当欲"特别是"。《诗·小雅·北山》："大夫不均，我从事独贤。"执政大夫不公正，独独让我出的力最多。"独"还作只、仅仅解。"独"还表示反问，意思是难道、岂是。西汉司马迁《史记·廉颇蔺相如列传》："相如虽驽，独畏廉将军哉？"我蔺相如即使驽笨，也不至于怕廉将军啊！

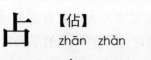

占 【佔】
zhān zhàn

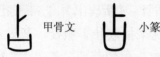

甲骨文　　　小篆

　　"占"，异体为"佔"。会意字，从卜，从口。

　　"卜"的甲骨文像龟甲燃烧过后出现的裂纹，古人根据裂纹来预测吉凶，故本义为占卜或负责占卜的人。"占"从"口"说明与人的语言有关，为询问或表达。"卜""口"为"占"，意为以口问卜。《说文》："占，视兆问也。"本义是通过查看甲骨的裂纹变化而取兆推测吉凶。此义读音为"zhān"。

　　"口"在这里也表示一定的范围，说明占卜通常是围绕着某人、某事、某时进行的。有了提前的预测，也就是有了领先的行事条件，故"占"也意为先发制人，用强力取得既定目标或范围。此义读作"zhàn"，如占据、霸占、强占、占有、占优势等。"占"表此义项时，异体为"佔"，从人，从占，强调了"占"是一种具有主动性、强制性的行为。

　　占卜实际上是用各种超脱尘世的方法来预测吉凶祸福。中国的占卜历史悠久。古人特别是统治者在重大行动前，往往都要举行隆重的占卜仪式，即将龟甲或兽骨烧出裂纹以预测吉凶，并把预测结果刻在龟甲兽骨之上，从而形成了我国目前发现的最早的文字——甲骨文。早期占卜与原始宗教关系密切，并受到宇宙观和民族心理的影响。常见的占卜方式有询问占卜、鸡卜、鸟卜、水占、星占、纸牌占卜等。在中国流行最广泛的则是询问占卜，像寺庙中的求签就属此类。

　　"占"由占卜引申，可表示征兆、预兆。如《水经注》中载："山崩川竭，国土将亡之占也。"意思是山体坍塌崩陷这样的事情被看成是亡国的征兆。这种从自然界中寻求未来征兆的事情在我国古代非常流行，并且常常被政治所利用。如发生在唐朝文宗时期的"甘露之变"。唐文宗以天降甘露这一征兆为由，来骗杀当时把持朝政的几个太监头目，可惜没有成功。结果可怜的文宗被幽禁，最终抑郁而终。元杂剧《窦娥冤》中的窦娥冤死前发下的三桩誓愿——血溅白练、六月飞雪、大旱三年——都一一应验了。朝廷认为这是不祥的征兆，必有冤情。于是派钦差大臣亲自前去调查，最后真相大白，窦娥沉冤得以昭雪。"占"是通过某种神异的手段对未来进行估计，所以"占"又引申为估计。《新唐书》："料丁壮以计庸，占商贾以均利。"意思是根据身体的情况来抽取壮丁服役，通过测算商贾的经营状况以收取税利。这是唐朝"四赋"中的两项。而"占"在古代赋税户籍中还有广泛的应用。比如"占租"指的是自身呈报应纳的租税。其中的"占"就解释为估计、上报或者自报数目。另外"占"还指自报户口数而落籍定居，也就是史书记载之"占籍"，表示上报户口，入籍定居。

"占"也是占据、拥有的意思。陆游《过小孤山大孤山》："三面临江，倒影水中，亦占一山之胜。"由此引申，"占"又指处于某种地位或情势。如"占上风"表示保持优越地位；"占先"为居于优先地位。《牡丹亭·惊梦》："那牡丹虽好，他春归则占得先？"牡丹花虽然开得娇好艳丽，却预示着春天即将离去，因为牡丹花期太晚。"占"也用来表示强力取得的意思。如"占领"指的是用武装力量取得某个地方；"霸占"表示用暴力占有。《水浒传》中的镇关西不好好做卖肉的生意，偏要去霸占民女金翠莲，还要讹诈钱财，结果被嫉恶如仇的鲁提辖三拳打得断了气。

后 记

  古老的汉字，在中华大地上已经延续了四五千年，至今犹保持着旺盛的生命力，而世界上与其同样性质的其他几种古文字都早已消失。作为象形表意文字，汉字在人类文化宝库中可谓硕果仅存。汉字不仅是汉语的书写符号，而且是一种文化信息载体，这是汉字独有的文化特色。经过数千年的沿革和发展，汉字积蓄了极其丰厚的文化底蕴，这是拼音文字所无法比拟的。汉字本身已经成为一种公认的文化系统。书法、碑刻、篆印、诗词、楹联、灯谜，乃至识字、解字、说字、测字等，无不发散着浓厚的传统文化气息。汉字蕴藏了中华民族的价值观念、思维方式、审美情趣、历史渊源、风俗习惯等诸多文化信息。说汉字是中华传统文化的基因，一点也不为过。

  《土生说字》在融汇前人成果的基础上，引入社会、历史、人文和逻辑理念，对每个字予以独特、新颖和全面的阐述。它上溯字源，下掘新意；纵谈万事万物，直抒人文人生；既具知识性、学术性，又具艺术性、趣味性，即不割断历史，又不脱离现实，可谓熔社会、历史、文化、人生与一炉，创一家之言，兼百家之长。为方便读者更好的了解汉字，从汉字中汲取智慧，今分类出版《土生说字·养生之道》、《土生说字·修身之道》、《土生说字·求学之道》、《土生说字·经商之道》、《土生说字·为官之道》五册，收录养生、修身、求学、经商、为官的关键汉字解析，希望读者能从中得到启迪。

图书在版编目（CIP）数据

土生说字. 经商之道 / 李土生著. -- 北京 ：中央
文献出版社，2014.10
ISBN 978-7-5073-4172-0

Ⅰ．①土… Ⅱ．①李… Ⅲ．①汉字－通俗读物 Ⅳ.
①H12-49

中国版本图书馆CIP数据核字(2014)第239012号

土生说字·经商之道

作　　者：李土生
责任编辑：彭　勇
责任印制：寇　炫　郑　刚

出版发行：中央文献出版社
地　　址：北京西四北大街前毛家湾1号
邮　　编：100017
网　　址：www.zywxpress.com
邮　　箱：zywx5073@126.com
销售热线：010—63097018、66183303
经　　销：新华书店
排　　版：北京宏扬意创图文设计制作中心
印　　刷：北京汇林印务有限公司

710×1000mm　1/16　15.5印张　238千字
2015年10月第1版　2015年10月第1次印刷

ISBN 978-7-5073-4172-0　定价：25.00元

本书如存在印装质量问题，请与本社联系调换。